Korfu
und die Ionischen Inseln

HIGHLIGHTS | GEHEIMTIPPS | WOHLFÜHLADRESSEN

»Was die Berge, die Dörfer, die Erde
Griechenlands schwerelos und durchsichtig
erscheinen lässt, ist das Licht.«

Nikos Kazantzakis

BRUCKMANN

Korfu
und die Ionischen Inseln

Zeit für das Beste!

Klio Verigou
Franz Marc Frei

BRUCKMANN

INHALT

Das Angeln gehört zu den favorisierten Hobbys der Insulaner.

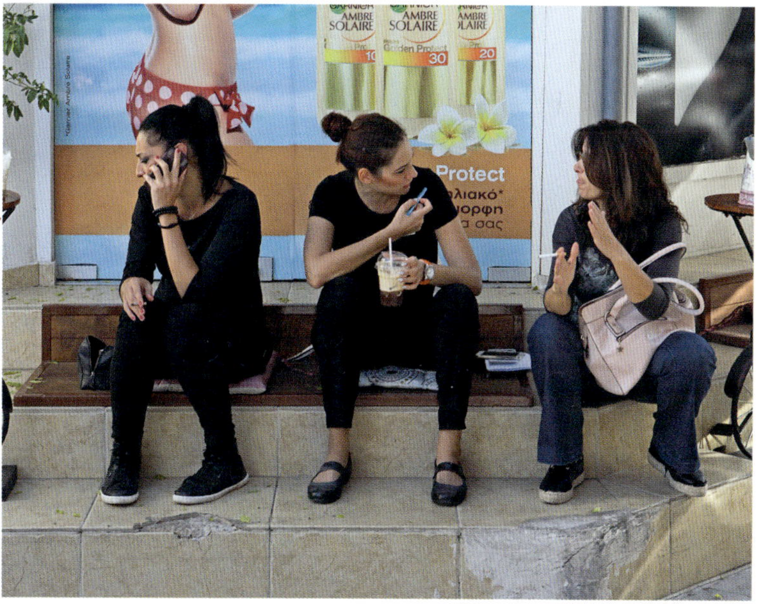

In der Fußgängerzone von Lefkáda-Stadt schmeckt der Kaffee auch auf Treppenstufen gut.

LEFKÁDA UND MEGANÍSI

Der Bug eines Ausflugsboots am Kai von Gouviá (Korfu)

MEHR WISSEN

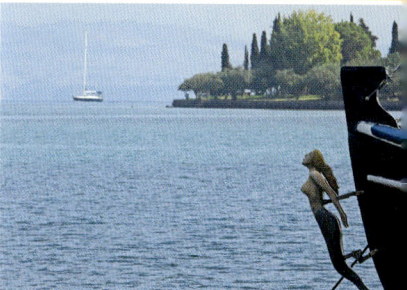

Die Melissáni-Höhle auf Kefaloniá muss man gesehen haben.

MEHR ERLEBEN

KEFALONIÁ UND ITHAKA

Links: Wassersportler kommen auf dem Archipel voll auf ihre Kosten.

Seite 1: Die sogenannten *bótides* dürfen Ostern auf Korfu nicht fehlen.
Seite 2/3: Der Hafen von Petríti (Korfu) wird von farbenfrohen Fischerbooten geschmückt.
Seite 8/9: Kaiserin Sisis Sommerdomizil auf Korfu ist heute Touristenmagnet.

ZÁKYNTHOS

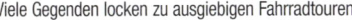

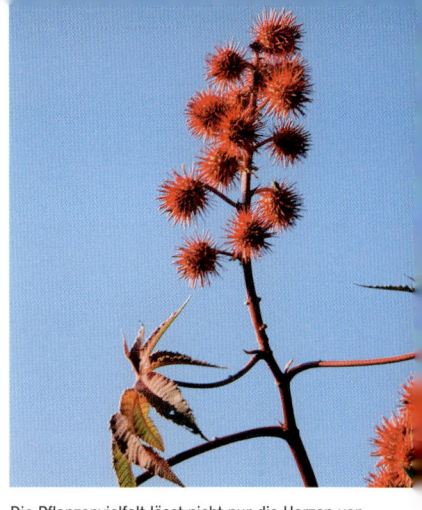

Die Pflanzenvielfalt lässt nicht nur die Herzen von Naturfreunden höher schlagen.

REISEINFOS

Viele Gegenden locken zu ausgiebigen Fahrradtouren.

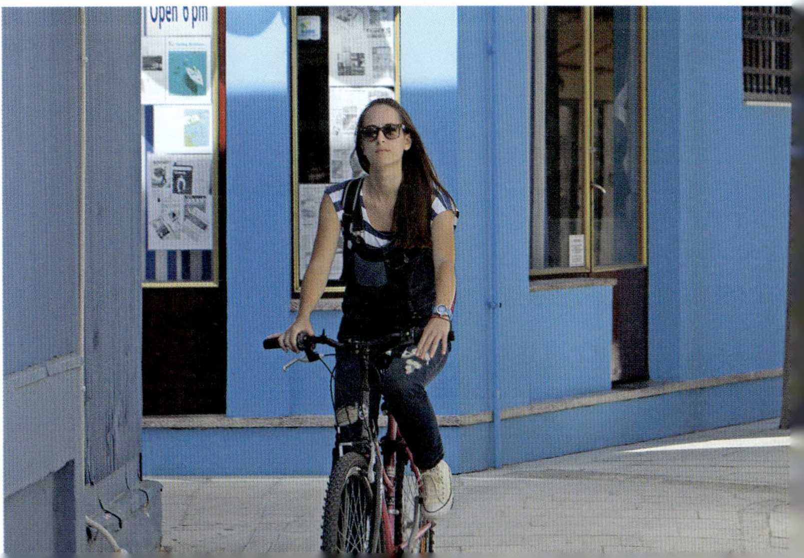

❶ Streifzug durch die Altstadt (S. 38)
Kérkyra, wie die Griechen die charmante Inselmetropole Korfu-Stadt nennen, muss man gesehen haben! Beim Bummel durch die von zwei uralten Festungen umschlossene Altstadt entdeckt man Hinterlassenschaften verschiedener Kulturen, egal, ob man sich in den Cafés am Liston ein wenig nach Paris versetzt fühlt, in den venezianischen Gassen die zum Trocknen hängende Wäsche fotografiert oder zwischen Griechen und Urlaubern die korfiotische Küche genießt.

❷ Kaiserliches Ambiente im Achíllion (S. 56)
Dass Korfu schon Kaiserin Elisabeth von Österreich und den deutschen Kaiser Wilhelm II. als Urlaubsziel begeisterte, bezeugt die prominenteste Sehenswürdigkeit der Insel. In ihrem Ferienschlösschen Achíllion mit der attraktiven Gartenanlage sieht man, wie die Monarchen ihren Urlaub auf der Insel verbrachten. Ein Ausflugsziel für Groß und Klein, das auch für Regentage ideal ist.

❸ Fotoshooting in Paliá Períthia (S. 106)
Paliá Períthia wurde vor etwa 50 Jahren von seinen Bewohnern verlassen. Heute ist das Bergdörfchen mit der denkmalgeschützten Bausubstanz ein beliebtes Ausflugsziel und erwacht ganz langsam aus dem Dornröschenschlaf. Der Besuch

des in einer herrlichen Landschaft eingebetteten Dörfchens wird mit einzigartiger Atmosphäre belohnt. Die venezianischen Hausruinen sind eine tolle Kulisse für außergewöhnliche Urlaubsfotos.

❹ Eine Bootstour machen (S. 112)
Ganz egal, auf welcher Insel des Archipels Urlauber unterwegs sind, eine Bootstour – am besten unter eigener Regie – mit einem gemieteten Motorboot gehört einfach dazu. Wer seinen Urlaub auf Korfu verbringt, sollte einen Bootsausflug bei Sidári einplanen. Die spektakulären Klippen und ungewöhnlichen Felsformationen rund um den Canal d'Amour und das Kap Drástis versprechen unvergessliche Augenblicke.

❺ Ein Tag in Paleokastrítsa (S. 116)
Bei Paleokastrítsa findet jeder ein Plätzchen nach seinem Geschmack. Das für viele Korfioten als schönstes Dorf der Insel

Korfu-Stadt: Blick von der Promenade und Garítsa zum Alten Fort

geltende Örtchen begeistert mit der Lage an der wild zerklüfteten Küste und sorgt für grandiose Aussichten. Den Tag füllen der Besuch eines Klosters, ein Bad an einem der Strände, Bootstouren sowie Wanderungen oder Fahrten zu nahe liegenden Bergdörfern und einer alten Burg.

❻ Relaxen auf Páxos und Antípaxos (S. 80)
Korfus kleine Schwestern Páxos und Antípaxos versprechen mit ihren Stränden absolutes Karibik-Flair mitten in Europa. Die beiden Eilande sind ideal, um den Alltagsstress hinter sich zu lassen. In der Ferienwohnung oder in der gemieteten Villa – am besten mit eigenem Pool – findet man endlich Zeit, um das Lieblingsbuch zu lesen. Drei malerische Dörfer und uralte Olivenwälder laden zur Erkundung ein.

❼ Herrliche Strände auf der Halbinsel Lefkáta (S. 146)
Insbesondere außerhalb der Hochsaison sind die Strände der südwestlichsten Halbinsel der Insel Lefkáda trotz beschwerlichem Auf- und Abstieg einen Besuch wert. Denn nur dann sind Porto Katsiki und Egremní nicht überlaufen! Und die Lage der Strände, die zu den schönsten des Landes gehören, zwischen atemberaubenden Kalksteinklippen und dem blau, grün und türkisfarben leuchtenden Meer sorgt für Ruhe und Erholung pur – abseits von Straßen und Autolärm.

❽ Wunder der Natur bei Sámi (S. 200)
Rund um Sámi auf Kefaloniá staunen Urlauber, auch wenn es auf den ersten

Bei solch karibisch anmutenden Stränden ist verständlich, dass viele Gäste immer wiederkommen.

Blick kaum erkennbar ist, gleich an mehreren Stellen über die Natur. Auf dem Programm stehen die Erkundung der Tropfsteinhöhle Drogaráti und eine kurze Bootsfahrt durch den Höhlensee Melissáni mit seinen zauberhaften Lichtspielen. Wer in Hollywoodkulisse baden möchte, besucht die von grünen Hügeln umschlossene Bucht Antíssamos.

⑨ Dolce Vita in Fiskárdo (S. 216)

Seit Jahren gehört das malerische Fiskárdo zu den beliebtesten Anlaufstellen von Segelbooten und Motorjachten im Ionischen Meer. Der Besuch des schicken Ortes mit den farbenfrohen Häuschen und der reichen Blumenpracht lohnt jedoch nicht nur über den Wasserweg. In den Cafés und Restaurants an der Promenade kann man sich auch als Landratte gut zwischen die Segler mischen und das mediterrane Sommerflair genießen.

⑩ Philosophieren in Kióni (S. 220)

Die Cafés in der malerischen, von pastellfarbenen Häusern gesäumten Bucht von Kióni auf Ithaka verschaffen viel Zeit zum Nachdenken. Bei einem Kaffee oder einem Glas Wein kann man besonders gut darüber philosophieren, ob Odysseus wirklich auf dem kleinen Inselchen zu Hause war, vor allem, wenn man eines von Homers Epen, die *Ilias* oder die *Odyssee*, dabeihat.

⑪ Baden in der Schmugglerbucht (S. 252)

Das ultimative Postkartenmotiv der griechischen Inselwelt, den prominenten Navágio-Strand, können Urlauber auf Zákynthos sowohl selbst fotografieren als auch hautnah erleben. Gebadet wird in Wasser, das in allen erdenklichen Blaunuancen schimmert. Der helle Sand, auf dem ein gestrandetes Schiffswrack liegt, ist von schroffen Klippen umgeben.

WILLKOMMEN AUF
Korfu und den Ionischen Inseln

Obwohl jede der Ionischen Inseln eine Welt für sich ist, haben Korfu und die anderen Eilande des Archipels viel gemeinsam: Die von Wasser in allen Blautönen umspülten Inseln mit den schimmernden Traumstränden sind ein Paradies für Strandurlauber, Wassersportler und Segler und versprechen Erholung pur. Grüne Landschaften und grandiose Panoramen sind ideal für Wanderer und Naturfreunde. Städte und Dörfer bezaubern mit mediterranem Leben in griechisch-venezianischer Kulisse.

Warum Hellas-Liebhaber, Fotografen und Künstler oft vom »ganz besonderen Licht« in Griechenland schwärmen und auch schon Friedrich Schiller die »Sonne Homers« rühmte, wird auf Korfu und den anderen Ionischen Inseln besonders schnell klar. Der westlichste Archipel Griechenlands erstreckt sich von der griechisch-albanischen Grenze bis hinunter zur Peloponnes gleich gegenüber der Westküste des Festlands und begeistert mit sonst nur selten in der griechischen Inselwelt anzutreffenden Farben und Farbkontrasten. Bereits der Anflug auf

Eine unbegrenzte Strandvielfalt sorgt auf den Ionischen Inseln für einen perfekten Badeurlaub. Hier: Marathiás Beach (Korfu)

Im Landesinneren reizt die Natur wie die Wasserfälle bei Ráchi (Lefkáda) Aktive zu Wanderungen.

den Archipel verspricht die ersten »Wow-Effekte«. Ganz besonders schön ist der Blick auf Korfu, das meist über die auch aus der Luft wunderschön anmutende Inselhauptstadt mit den zwei markanten Festungen und den venezianischen Häusern angesteuert wird. Die außerordentlich grünen Inseln, die allesamt mit Städten und Dörfern wie aus dem Bilderbuch bespickt sind, präsentieren sich in leuchtenden mediterranen Farben.

Umgeben sind die Inseln vom – nicht nur sprichwörtlich – in allen Blau-, Grün- und Türkisnuancen schimmernden Ionischen Meer, das die Adria mit dem offenen Mittelmeer verbindet. Unzählige Segelboote und Motorjachten scheinen im Sommer wie weiße Farbkleckse auf dem Wasser zu schweben. Für ein weißes Schimmern sorgen auch die abwechslungsreichen Strände und imposanten Sandsteinklippen, die sich wie vielfältige Bordüren an die Inseln schmiegen. Grün in allen Schattierungen wird von der mediterranen Macchia und dichten Teppichen aus silbrig-grünen, knorrigen und hoch gewachsenen Olivenbäumen erzeugt. In die häufig bis ans Meer heranreichenden Olivenhaine sind schlanke, dunkelgrüne Zypressen und duftende Pinien eingewoben. Die ziegelbedeckten Häuser in Dörfern und Städten sowie Gutshöfe aus Naturstein mitten im Nirgendwo sorgen für kupferrote Tupfer in der Natur.

Unglaubliche Inselvielfalt

Sicher ist, dass jeder Besucher auf dem Archipel auf den sieben Hauptinseln Korfu, Páxos, Lefkáda, Ithaka, Kefaloniá, Zákynthos und der abseits vor der Südostspitze der Peloponnes liegenden Kithira sein Lieblingsplätzchen findet. Es gibt sowohl viele stille Ecken am Wasser und in den Bergregionen, die gut geeignet sind, um Ruhe und süßes Nichtstun zu genießen, als auch genug Gegenden, in denen hauptsächlich im Sommer viel los ist. Auf der Suche nach Rummel und Trubel zwischen Einheimischen wird man nicht nur in Cafés und Tavernen fündig, sondern auch bei Kirchweihfesten oder Paraden. Von großer Bedeutung sind für die Griechen, in deren Leben das griechisch-orthodoxe Christentum eine wichtige Rolle spielt, die Patronatstage der Inselschutzheiligen. In der jeweiligen Inselhauptstadt, vor allem von Korfu, Kefaloniá und Zákynthos, finden dann ein Gottesdienst, ein stimmungsvolles Fest und große Prozessionen statt. Wer den Urlaub lieber unter Gleichgesinnten mit jeglichem touristischem Komfort verbringt, bleibt in den Ferienorten. Wählen kann man in verschiedenen Bereichen und je nach Insel auch zwischen ursprünglicher Einfachheit und Exklusivität, egal, ob es um Tavernen und Restaurants, die Unterkunft oder die Ausgehmöglichkeiten geht.
Über ein vielfältiges Angebot können sich auch diejenigen freuen, die im Urlaub aktiv sein möchten. Wassersportangebote, Reitstunden, Bootsausflüge, Minigolfplätze, Wasserparks, Weingüter und vieles mehr sorgen für ein abwechs-lungsreiches Freizeitprogramm. Neben dem Wandern, zum Beispiel auf dem 220 Kilometer langen Corfu Trail (www.corfu-trail.com), der über die ganze Insel Korfu verläuft, stehen vor allem die Aktivitäten im oder auf dem Wasser hoch im Kurs. Bei Tauchgängen im meist glasklaren Meer kann man die spannende Unterwasserwelt kennenlernen. Lefkáda steht mit günstigen Windverhältnissen bei Wind- und Kitesurfern an erster Stelle.

Wer Interesse an griechischer Kultur hat, sollte einen Teil seiner Urlaubszeit mit

Ein tolles Erlebnis für die ganze Familie: segeln in der Ionischen Inselwelt

Kristallklares Wasser und tolle Farben sorgen am Voutoúmi-Strand (Antípaxos) für unvergessliche Momente.

Sightseeing verbringen. Und auch wenn der Archipel im Vergleich zum restlichen Land viel weniger archäologische Stätten oder bedeutsame Museen zu bieten hat, kommen Kulturfans auf den Ionischen Inseln hier und da auf ihre Kosten – nur eben anders. Venezianisch geprägte Städte und Dörfer, mittelalterliche Burgen, still gelegene Klöster und Kirchen, Tropfsteinhöhlen und Meeresgrotten laden zu spannenden Entdeckungstouren ein. Interessant sind auch die im Sommerhalbjahr häufig stattfindenden Kulturveranstaltungen, Konzerte und Theateraufführungen in historischer Kulisse oder unter freiem Himmel.

Am besten erkundet man die Inseln mit einem gemieteten Auto oder Motorrad. Auf den kleinen Inseln wie Páxos, Meganíssi und Ithaka reicht für Sportliche auch ein Fahrrad. Die Busverbindungen sind auf allen Eilanden für genauere Inselerkundungen leider unzureichend.

Dank guter Fährverbindungen zwischen Italien und dem griechischen Festland, von wo es dann zur jeweiligen Wunschinsel geht, ist der Archipel allerdings auch gut mit dem eigenen Auto oder Wohnmobil zu erreichen.

Die schönsten Strände

Die reizvolle Landschaft sorgt auf den Ionischen Inseln gemeinsam mit dem glasklaren Meer und den Stränden aus weißen Kieselsteinen oder puderweichem Sand für unvergessliche Bademomente in kontrastreichen Kulissen. Wegen der teils spektakulären und vielfältigen Küstenlinien ist es jedoch viel zu schade, nur an einem Strand zu verweilen. Kleine Motorboote, die Urlauber – auch ohne Bootsführerschein – mieten können, um die Inselwelt mit ihren versteckten, teilweise nur über den Wasserweg erreichbaren Buchten zu erkunden, werden in vielen Orten angeboten. Möchte man nicht unter eigener Regie mit dem Motorboot fahren oder ist nicht mit dem eigenen Segelboot unterwegs, kann man an einem Bootsausflug teilnehmen, die ebenfalls tagtäglich von vielen Orten aus starten.

Baden kann man an langen Sandstränden wie den Dünen bei Chalikoúnas im Westen von Korfu, an Traumstränden mit Südsee-Flair auf Antípaxos und in stillen, weißen Kieselbuchten z.B. auf Ithaka. Sucht man nach einer großen Strandvielfalt, ist man auf den großen Inseln am besten aufgehoben. Gut eignen sich die Strände des Archipels meist zum Schnorcheln. Fündig wird man auf dem Archipel auch auf der Suche nach besonderen Küstenabschnitten und Naturschauspielen. Äußerst eindrucksvoll sind die Felsformationen bei Perouládes (Korfu) oder an der Westküste von Pá-

xos. Nicht entgehen lassen sollte man sich die Meeresgrotten im Westen von Páxos oder im Norden von Zákynthos. Ein Muss – nicht nur für Strandfans – sind schließlich die von Sandsteinklippen umschlossenen Strände an den Westküsten von Lefkáda, Kefaloniá und Zákynthos wie Porto Katsíki (Lefkáda), Mírtos (Kefaloniá) oder der Shipwreck Beach (Zákynthos), die wie die Strände von Antípaxos zu den schönsten Griechenlands gehören und auf Werbematerial oftmals das ganze Land repräsentieren.

Hauptinsel Korfu

Da Urlauber nur selten Zeit haben, sich während eines Urlaubs den ganzen Archipel anzuschauen, sollte man sich zunächst für eine der Hauptinseln entscheiden und von dort einen Ausflug zu den

Treffpunkt von Einheimischen und Touristen: die Café-Bars unter den Arkaden des Liston

kleineren Nachbarn unternehmen. Denn obwohl die Inseln viele Gemeinsamkeiten haben, hat jedes Eiland ganz eigene Reize. Korfu, die Hauptinsel des Archipels, die als Insel der mythologischen Phäaken gilt, liegt ganz im Norden des Archipels und wurde schon von der österreichischen Kaiserin Sisi ins Herz geschlossen. Die grüne Insel ist also schon sehr lange an Gäste gewöhnt. Touristenmagnet ist zunächst die Inselhauptstadt, eine der schönsten Städte des Landes, die von den Griechen wie die ganze Insel Kérkira genannt wird. Schattige Arkaden und venezianische Häuser bieten ausreichend Platz für stilvolle und moderne Café-Bars, Tavernen und Restaurants, Geschäfte und hübsche Boutique-Hotels. Das Altstadtlabyrinth mit den Häusern, zwischen denen bunte Wäsche flattert, erinnert an Süditalien und erstreckt sich zwischen zwei venezianischen Festungen, die wie die

Alte Fußgängerbrücke in Lefkáda-Stadt

Gassen und Museen der Stadt sowie einige alte Kirchen äußerst sehenswert sind. Touren mit dem Auto, Roller oder Fahrrad und Wanderungen führen außerhalb von Korfu-Stadt zu Sehenswürdigkeiten wie dem Achílion, durch wunderschöne Naturkulissen, zum Beispiel rund um den höchsten Inselberg Pantokrátoras, zu urigen Dörfern, tollen Stränden und zu zauberhaften Küstenorten wie Paleokastrítsa. Dabei eröffnen sich immer wieder herrliche Panoramen über die grünen Landschaften zum griechischen Festland und im Norden auf Südalbanien.

Lohnende Tagesausflüge von Korfu aus oder auch eigenständige Reiseziele für Individualisten sind im Nordwesten die winzigen, abgelegenen Diapontischen Inseln und im Süden Páxos und Antípaxos. Erstere sind ideal für alle, die auf der Suche nach Stille und Ursprünglichkeit sind. Die kleinen Juwele Páxos und Antípaxos sind mit eleganten Bilderbuchdörfern, karibisch anmutenden Stränden, imponierenden Steilküsten und Olivenwäldern ideal für ein wenig Dolce Vita und jeden Sommer auch Ziel von internationaler Prominenz und europäischem Geldadel.

Lefkáda

Weiter südlich liegt die über eine Brücke mit dem griechischen Festland verbundene Insel Lefkáda, die mit Vassiliki im Süden als Windsurf- und Kitesurf-Paradies gilt. Die Sandstrände unter Kalksteinklippen, Pórto Katsíki und Egremni, gehören laut vieler Umfragen

In der Einkaufsstraße von Argostóli (Kefaloniá) ist immer etwas los.

zu den schönsten Stränden weltweit. Lefkáda-Stadt zeigt sich wie die ganze Insel etwas ländlicher als der Rest des Archipels und begeistert mit einer eigentümlichen Architektur, der Lage am Meer und dem Blick auf das bunte Seglertreiben. In der Bergwelt mit den stillen Dörfern bekommt man einen guten Eindruck vom typisch griechischen Landleben. Eine Erkundung der kleinen Schwesterinsel Meganíssi und der winzigen Inselwelt, die sich zwischen Lefkáda und dem griechischen Festland ausweitet, reizt alle, die gerne auf dem Wasser unterwegs sind.

Kefaloniá und Ithaka

Die größte und am stärksten zerklüftete Ionische Insel, Kefaloniá, wird von einer Bergwelt mit über 1600 Meter hohen Gipfeln geprägt. Vom höchsten Berg Énos mit den dunklen Tannenwäldern hat man großartige Aussichten über die Landschaften, die mit farbenfrohen, blumenreichen Dörfern und vielseitigen Stränden, zu denen der bekannte Mírtos-Strand unterhalb einer schroffen Steilküste, der rote Sandstrand Xi oder die von grünen Hügeln gesäumte Antíssamos-Bucht gehören, auf Erkundung warten. Keineswegs sollte man den Besuch der berühmten Höhlen Melissáni und Drogaráti und der malerischen Dörfer Ássos und Fiskárdo missen. Burgen, Weingüter und ein paar Ausgrabungsstätten runden das Urlaubsprogramm auf der großen Insel ab.

Nur ein Katzensprung trennt Kefaloniá schließlich von ihrer kleinen, aber weltweit bekannten Schwester Ithaka, der Heimat des Odysseus, wo Besucher die vermeintlichen Schauplätze aus dem Epos des Homer erwandern und an kleinen Buchten das süße Nichtstun genießen.

Zákynthos

Zahlreiche schöne Sandstrände machen die im Süden gegenüber der Peloponnes liegende Insel Zákynthos zu einem der beliebtesten Urlaubsziele des Landes. Die von den Venezianern aufgrund ihres milden Klimas und den fruchtbaren Hügeln und Ebenen »Blume der Levante« genannte Insel lockt mit einem Städtchen, das von venezianischer Eleganz zeugt, erkundenswerten Meeresgrotten und natürlich mit den Stränden. Bis heute wird das Bild der Insel – vor allem im Osten – von Olivenbäumen und Weinbergen geprägt, die von den Venezianern angebaut wurden. Bekannteste Attraktion der Insel ist der Shipwreck-Strand, der durch das fotogen gestrandete Schiffswrack für tolle Urlaubsbilder sorgt. Weitere schöne Strände findet man in der gern von jungen Briten besuchten Bucht von Laganás im Süden, die zugleich wichtiger Eiablageplatz der Meeresschildkröten *Caretta caretta* ist und somit zum Meeresnationalpark erklärt wurde. Wer dem Trubel und den

Schattige Plätzchen in Zákynthos-Stadt

Die Statue von D. Solomós und die Kirche Ágios Nikólaos zieren die Platía Solomoú in Zákynthos-Stadt.

jungen britischen Gästen entfliehen will, sollte Ausflüge in die stillen Dörfer in der Bergwelt rund um den Vrachiónas unternehmen oder eins der schön gelegenen Klöster besuchen.

Geschichte und europäische Einflüsse

Griechenland-Kennern wird schnell auffallen, dass die Ionischen Inseln anders sind als der Rest der sonst eher kargen griechischen Inselwelt – und zwar nicht nur aufgrund der üppigen Vegetation. Die lieblich anmutenden Ionischen Inseln liegen Mitteleuropa näher und zeu-

gen von einem milderen Klima als die Kykladen, der Dodekanes oder gar Kreta. Winde sorgen auf den Inseln im Hochsommer oft für eine angenehme Meeresbrise. Neben den geografischen und klimatischen Unterschieden fallen schnell auch die kulturellen Eigenheiten des Archipels auf. Die Ionischen Inseln wurden – bis auf Lefkáda – nie von den Osmanen erobert und somit auch nicht wie der Rest des Landes vom Orient beeinflusst. Die Inselgruppe wurde indessen von italienischen Adelsfamilien regiert und gehörte fast fünf Jahrhunderte zu Venedig. Für weitere westliche Einwirkungen sorgten ab dem Ende des

Statue des britischen Lord-Hochkommissars Sir Frederick Adam vor dem Alten Palast (Korfu-Stadt)

18. Jahrhunderts Franzosen und Briten. Zu Griechenland gehören die Ionischen Inseln erst seit 1864.

Die Spuren Italiens und der anderen westlichen Staaten, die auf dem Archipel regierten, sind auf den Ionischen Inseln vor allem in der Architektur von Städten und Dörfern allgegenwärtig. Während die Briten sich um die Infrastruktur kümmerten, prägte die Serenissima vorher schon besonders die Architektur in Korfu-Stadt. Markant erheben sich in der Altstadt fünf- oder sechsgeschossige Häuser, die oft mit Ziegeln bedeckt sind. Marmorgepflasterte Hauptgassen und

viele Arkaden nach Pariser Vorbild prägen das Bild der Stadt ebenfalls. Auf dem Land und auf den übrigen Inseln des Archipels hinterließen die Venezianer Gutshäuser mit überdachten Balkonen und Ziegeldächern, wehrhafte Burgen sowie auffällige Basiliken mit für Griechenland sonst eher untypisch freistehenden Campanilen.

Selbstverständlich hatten die Italiener nach rund 700 Jahren Besatzung auch Einfluss auf die hiesige Kultur. Bemerkbar ist dieser auf den ersten Blick in den inseltypischen Gerichten mit viel Pasta und Saucen und in der Musik, die auf dem Archipel eine besonders wichtige Rolle spielt. Die inseltypische Musik der vielen ortsansässigen Orchester klingt für westliche Ohren wesentlich leichter als die sonst in Griechenland übliche Folklore mit den starken orientalischen Einflüssen. Gängiger als Instrumente wie Bouzoúki oder Lyra sind auf dem Archipel Gitarren, Geigen und Violinen. Auch der Karneval, der mit farbenfrohen Kostümen, stimmungsvollen Bällen und Umzügen gefeiert wird, erinnert an Venedig. Außerordentlich schön sind die Karnevalstage in Korfu-Stadt und in Zákynthos-Stadt. Diejenigen, die Griechisch sprechen, spüren die Nähe zum Nachbarland auch im Klang der Sprache und im weicheren Dialekt, der von vielen italienischen Wörtern zeugt. Insgesamt

In den Folkloremuseen der Inseln tauchen Urlauber in alte Zeiten ein.

ergibt sich auf dem Archipel somit ein interessanter Mix aus griechischer Kultur und westlichen Einflüssen – nicht zuletzt, weil viele Briten, Franzosen und Italiener bis heute ihren Urlaub auf dem Archipel verbringen.

Flora und Fauna

Die Venezianer prägten auf dem Archipel nicht nur die Kultur mit, sondern auch die Landschaft. Mit Ausnahme von Ithaka, das verglichen zu den anderen Inseln trotz einiger Olivenbäume recht trocken erscheint, ist die Inselgruppe aufgrund der im Winter häufig auftretenden Regenschauer verhältnismäßig wasserreich, sodass man auf eine artenreiche Vegetation trifft. Die Venezianer förderten auf den Inseln den Anbau Tausender Olivenbäume, die in weiten Teilen der Inseln und ganz besonders auf Korfu und Páxos urwaldähnliche Abschnitte bilden. Die Briten importierten Anfang des 20. Jahrhunderts die mittlerweile für Korfu typischen Kumquatbäume, aus denen Likör und bittersüße Süßigkeiten produziert werden. Auf Kefaloniá wächst auf dem 1627 Meter hohen Énos die harzreiche Kefaloniá-Tanne, die mit ihren dunklen Nadeln an Szenerien aus Mitteleuropa erinnert. Die farbenfrohen, ziegelgedeckten Häuser werden auf dem ganzen Archipel häufig von Palmen, Bougainvilleas und Zitronenbäumen geschmückt. Besonders im Frühling, aber auch im Frühsommer, wenn alles blüht, zeigen sich die Inseln von ihrer farbenprächtigsten Seite. In fruchtbaren Tälern und an Berghängen wird Obst, Gemüse

Im Frühsommer erstrahlen die Kapernblüten in ihren prächtigsten Farben.

und Wein angebaut. Ansonsten wird die Landschaft von mediterraner Macchia aus duftenden Kräutern, Ginster, Mastix und Steineichen dominiert.

Etwas weniger umfangreich als die Flora erscheint die Fauna. In der Natur trifft man nur selten auf ungefährliche Nattern, Landschildkröten, Igel oder Marder. Am häufigsten begegnet man auf den Inseln streunenden Hunden und Katzen. Etwas seltener sind Schaf- und Ziegenherden, die gelegentlich vor allem in den Bergregionen von Lefkáda oder Kefaloniá den Weg versperren. Reicher als die Welt der Säugetiere ist die Vogelwelt. Während man an den Küsten häufig auf Reiher trifft, sind in den Bergregionen selten Bussarde und Falken zu sehen. Das Meer ist durch Überfischung recht fischarm. Wer Glück hat, wird bei Bootsausflügen allerdings von Delfinen oder von den vom Aussterben bedrohten Mönchsrobben begleitet. Im Meeresnationalpark auf Zákynthos legen die vom Aussterben bedrohten Meeresschildkröten *Caretta caretta* ihre Eier ab. Es ist das wichtigste Eiablagegebiet der Schildkröten in Europa. Tierschutzorganisationen, die sich um herrenlose Katzen und Hunde kümmern, werden vorwiegend von auf den Inseln lebenden Ausländern geführt. Urlauber können dort vor Ort und mit Spenden helfen, Tiere adoptieren und auf Wunsch Flugpatenschaften übernehmen. Bei den Griechen selbst steckt das Bewusstsein gegenüber Natur- und Tierschutz leider noch immer in den Kinderschuhen, wird aber von Jahr zu Jahr besser.

Kunst und Kultur

Da der Archipel erst im Mittelalter von den Venezianern stark geprägt wurde, werden diejenigen, die sich auf den Ionischen Inseln auf die Spuren der griechischen Antike begeben wollen, enttäuscht. Sowohl in der Antike als auch in der später den Rest Griechenlands prägenden byzantinischen Epoche lagen die Ionischen Inseln fernab der politischen und kulturellen Zentren, sodass auch schon namhafte Archäologen wie der deutsche Wilhelm Dörpfeld, der glaubte, das Lefkáda das von Homer in seinen Werken erwähnte antike Ithaka sei, auf dem Archipel nicht richtig auf ihre Kosten kamen. Hinzu kommt, dass ein Großteil der wenigen antiken Ruinen, die dem Zahn der Zeit hätten standhalten können, durch viele Erdbeben, unter denen der Archipel gelitten hat, zerstört wurden. Das letzte verheerende Erdbeben ereignete sich im Süden des Archipels erst 1953. Aus alten Zeiten berichten auf den Inseln somit hauptsächlich die architektonischen Hinterlassenschaften Venedigs. Die gut erkennbare Mischung venezianischer und griechischer Stilelemente wurde aber nicht nur in der Architektur angewandt. Künstler, die während der osmanischen Herrschaft in Griechenland auf die Ionischen Inseln flohen, nutzten den Stilmix auch in der Malerei und Literatur, sodass sich ein eigener Stil, die sogenannte Ionische Schule, entwickelte.

Auf der Suche nach antiken Spuren wird man vor allem auf Kefaloniá und Lefkáda fündig, wo mykenische Grabstätten

Außergewöhnlich und eindrucksvoll: die Sammlungen im Museum für Asiatische Kunst (Korfu-Stadt)

Die Kirche Ágios Spirídonas in Korfu-Stadt ist ein schönes Beispiel für die prächtigen Gotteshäuser.

freigelegt wurden. Auf Kefaloniá sind bei Sámi außerdem die Reste einer antiken Stadtmauer zu sehen. Bedeutende Funde aus den für Laien oft nichtssagenden Ausgrabungsstätten werden in den Archäologischen Museen der Inseln gezeigt. Herausragend ist aus den Anfängen der klassischen Epoche ein Giebel von einem Artemis-Tempel im Museum von Korfu-Stadt. Die bedeutendsten Funde stammen jedoch aus der archaischen Zeit, als der Archipel von den Korinthern besiedelt wurde. Vom Hellenismus und der römischen Zeit berichten bis auf wenige Funde wie einer Pan-Statuette aus der Melissáni-Höhle auf Kefaloniá, die im Archäologischen Museum von Argostóli steht, kaum Exponate. Nur wenige Reste sind auf dem Archipel auch aus frühchristlicher Zeit erhalten.

Etwas mehr ist den Inseln aus der byzantinischen Zeit geblieben, in der in Griechenland viele Gotteshäuser gebaut wurden. Da die meisten dieser Kirchen jedoch erst in der Zeit gebaut wurden, als die italienischen Adelsfamilien und die Venezianer schon auf dem Archipel herrschten, zeugen die Gotteshäuser, die Ikonen und Wandmalereien mehr von italienischen als von byzantinischen Merkmalen. Ein gutes Beispiel für byzantinische Kirchen ist die Kirche Ágios Iássonas ke Sossípatros in Korfu-Stadt. Wer sich für die Entwicklung der Sakralmalerei auf den Ionischen Inseln interessiert, sollte die Byzantinischen Museen in Korfu-Stadt und Zákynthos-Stadt besuchen. Malereien im traditionellen byzantinischen Stil sieht man heute in vielen neueren Kirchen.

Einblicke in den Alltag

Den besten Einblick in die inseltypische Kultur bekommt man auf dem Archipel sicherlich durch die Einheimischen. Und obwohl der Tourismus als wichtigste Einnahmequelle zumindest im Sommer ihren Alltag bestimmt, finden die meisten gern Zeit für einen Plausch zwischendurch. Besonders in Dörfern, wo sich Menschen noch mit der Landwirtschaft oder dem Handwerk beschäftigen, trifft man auf viel Ursprünglichkeit und auf Menschen, die Zeit und Lust zum Reden haben. Wer die hiesige Kultur kennenlernen möchte, sollte sich also nicht nur auf den Besuch der Badeorte oder Sehenswürdigkeiten beschränken. Trotz der Finanzkrise und dem Flüchtlingsstrom, von dem die Ionischen Inseln übrigens nicht betroffen sind, bleibt der Archipel wie das ganze Land ein gastfreundliches und sicheres Reiseziel, und das natürlich auch abseits der üblichen Touristenpfade. Auf allen Inseln ist die griechische Gastfreundschaft wie eh und je gut zu spüren und man bemüht sich, den Gästen schöne Urlaubstage zu bereiten.

Die Finanzkrise, die vor allem Menschen mit niedrigem Einkommen, Rentner und diejenigen getroffen hat, die nach dem Studium anstatt in ihrem erlernten Beruf zu arbeiten, schlecht bezahlten Saisonjobs nachgehen, hat viele Griechen noch enger zusammengeschweißt. Die Familie und enge Freundschaften, die bei den Griechen schon immer hohe Priorität hatten, stehen jetzt an oberster Stelle. Dennoch werden Fremde weiterhin recht schnell und herzlich in die *paréa*, die

Gruppe, mit der man beisammensitzt, aufgenommen. Oft ist es für eine neue Bekanntschaft ausreichend, zweimal in derselben Taverne zu sitzen. Man sollte den Menschen nur mit der gleichen Offenheit begegnen und Lust haben, Small Talk über Land und Leute zu führen. Wer Kritik üben möchte, sollte dies sehr vorsichtig tun und nicht beleidigend werden. Das stark ausgeprägte *filótimo* der Griechen, ein Gefühl, das mit Würde, Ehre, Stolz, Respekt und Tugend nur unzureichend übersetzt wird, kann leicht verletzt werden. Keineswegs bedeutet das jedoch, dass man Fremden gegenüber verschlossen ist. Ganz im Gegenteil, die Insulaner sind offen und reden gern – und viel: am Telefon, beim Plausch auf der Straße, beim stundenlangen Kaffeetrinken, beim gemeinsamen Essen und zur Not auch mit Händen und Füßen.

Kurze Pause während der Shopping-Tour

Kaffeehauskultur im Wandel

Wie gastfreundlich, offen und gesellig die Insulaner sind, spürt man am besten in urigen Kaffeehäusern, die man vorwiegend noch in Dörfern findet und die auch gut das griechische Zeitgefühl repräsentieren – zumindest derjenigen, die in der Saison nicht sieben Tage die Woche oft über zehn Stunden am Tag im Tourismus arbeiten, um eventuell ein bisschen Geld

westlich orientierte Publikum, das trotz Moderne oft an alten Traditionen festhält und somit auch gern lange in den Straßen- und Strandcafés verweilt, bevorzugt stylische Locations, meist Cafés, die sich am Abend zu Bars wandeln und die oft viel exklusiver eingerichtet sind als gastronomische Betriebe in Mitteleuropa. Die jungen Leute trinken dort kaum noch Mokka, sondern lieber einen eisgekühlten löslichen Kaffee Frappé, einen Freddo Es-

Die Ionischen Inseln lassen auch die Herzen von Naschkatzen höher schlagen.

für den kommenden Winter beiseitezulegen. Im traditionellen *kafenío* laden Griechen die Gäste gern mal zum Ouzo, Limoncello oder einem korfiotischen Kumquat-Likör ein. Besucht werden die Kaffeehäuser jedoch hauptsächlich von älteren Herren, die sich beim griechischen Mokka (*ellinikós kafés*) die Zeit vertreiben, stundenlang über Gott, die Welt und natürlich die Politik sprechen oder *távli* (eine Art Backgammon) und Karten spielen. In Städten werden die urigen Kaffeehäuser immer seltener. Das jünger werdende,

presso oder Cappuccino. Der Unterschied zu uns bekannten Kaffeespezialitäten ist, dass man hier schon im Voraus sagt, ob man den Kaffee mit oder ohne Milch bzw. Zucker trinken möchte. Dabei gibt es verschiedene Varianten: *skéto* (»ohne alles«), *me/chorís gála* (»mit/ohne Milch«), *métrio* (»mit etwas Zucker«) und *glikó* (»mit viel Zucker«). Unabhängig davon, wo und wie man den Kaffee allerdings trinkt, geht es sowohl den jungen als auch den älteren Griechen vor allem um eins: das Beisammensein.

Steckbrief Ionische Inseln

Hauptstadt: Korfu-Stadt (Kérkyra)

Landesflagge:

Amtssprache: Neugriechisch

Währung: Euro

Zeitzone: MEZ +1 h

Lage: Das auf Griechisch auch »Sieben Inseln«, *Eptánisa,* genannte Archipel liegt vor der Westküste Griechenlands. Ein Teil Korfus und die Diapontischen Inseln erstrecken sich im Norden auch auf Höhe der albanischen Küste.

Fläche: Die Ionischen Inseln haben eine Fläche von 2318 km². Kefaloniá ist mit 786 km² größte Insel des Archipels. Korfu zählt als zweitgrößte Insel 611 km².

Einwohner: Auf den Ionischen Inseln leben etwa 207 855 Menschen. Von insgesamt 32 Inseln und Felseilanden werden 13 bewohnt. Die größten Städte sind Korfu-Stadt (24 840 Einwohner), Zákynthos-Stadt (9770 Einwohner) und Argostóli (9750 Einwohner). Korfu (100 850 Einwohner) ist die bevölkerungsreichste Insel.

Geografie: Die Ionischen Inseln liegen recht nah am griechischen Festland. Lefkáda ist sogar durch eine Brücke mit dem Festland verbunden. Die Inseln sind gebirgig und zeugen oft von Steil-

küsten. Höchste Berge sind der Énos (1627 m) auf Kefaloniá, der Eláti (1158 m) auf Lefkáda und der Pantokrátoras (906 m) auf Korfu.

Verwaltung: Die Ionischen Inseln bilden zusammen eine der 13 Regionen (*periféria*) Griechenlands. Sie bestehen aus fünf Regionalbezirken (*periferiakí enotitá*): Korfu (inkl. Paxos und den Diapontischen Inseln), Lefkás (inkl. Meganíssi, Kalamós und Kástos), Kefaloniá, Ithaka und Zákynthos. Die Regionalbezirke werden weiterhin in Gemeindekreise (*dímos*) unterteilt.

Wirtschaft und Tourismus: Bedeutendste Wirtschaftszweige sind der Tourismus und die Landwirtschaft. Wichtig ist in der Landwirtschaft besonders die Kultivierung von Oliven. Auf Kefaloniá ist zudem der Weinanbau von hoher Bedeutung. Außerdem beschäftigen sich die Bewohner von Kefaloniá, Ithaka und Lefkáda mit der Viehzucht.

Religion: Etwa 98 % der Insulaner gehören der griechisch-orthodoxen Kirche an. Auf Korfu gibt es auch eine römisch-katholische Minderheit.

Bevölkerung: Die Bevölkerungsdichte mit 89,7 Einwohnern pro km² liegt deutlich unter dem deutschen Durchschnitt mit 226,9 Einwohnern pro km². Hinzu kommen – vor allem im Sommer – registrierte Tagelöhner vorwiegend albanischer Herkunft, Saisonarbeiter und viele EU-Bürger aus Großbritannien und Italien, die auf den Inseln Ferienhäuser haben.

Geschichte im Überblick

Ab 5000 v. Chr. Besiedelung von Korfu. Funde aus Kefaloniá und Zákynthos stammen aus späterer Zeit.

Ab 3000 v. Chr. Bronzezeit. Bei Nidrí (Lefkáda) kann man Gräber aus dieser Zeit sehen.

Um 1500 v. Chr. Die Mykener breiten sich in Griechenland aus und bevölkern die südlichen Inseln des Archipels. Bei Mazarakáta (Kefaloniá) wurden Gräber aus dem 13.–11. Jh. v. Chr. freigelegt.

12. Jh. v. Chr. Die minoische Kultur erlischt nach dem Kampf um Troja, bei dem die Achäer, die Träger der mykenischen Kultur, siegten.

734 v. Chr. Siedler aus Korinth gründen auf der Halbinsel Análipsi bei Korfu-Stadt die Kolonie Kérkyra (Korfu).

664 v. Chr. Kérkyras Aufschwung als Zwischenhafen führt zu Kämpfen um Unabhängigkeit zwischen der Kolonie und Korinth. Sie liefern sich eine Seeschlacht. Kérkyra siegt.

480 v. Chr. Die Griechen schlagen in der Seeschlacht von Sálamis die Perser.

431 v. Chr. Krieg zwischen Athen und Sparta, bis 404 v. Chr. Athen siegt.

338 v. Chr. Die Makedonier erobern die griechische Staatenwelt und Korfu.

323 v. Chr. Alexander der Große (Sohn des makedonischen Königs Philipps II.), der Kleinasien, Ägypten, das Perserreich und Teile des Orients erobert hat, stirbt. Das Reich wird unter seinen Generälen aufgeteilt.

Ab 229 v. Chr. Korfu wird wie die übrigen Inseln in den folgenden Jahrzehnten von den Römern erobert.

330 n. Chr. Konstantinopel (heute: Istanbul) wird Hauptstadt des Römischen Reichs.

395 Teilung des Römischen Reichs. Griechenland wird dem Byzantinischen Reich zugesprochen.

1054 Abspaltung der römischen Kirche von der orthodoxen.

1081 Der Normannenkönig Roger I. aus Sizilien erobert Korfu, Kefaloniá und Zákynthos.

1204 Ritter des vierten Kreuzzugs besetzen unter der Führung Venedigs Konstantinopel. Venezianer, Genuesen und Franken teilen Griechenland unter sich auf. Der Archipel wird von italienischen Adelsfamilien regiert, die den Namen Corfu für Kérkyra einführen.

1386 Korfu bittet Venedig wegen drohender osmanischer Angriffe um Hilfe und gerät in venezianische Herrschaft.

1467 Lefkáda fällt 14 Jahre nach der Eroberung Konstantinopels als einzige Insel des Archipels an das Osmanische Reich.

1482–1503 Die Venezianer erobern 1482 Zákynthos, im Jahr 1500 Kefaloniá und 1503 Ithaka.

1571 Der Vormarsch der Osmanen wird durch die Niederlage in der Seeschlacht von Lepanto (heute: Nafpaktós) gestoppt.

1684 Venedig erobert Lefkáda.

1797 Kurz nachdem Napoleon Venedig besetzt, fallen die Ionischen Inseln an Frankreich.

1799 Vertreibung der Truppen Napoleons.

1800 Die Ionischen Inseln werden zur unabhängigen Republik der Sieben Inseln.

1807 Durch den Vertrag von Tilsit werden die Inseln wieder Frankreich zugesprochen.

1809 Die Briten erobern den Archipel – bis auf Lefkáda, das erst 1811 besetzt wird.

1815 Obwohl der Wiener Kongress den Ionischen Inseln Unabhängigkeit zusagt, regiert ein britischer Lordhochkommissar mit Sitz auf Korfu den Archipel.

1821–1830 Griechische Freiheitskämpfe, durch die sich weitere Teile Griechenlands von den Osmanen befreien.

1864 Im Mai erlaubt Großbritannien dem Archipel, sich Griechenland anzuschließen.

1898–1912 Griechenland kann durch Kriege gegen das Osmanische Reich und Bulgarien sein Staatsgebiet erweitern.

1921/22 Der Versuch Griechenlands, Teile Kleinasiens zurückzuerobern, scheitert. Zwischen den beiden Staaten findet ein Bevölkerungsaustausch statt.

1941–1944 Zweiter Weltkrieg. Die Inseln werden von den Italienern besetzt. Obwohl 1943 ein Waffenstillstand mit den Alliierten vereinbart wird, erkämpft sich die Wehrmacht die Vormachtstellung und massakriert Tausende italienische Soldaten. 1944 weichen sie den britischen Truppen.

1944–1949 Bürgerkrieg. Betroffen ist im Archipel vor allem Kefaloniá.

1953 Ein schweres Erdbeben verwüstet Zákynthos und richtet auf Lefkáda, Ithaka und Kefaloniá gravierende Schäden an.

1967–1974 Militärdiktatur. Nach dem Sturz der Junta wird die Monarchie abgeschafft. Es entsteht die Republik Griechenland und eine westlich orientierte Demokratie.

1981 Griechenland tritt der Europäischen Gemeinschaft (EG) bei.

2002 Einführung des Euro.

2010–2016 Nur durch massive finanzielle Unterstützung und Bürgschaften der EU und des IWF kann Griechenland vor dem Staatsbankrott bewahrt werden.

15 TAGE INSELHOPPING

1. TAG
ALTSTADT VON KORFU-STADT

Die attraktivste Inselmetropole entdecken: Wenn das Flugzeug morgens auf Korfu landet und Sie im Hotel in Korfu-Stadt die Koffer abgestellt haben, geht es gleich los zur ausgiebigen Erkundungstour durch die Altstadtgassen.

2. TAG
UMRUNDUNG NORDKORFUS MIT DEM PKW

Faszinierende Küstenabschnitte: Die Inselrundstraße verläuft teilweise hoch über der Küste entlang der Hänge des Pantokrátoras bis Kassiópi. Danach sollten Sie einen Streifzug durch Paliá Perithia einplanen. Durch Sidári geht es weiter zum Canal d'Amour und dem Kap Drástis, von wo Serpentinen über mehrere Küstenorte ins landschaftlich reizvolle Paleokastrítsa führen.

3. TAG
ACHÍLLION – DEN KAISERLICHEN HOHEITEN AUF DER SPUR

Mit dem gemieteten Auto geht es zum Achíllion, das man nach einem Umweg über die Analápsi-Halbinsel ansteuert. Durch die Bergdörfer Sinarádes und Pélekas, wo das Panorama vom Kaizer's Throne begeistert, erreicht man den beliebten Glyfáda-Strand an der Westküste. Alternativ kann man in den unberührten Süden rund um Lefkími fahren oder noch ein bisschen Zeit in Korfu-Stadt verbringen.

4. TAG
POSTKARTEN-IDYLLE AUF PÁXOS UND ANTÍPAXOS

Der Tag ist einem Tagesausflug mit dem Boot zu den Nachbarinseln Páxos und Antipaxos gewidmet. Die Ausflugsboote fahren von Korfu-Stadt entlang der einzigartigen Steilküste von Páxos zunächst zum Badestopp an einen südseehaft anmutenden Strand auf Antípaxos. Im bezaubernden Gáios auf Páxos schnuppert man dann etwas exklusives Flair, bevor das Boot sich auf die Rückfahrt macht.

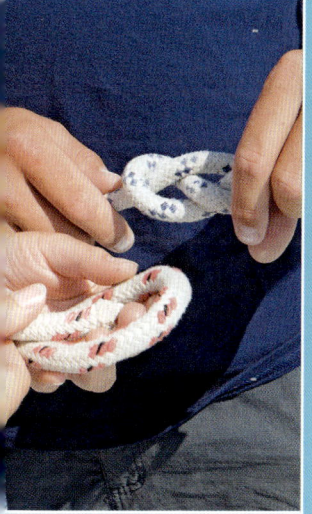

5. TAG
LEFKÁDA – LÄNDLICH GEPRÄGTE SURFER-INSEL

Die Turboprop-Maschinen von Sky Express, die alle Inseln des Archipels schnell und regelmäßig miteinander verbinden, fliegen meist zur Mittagszeit von Korfu nach Préveza, dem Flughafen, von dem die über eine Brücke mit dem Bus, Taxi oder Mietwagen erreichbare Insel Lefkáda nur 20 Kilometer entfernt liegt. Am Nachmittag genießen Sie das ursprüngliche Flair von Lefkáda-Stadt zwischen farbenfrohen Häusern und dem einheimischen Leben.

6. TAG
LEFKÁDA – TRAUMSTRÄNDE VOR GRANDIOSER STEILKULISSE

Wer nicht gleich am Flughafen ein Auto gemietet hat, braucht es spätestens heute, um entlang der Westküste und vorbei an Stränden und Küstenorten zur südlichsten Halbinsel Lefkáta mit den Traumstränden der Insel zu gelangen. Außer Egremní und Pórto Katsíki sollte man das Kap Doukáto im äußersten Süden besuchen. Übernachtet wird in Vassilikí oder Nidrí.

7. TAG
LEFKÁDA – MINI-ARCHIPEL ODER BERGDÖRFER

Mit einem gemieteten Motorboot oder dem Ausflugsboot erkunden Sie die Nidrí vorgelagerte Inselwelt, halten in hübschen Buchten zum Baden oder gehen am stillen Eiland Meganíssi an Land. Wer lieber Bergluft schnuppert, sollte mit dem Mietwagen zu den Dörfern Kariá und Sívros im Binnenland fahren und am Nachmittag in Sívota die einlaufenden Jachten in der windgeschützten Bucht beobachten.

8. TAG
KEFALONIÁ – DIE GRÖSSTE INSEL

Am Vormittag gibt man am Flughafen von Préveza den Mietwagen ab und fliegt nach Kefaloniá. Auch dort quartiert man sich am ersten Abend in der Inselhauptstadt Argostóli ein. In Argostóli ist genug

Zeit, um die Kirche Ágios Spiridonas zu besichtigen, an den Meerwassermühlen vorbei zum Leuchtfeuer an der Spitze der Landzunge zu laufen oder in der Einkaufsstraße Lithostrátou ein passendes Souvenir zu kaufen.

9. TAG
BERÜHMTER STRAND UND BILDERBUCH-DÖRFER IM NORDEN VON KEFALONIÁ

Unbedingt sehenswert ist der Norden von Kefaloniá. Ein erster Halt bietet man mit viel fotografierten Mirtos-Strand an. Nach dem Badespaß erreicht man weiter nördlich über eine kurvenreiche Straße das idyllische Dörfchen Assós. Am Nachmittag flaniert man schließlich zwischen Seglern und Jachtbesitzern durch das pittoreske Fiskárdo. Heute übernachtet man in Sámi an der Ostküste.

10. TAG
ITHAKA – ODYSSEUS' WELT ENTDECKEN

Um Ithaka zu besuchen, geht es morgens von Sámi mitsamt Auto auf die Fähre nach Ithaka. Sehen sollte man auf dem kleinen Eiland den Hauptort Vathí, das Dörfchen Stavrós mit dem Archäologischen Museum und das malerische Kióni. Wer nach der Rückreise nach Kefaloniá am Nachmittag noch Lust auf einen Strandbesuch hat, kann zum traumhaften Andíssamos-Strand nordöstlich von Sámi fahren.

11.TAG
HÖHLEN, BERGE, STRÄNDE IM SÜDEN VON KEFALONIÁ

Am letzten Tag auf Kefaloniá steht der Inselsüden auf dem Programm. Bevor Sie Sámi verlassen, sollten Sie die Tropfsteinhöhle Drogaráti und die Mellisáni-Höhle besuchen. Danach umrundet man den Énos, kurvt durch die blumenreichen Dörfer der Region Livathó, wo man am Abend auch übernachten kann, und genießt das Meer an einem der Strände. Außerdem kann man beim Kloster Ágios Gerássimos den Inselwein probieren oder in Kástro die Stille genießen.

12. TAG
ZÁKYNTHOS' CHARMANTE INSELHAUPTSTADT

Heute fliegt man zur letzten Insel, Zákynthos, wo man ein Hotel in Zákynthos-Stadt bezieht. Am Nachmittag reizt das Inselhauptstädtchen mit den Gassen rund um die Plätze Solomoú und Agíou Márkou und die Uferstraße mit der Kirche Ágios Diónysos zum Spaziergang. Vor Anbruch der Dunkelheit, wenn die zu funkeln beginnenden Lichter der Stadt einem zu Füßen liegen, sollte man am Bóchali-Hügel sein.

13. TAG
UMRUNDUNG VON ZÁKYNTHOS

Bevor man Zákynthos mit dem Auto umrundet, lohnt der Besuch des Byzantinischen Museums. Die heutige Route führt über Askós zum obligatorischen Fotoshooting an der Steilküste über dem Shipwreck-Strand. Weiter südlich lohnen die Klöster Ágios Geórgios Kremnón und Anafonítrias und die Dörfer Kambí und Macherádo einen Halt. Den Sonnenuntergang kann man am Kap von Kéri bestaunen.

14. TAG
SÜSSES NICHTSTUN AM STRAND AUF ZÁKYNTHOS

Den letzten Urlaubstag verbringt man entspannt am Strand: Entweder sucht man sich einen der schönen Strände im Meeresnationalpark wie Gérakas oder Dáfni aus, mietet sich ein Boot und erkundet die Bucht von Laganás oder man macht einen Bootsausflug, um am berühmten Shipwreck-Strand zu relaxen.

15. TAG
VON ZÁKYNTHOS NACH HAUSE FLIEGEN

In einem der zahlreichen Cafés an der Promenade genießt man noch einen Kaffee oder ein ausgiebiges Frühstück oder macht sogar noch einen letzten Bummel durch die Souvenirgeschäfte, bevor es per Flieger wieder nach Hause geht.

KORFU-STADT, DER SÜDEN, PÁXOS

1 Korfu-Stadt – die Altstadt
Eine Stadt wie aus dem Bilderbuch

Die Altstadt zählt seit 2007 zum UNESCO-Weltkulturerbe. Die Inselhauptstadt zeugt von einem äußerst reizvollen Konglomerat venezianischer, französischer und britischer Hinterlassenschaften kombiniert mit mediterranem Lifestyle. Zwei mächtige Festungen umschließen hübsche Plätze, von Wäscheleinen überspannte Gassen, neoklassizistische Gebäude, viele Kirchen, schattige Arkaden und einen Palast.

Dass Korfu-Stadt, griechisch *Kérkyra* genannt, eine der schönsten Inselstädte des Landes ist und mit stilvoller Atmosphäre begeistert, geht bereits auf die Venezianer zurück. Sie haben als erste fremde Kultur Spuren in der Inselmetropole hinterlassen, als sie die Stadt im 16. Jahrhundert über die Grenzen der Alten Festung hinaus erweiterten. Im 19. Jahrhundert integrierten dann

GUT ZU WISSEN

PARKPLÄTZE SIND RAR

Parkplätze werden besonders am Vormittag und am späten Nachmittag recht knapp in der Inselhauptstadt. Wer mit dem Mietwagen anreist, kann es aber auf den gebührenpflichtigen Parkplätzen an der Esplanade oder am Alten Hafen versuchen. Alternativ stellt man das Auto außerhalb der Altstadt ab, zum Beispiel südlich der Esplanade rund um die Uferstraße Richtung Garítsa. Beachten sollte man, dass Knöllchen in Griechenland viel teurer sind als bei uns. Und Autovermieter schicken sie natürlich auch zu uns nach Hause.

Vorangehende Doppelseite: Die Platía Dimarchíou ist beliebter Treffpunkt.
Oben: Wehrhaft erhebt sich die Alte Festung vor Korfu-Stadt.
Unten: Das Gassenlabyrinth lädt zum Flanieren und Shoppen ein.

Korfu-Stadt – die Altstadt

Franzosen und Briten weitere Bauten harmonisch ins Straßenbild und sorgten wie die Venezianer auch für westliche Einflüsse in der korfiotischen Kultur. Die überwiegend autofreie Altstadt mit der hübschen Bausubstanz begeistert durch marmorgepflasterte Straßen und Arkaden, farbenfrohe, blumengeschmückte Plätze und verstreut dazwischenliegende Kirchen. Cafés, Bistros und Bars zeugen von einem Hauch Pariser Flair.

Esplanade und Altes Fort

Wichtiger Knotenpunkt und Hauptplatz ist die bereits im 17. Jahrhundert von den Venezianern angelegte Spianáda genannte Esplanade zwischen Altem Fort und Stadtkern. Ihren Westrand markiert der arkadenreiche Liston, ein Gebäudekomplex nach Pariser Vorbild aus dem frühen 19. Jahrhundert mit vielen beliebten Cafés und Restaurants. Für Korfioten und Touristen ist die Esplanade mit ihren Grünanlagen aber auch geschätzte Flaniermeile. Im Park erinnert ein Denkmal mit bronzenen Reliefs an den Anschluss des Archipels an Griechenland 1864. Eine auffällige Rotonda mit Säulen im ionischen Stil im Süden der Esplanade wurde in Gedenken an den schottischen Lord Sir Thomas Maitland aufgestellt, der hier zwischen 1816 und 1824 regierte.

Östlich der Esplanade prägt die Festungshalbinsel mit zwei Gipfeln und dem Alten Fort das Bild. Die Stadt Korfu, die im 15. Jahrhundert etwa 1800 Einwohner zählte, lag vom 11. bis zum 15. Jahrhundert innerhalb dieser Mauern. Vor der Brücke, die über den im 16. Jahrhundert angelegten, 60 Meter langen Kanal zum Alten Fort führt, steht ein Denkmal für den deutschen Grafen Johann Matthias von der Schulenburg, der Korfu im Jahr 1716 vor den Osmanen verteidigte. Die Fes-

Einfach gut!

DIE BEKANNTESTE DACHTERRASSE DER STADT

Seit Jahren zählt die Dachterrasse des schon in den 1960er-Jahren eröffneten Hotels »Cavalieri« zu den beliebtesten Aussichtspunkten der Stadt – und das nicht nur bei Romantikern. Auch Hobby-Fotografen und Freunde von fantastischen Panoramaausblicken sind auf dem Rooftop des »Cavalieri« genau richtig. Der Besuch des Dachterrassen-Restaurants lohnt in jedem Fall für einen der guten Cocktails oder einen anderen Drink. Serviert werden auch internationale Gerichte – allerdings zu überdurchschnittlichen Preisen. Besser als das Essen ist der grandiose Blick über das Alte Fort und das Meer zu den albanischen Bergen und auf der anderen Seite über die zahllosen Ziegeldächer der Stadt – vor allem bei Sonnenuntergang. Reservierung empfehlenswert.

Cavalieri Hotel. Je nach Wetterverhältnissen meist Mai–Okt. tgl. ab 18.30 Uhr, Odós Kapodistríou 4, Korfu-Stadt, Tel. 26 61 03 92 83, www.cavalieri-hotel-corfu-town.com

IN ALTE ZEITEN EINTAUCHEN

Am schönsten wohnt man in Korfu-Stadt im stilvollen Boutique-Hotel wie dem auch gut mit dem Auto erreichbaren, zentral und doch ruhig gelegenen »Bella Venezia«. Das klassizistische Herrenhaus, im 19. Jahrhundert als Wohnhaus einer Adelsfamilie erbaut, diente im 20. Jahrhundert als Konsulat, Bank und später als Mädchenschule. Danach stand es als einziges im Zweiten Weltkrieg nicht zerstörtes Gebäude der Straße lange leer, bis es 1988 als stimmungsvolles Hotel wieder mit Leben gefüllt wurde. Heute zählt es viele Stammgäste und bezaubert mit herzlicher Atmosphäre. Der freundliche Besitzer Theódoros Ziniátis kümmert sich mit dem zuvorkommenden Team fantastisch um die Gäste, die in den 30 Zimmern, teils mit kleinen Balkonen zum Hof, und der Suite des schönen Hauses wohnen. Idyllisch ist der blumenreiche Innenhof, in dem leckeres Frühstück und natürlich Kaffee und Drinks serviert werden.

Bella Venezia. Odós N. Zambéli 4, Korfu-Stadt, Tel. 26 61 04 65 00, www.bellaveneziahotel.com

tung betritt man durch einen Torgang aus dem 17. Jahrhundert, in einem Raum rechts sind Mosaiken aus der Basilika von Paleópolis ausgestellt. In der Festung sind vorwiegend Gebäude aus britischer Zeit zu sehen, zum Beispiel ein roter Uhrenturm und die Georgskirche mit einer Fassade in Form eines antiken Tempels, aber auch ein venezianisches Gefängnis. Einen herrlichen Blick auf das Meer und die Dächer der Stadt verspricht der vordere Hügel mit dem Leuchtturm.

Alter Palast und Museum für Asiatische Kunst

Am Nordrand der Esplanade erhebt sich der zwischen 1819 und 1823 erbaute Alte Palast ⊙, in dem bis 1864 die britischen Lordhochkommissare und danach die griechische Königsfamilie residierten. Im Inneren können ein Saal im Erdgeschoss und einige Säle sowie kleinere Räume auf der ersten Etage besichtigt werden, in denen das Museum für Asiatische Kunst untergebracht ist. Die aus etwa 15 000 Objekten bestehende Sammlungen japanischer, chinesischer, koreanischer, indischer und siamesischer Kunst wurden von griechischen Botschaftern zur Verfügung gestellt. Im östlichen Seitenflügel können Interessierte außerdem die Städtische Pinakothek ⓓ mit Werken korfiotischer Künstler aus dem 19. und 20. Jahrhundert besuchen.

Faliráki und Insel Vído

Gleich hinter dem Alten Palast kann man vor der Linkskurve der Uferstraße durch eine Unterführung, dem Ágios-Nikólaos-Tor, zur winzigen Landzunge Faliráki ⓔ hinunterlaufen. Die dort bis zum 19. Jahrhundert als Hafenterminal genutzten Gebäude sind in Café-Restaurants und Bars mit schönem Blick auf die vorgelagerte Mini-Insel

Sehenswürdigkeit, Museum

Aktivitäten, Ausgehen

Information

Kirche, Moschee, Synagoge

Theater

Shopping

Restaurant, Bar, Café

Übernachtungsmöglichkeit

Kap Sídero

0   100 m

N

Ormos Garítsas

Mandráki

Altes Fort

Agios Geórgios

Paléo Froúrio

B

A   Esplanade

Schulenburg-Denkmal

Guilford-Statue

Panagía Mandrákina

Spianáda

Dousmáni

P

Monument für die Vereinigung

Pl. Leonída

Polytechníou

Víachou

Maítlands-Rotónda

Kapodistríu

Kapodístriou

Liston

C   Alter Palast und Museum der Asiatischen Kunst

Faliráki   E

D   Städtische Pinakothek

Amaze

Arseníou

Chrisomállis

Vassiliás & Sons

Benkloten-museum

Voulgáreos

Arcadion

Icon

Ag. Vassilíou/ Stéfanos

Rathaus

Katholische Bischofskirche

Dimárchio

Moustoxýdi

Guilford

Erzbischöflicher Palast

Ionisches Parlament

Napoleóntos Zampéli

Bella Venezia

Caralien

Akadimías

Byzantinisches Museum   F

Solomós-Museum

Saltó

Venetian Well

G

Panagía Kremastí

Pl. Agías Elénis

CAMPIÉLLO

Ágios Spirídonas

Nikifórou Theotóki

Galaktopolís Alexis

Siorra Vittória

Stázi meli

Arseníou

Donzelot

Zavitsiánou

Ikouméniko Patriárchou Athinagóra

Mpakalógatos

Konstantinoúpolis

Panagía Tenédou

Pl. Skarmaga

Paleogoa

Velissaríou

G. Bervasíou

Theater

Stamatíou Desíla

Mantzárou

Vraíla

Zarídou

Dimoúlitsa

Boote nach Vídos

Alter Hafen

Venizélou

Fishalida

Markt

G. Márkora

G. Márkora

Patounis

I. Theotóki

Pl. Theotóki

Ionische Universität

P. Konstánta

Samára

Alexandras

Methódiou

Neues Fort

G. Márkora

Avramíou

Bushbahnhof

Neuer Hafen

Vído umgewandelt worden. Boote fahren im Sommer täglich vom Alten Hafen westlich von Faliráki zur gerade mal 538 Hektar großen Insel. Das bewaldete Eiland wird nur von Fasanen, Rebhühnern und Kaninchen bewohnt, ist ideal für Spaziergänge und lockt mit kleinen Kiesstränden zum Baden.

Im Gassengewirr von Campiéllo

Westlich von Faliráki begeistert die zum Byzantinischen Museum ❻ umgewandelte Kirche Panagía Antivouniótissa aus dem 15. Jahrhundert mit einer interessanten Sammlung alter Ikonen. Ausgestellt werden etwa 100 Sakralbilder sowie liturgische Geräte und Gewänder. Auffällig ist bei einigen Ikonen der Einfluss der italienischen Renaissance, die durch Bewegtheit die sonst übliche Starrheit der byzantinischen Regeln durchbricht. Nach dem Museumsbesuch lohnt ein Streifzug durch das hübsche Campiéllo-Viertel ❼. Das älteste Viertel der Altstadt begeistert mit engen, labyrinthartigen Gassen, kleinen Plätzen mit Palmen und auffällig hohen, alten Wohnhäusern, die die Einwohner mit farbenfrohen Blumen in Dosen und Kanistern schmücken. Schönster Platz ist die Platía Kremastí mit der gleichnamigen Kirche aus dem 17. Jahrhundert und einem venezianischen Brunnen von 1669.

Ausblick über die Dächer der Stadt

Vom südlichen Rand des Campiéllo-Viertels lohnt ein Abstecher zum Neuen Fort ❽. Die im 16. Jahrhundert erbaute und im 19. Jahrhundert ausgebaute Festung begeistert mit dem Ausblick über die Dächer der Stadt aufs Meer. Interessant ist außerdem die Ausstellung, die über die Geschichte der korfiotischen Keramik berichtet. Am Platz vor der Festung

steht ein Denkmal, das eine vierköpfige, nackte Familie abbildet, zum Gedenken an die etwa 1900 korfiotischen Juden, die im Zweiten Weltkrieg nach Auschwitz und Buchenwald deportiert wurden.

Im Herzen der Altstadt

Vom Neuen Fort kann man über die Odós N. Theotóki gut in den neueren Teil der Altstadt laufen. Dort lohnt zunächst ein Blick in die im Stil der Ionischen Malschule ausgemalten Kirche Ágios Spirídon ❶, die dem Inselschutzheiligen, dem heiligen Spirídon, geweiht ist. Grund für die vielen Pilger ist die Reliquie des zypriotischen Märtyrers in einem mit Silber verkleideten Sarkophag. Mit ein wenig Glück kann man beobachten, wie der Sarkophag für einige Pilgergruppen sogar geöffnet wird.

Besonders schön ist in diesem Altstadtteil die von kleinen Cafés und Restaurants gesäumte Platía Dimarchíou, die den Namen dem hübschen Rathaus ❷ verdankt. Das Erdgeschoss des Baus stammt aus dem 17. Jahrhundert und wurde einst als Clubhaus für den venezianischen Adel errichtet. Rathaus wurde es erst 1903. Schräg gegenüber steht die römisch-katholische Kathedrale ❸ Agíou Iakóvou ké Christofórou, auch Duomo genannt, von 1553. Die katholische Bischofskirche mit klassizistischer Fassade wurde im Zweiten Weltkrieg teilweise bombardiert und erst 1970 wieder geweiht.

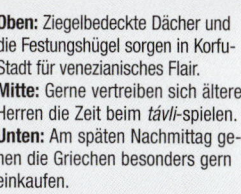

Oben: Ziegelbedeckte Dächer und die Festungshügel sorgen in Korfu-Stadt für venezianisches Flair.
Mitte: Gerne vertreiben sich ältere Herren die Zeit beim *távli*-spielen.
Unten: Am späten Nachmittag gehen die Griechen besonders gern einkaufen.

Infos und Adressen

Auf dem Markt gibt es frischen Fisch und andere regionale Produkte.

SEHENSWÜRDIGKEITEN

Altes Fort. April–Okt. tgl. 8–20 Uhr und Nov–März tgl. 9–16 Uhr mit Eintritt, danach bis 2 Uhr ohne Zugang zum Gipfel kostenlos, Esplanade, Korfu-Stadt, Tel. 26 61 04 83 10.

Alter Palast & Museum für Asiatische Kunst. April–Okt. Di–So 8–20 Uhr, Nov.–März Di–So 9–16 Uhr, Esplanade, Korfu-Stadt, Tel. 26 61 03 04 43, www.matk.gr

Byzantinisches Museum. April–Okt. Di–So 8–16 Uhr, Nov.–März Di–So 8–15 Uhr, Odós Arseníou, Korfu-Stadt, Tel. 26 61 03 83 13, www.antivouniotissamuseum.gr

Katholische Bischofskirche. Tagsüber geöffnet, Platía Dimarchíou. Korfu-Stadt.

Kirche Ágios Spirídonas. Tagsüber geöffnet, Odós Agíou Spirídonos, Korfu-Stadt, www.corfuchurches.com

Neues Fort. April–Okt. tgl. 9–21 Uhr, Keramikausstellung 9–15 Uhr, im Winter nur sporadisch, Eingang an der Odós Solomoú, Korfu-Stadt, Tel. 26 61 02 73 70.

Städtische Pinakothek. Di–So 8.30–15 Uhr, Esplanade, Korfu-Stadt, Tel. 26 61 04 86 90, www.artcorfu.com

ESSEN UND TRINKEN

Chrisomállis. Alteingesessene Taverne mit traditioneller Hausmannskost. Odós N. Theotóki 6, Korfu-Stadt, Tel. 26 61 03 03 42.

Dimarchío. Herrlich am Rathausplatz gelegenes, von Bougainvilleen umgebenes Restaurant mit hervorragenden mediterranen Gerichten und köstlichem Fisch. Platía Dimarchíou/ Ecke Odós Guilford, Korfu-Stadt, Tel. 26 61 03 90 31.

Fishalida. Minimalistisch eingerichtetes Fisch-Restaurant mit frischen und leckeren Fischgerichten. Auch zum Mittagessen sehr beliebt. Odós Lochagoú Sp. Vláikou 11, Korfu-Stadt, Tel. 26 61 08 21 50.

Mpakalógatos. Mezedopolío mit Flair einer alten Gemischtwarenhandlung und umfangreichem Angebot der kleinen griechischen Leckereien (*mezédes*) zu guten Preisen. Odós Alipíou 23/ Ecke Odós Prosaléndou, Tel. 26 61 70 01 75.

Stázi méli. Paradies für Naschkatzen mit Frühstücksangebot und den typischen Hefeteigbällchen *loukoumádes*, z.B. klassisch mit Honig übergossen oder mit Schokolade gefüllt. Odós Gilford 60, Korfu-Stadt, Tel. 26 61 30 05 37.

Venetian Well. Sowohl im romantischen Hof als auch im stilvollen Innenbereich genießt man gehobene griechisch-mediterrane Küche. Reservierung empfehlenswert. Platía Kremastí, Korfu-Stadt, Tel. 26 61 55 09 55, www.venetianwell.gr

ÜBERNACHTEN

Arcadion. Sehr zentral gelegenes Hotel mit charmantem Flair aus alten Zeiten. Am schönsten sind die Zimmer mit Liston-Blick. Odós Vlassopoúlou 2/ Ecke Kapodistríou, Korfu-Stadt, Tel. 26 61 03 76 70, www.arcadionhotel.com

Konstantinoupolis. Zimmer, teils mit tollem Blick auf den alten Hafen, in einem Haus von 1862 mit nostalgischem Flair, allerdings etwas in die Jahre gekommen. Odós K. Zavitsianoú 11, Korfu-Stadt, Tel. 26 61 04 87 16, www.konstantinoupolis.gr

Siorra Vittoria. Boutique-Hotel mit 9 stilvoll eingerichteten Zimmern in einem ruhig gelegenen, persönlich geführten Haus vom 18. Jahrhundert. Herrlicher Garten und köstliches Frühstück. Odós St. Padóva 36, Korfu-Stadt, Tel. 26 61 03 63 00, www.siorravittoria.com

EINKAUFEN

Icon. Von griechischen Künstlern handgemalte Ikonen, auf Bestellung auch mit dem Lieblingsheiligen, Malereien mit mythischen Helden sowie Antiquitäten. Odós Guilford 52, Korfu-Stadt, Tel. 26 61 40 09 28, www.iconcraft.gr

Seifenmanufaktur Patoúnis. Über 150 Jahre alte Seifenfabrik, in der man nicht nur Seifen kaufen, sondern auch zusehen kann, wie die Olivenöl-Seife hergestellt wird. Odós I. Theotóki 9, Korfu-Stadt, Tel. 26 61 03 98 06, www.patounis.gr

Vassilákis & Sons. Im Geschäft der Destillerie kann man diverse Kumquat-Liköre verkosten und natürlich kaufen. Außerdem gibt es Brandys, Limoncello und Ouzo. Odós Agíou Spirídonos 61, Korfu-Stadt.

Wochenmarkt. Typischer Markt für die Bedürfnisse der Einheimischen. Es gibt Obst, Gemüse, frischen Fisch, Nüsse, Oliven, Hülsenfrüchte und vieles mehr. Mo–Sa 7–14 Uhr, unterhalb der Odós Sp. Vláikou, Korfu-Stadt.

AUSGEHEN

Amaze. Beliebte Open-Air-Bar am Wasser mit originellen Cocktails wie korfiotischem Mojito mit Kumquats oder Spicy Mojito mit dem Inselbier *tsitsibíra*. Faliráki, Korfu-Stadt, Tel. 26 61 02 23 86.

Paléo Froúrio. Bis in den späten Abend geöffnetes, stimmungsvolles Café-Restaurant im Gelände des Alten Forts. Gelegentlich Konzerte. Altes Fort, Korfu-Stadt, Tel. 26 61 04 22 79, www.corfuoldfortress.com

Salto. Das Weinbar-Bistro ist ideal, um exzellente griechische Weine zu genießen. Perfekt passen dazu die modernen griechischen Gerichte. Odós Danzelot 23, Korfu-Stadt, Tel. 26 61 30 23 25.

AKTIVITÄTEN

Corfu Walking Tours. 2,5- bis 3-stündige englischsprachige Führungen mit diversen Themen z.B. für Kinder, Kulinaria, Weinverkostung. Außerdem Kochkurse, Segelausflüge und individuelle Touren. Infos und Buchung unter: Tel. 26 61 09 94 04 und www.corfuwalkingtours.com

Insel Vídos. Im Sommer fahren Boote vom alten Hafen tgl. zwischen 10–24 Uhr jede volle Stunde hinüber zur Insel.

INFORMATION

Städtische Tourist-Info. Informations-Kioske sind in der Saison an der Platía Theotóki (Sarocco Square) und vor dem Eingang zum Alten Fort an der Esplanade tagsüber meist geöffnet.

Beliebtes Mitbringsel: handgefertigte Ikonen

OSTERN AUF KORFU

Griechenlands berühmtes Fest

Auch wenn Ostern in ganz Hellas groß und mit vielen auflebenden Traditionen gefeiert wird, erlebt man das wichtigste Fest der griechisch-orthodoxen Kirche nirgends sonst so eindrucksvoll und außergewöhnlich wie auf Korfu. Höhepunkt der stimmungsvollen Karwoche bildet der Ostersamstag. An diesem Tag schaut das ganze Land, also nicht nur vor Ort, sondern auch vor dem Fernseher zu Hause, auf die Altstadt.

Der Frühling, wenn die Natur die Insel in vollem Glanz erstrahlen lässt, ist für viele eine beliebte Reisezeit. Korfu lockt im Frühjahr allerdings nicht nur mit dem üppigen Grün, sondern auch mit dem großartig gefeierten griechisch-orthodoxen Osterfest (Termine, S. 271). Unzählige Griechen, aber auch Fremde sowie außerhalb der Insel lebende Korfioten besuchen Korfu-Stadt alljährlich in der Karwoche und füllen als Erste der Saison Cafés, Restaurants und Hotels mit quirligem Leben.

Die Altstadt legt zwischen Palmsonntag und Ostersonntag ihr Festtagskleid an: Die fünfstöckigen Häuser in den romantischen Gassen werden mit roten Bannern geschmückt; das Kreuz auf dem Hügel des Alten Forts und die Straßenlaternen leuchten einheitlich violett. Aus den Wohnungen der musikverrückten Korfioten sowie aus den Proberäumen der philharmonischen Orchester erklingen immer wieder klassische Melodien.

Kaum ein Korfiote spaziert durch die Altstadt, ohne eine Kerze in der Kirche Ágios Spirídonas zu entzünden.

In den Gassen liegt der herrlich süße Duft des Ostergebäcks in der Luft.

Konzerte, Messen und Prozessionen

Außer den fast täglich stattfindenden Konzerten mit klassischer und kirchlicher Musik der philharmonischen Orchester im Stadttheater (z.B. am Karmittwoch), im Alten Palast und in Kirchen, finden während der Karwoche viele weitere erlebenswerte Momente statt. Die Festlichkeiten beginnen am Palmsonntag um elf Uhr mit einer von den 18 Insel-Orchestern begleiteten Prozession mit den Reliquien des heiligen Spirídonas an der ihm geweihten Kirche. Die alte Tradition geht auf das Jahr 1630 zurück, als der Heilige am Palmsonntag die Insel vor der Pest gerettet haben soll. Mit frommerer Atmosphäre begeistert die Gründonnerstagsmesse in der katholischen Bischofskirche. Nach jedem gelesenen der zwölf Evangelien des Leidens Christi wird eine der angezündeten Kerzen gelöscht. Nach dem Gottesdienst kann man wie auch in anderen Kirchen der Stadt zusehen, wie das Grab Christi, der *epitáfios*, mit Blumen geschmückt wird. Viele Korfioten versammeln sich ab 20 Uhr auch in der Odós N. Theotóki, um vor der Philharmonie der Generalprobe des »Alten Orchesters« zu lauschen.

Ganz besonders ist das Flair der Altstadt am Karfreitag. Die Karfreitagsprozessionen beginnen in Korfu-Stadt, anders als sonst im Land üblich, bereits ab 14 Uhr. Schließlich müssen sich fast 20 Gemeinden mit ihrem geschmückten *epitáfios* auf den Weg durch die Straßen machen. Die größte Prozession des Tages, bei der mehrere Orchester und viele Würdenträger anwesend sind, beginnt um 22 Uhr an der griechisch-orthodoxen Bischofskirche Panagía Spileótissa, der Mitrópolis, gegenüber dem alten Hafen. Der ehrwürdige Umzug, der entlang der mit Kerzen beleuchteten Straßen rund um die Altstadt führt, wird akustisch mit

Bischöfe und Priester in ihren schönsten Gewändern

Werken wie dem *Adagio* von Albioni und dem *Trauermarsch* von Chopin untermalt.

Ostersamstag und Ostersonntag

Der Ostersamstag beginnt für viele Gläubige schon sehr früh. Die erste Messe findet schon um sechs Uhr in der Kirche Panagía ton Xénon an der Platía Iroón statt. Durch Rütteln an Bänken und Ikonostase sowie durch eine Art liturgisches Hörspiel wird mystische Stimmung erzeugt, ein Akt, der das in der Bibel angeführte Erdbeben vor der Auferstehung Jesu demonstriert. Ab neun Uhr beginnt nach altem Ritus, als Venedig 1574 jegliche Prozessionen außer am Ostersamstag verbot, die Prozession der Ágios-Spirídonas-Kirche mit dem *epitáfios* und den Reliquien des Heiligen. Die Ensembles spielen in herausgeputzten Uniformen u.a. den *Hamlet* von Franco Faccio und die 3. Sinfonie von Beethoven.

Um elf Uhr läuten die Glocken der Kirche schließlich die erste Auferstehung und somit das einzigartige Highlight der Woche an. Am besten hat man sich dafür schon früh genug einen Platz rund um den Liston gesucht. Ganz nach dem Motto »Scherben bringen Glück« werfen die Korfioten Tausende mit Wasser gefüllte Tongefäße, *bótides* genannt, von den Balkonen und aus den Fenstern auf die Straße. Die mit lautem Knall zerschellenden Gefäße sind der Beginn eines fröhlichen Straßenfestes. Wo die

Gespannt beobachten tausende Menschen die aus den Fenstern und von den Balkonen fliegenden Krüge.

Tradition mit den Krügen ihren Ursprung hat, ist übrigens ungewiss. Sie stammt entweder von den Venezianern, die an Neujahr Dinge aus den Fenstern warfen, um neue zu erhalten, oder aus der Antike, als Aufbewahrungsgefäße im Frühjahr weggeworfen wurden, um frische Samen und die dadurch bessere Ernte in neuen Gefäßen zu lagern. Alle, die sich etwas wünschen möchten, laufen nach dem Zerschmettern der Krüge noch an die Ecke Odós N. Theotóki/ Filarmonikís, wo die Korfioten einem weiteren Brauch nachgehen. Ein mit Wasser gefülltes und mit Palmenblättern und Myrte dekoriertes Fass, die Mastéla, dient dort in alter Tradition als Wunschbrunnen.

Nach der Siesta am späten Nachmittag machen sich Einheimische und Gäste wieder auf den Weg in die Altstadt. Nach der Ostermesse in der katholischen Bischofskirche, findet auf der Esplanade ab 23 Uhr der griechisch-orthodoxe Ostergottesdienst statt. Kurz vor Mitternacht erlöschen alle Lichter bis auf das »Ewige Licht«, das sich langsam unter den Gläubigen von Kerze zu Kerze verteilt. Viele Korfioten nehmen von ihren Balkonen aus an der Messe teil. Um Mitternacht verkündet der Priester mit den Worten *Christós anésti* (»Christus ist auferstanden«) die Auferstehung, begleitet von einem riesigen Feuerwerk, lauten Knallern und Trommelschlägen. Die Gemeinde antwortet mit *Alithós anésti* (»Wahrhaftig, er ist auferstanden«). Nach der Messe ziehen die Musikkapellen mit fröhlichen Liedern durch die Straßen. Viele Korfioten sind unterdessen schon auf dem Weg nach Hause, um traditionell mit der inseltypischen Ostersuppe *tsilíchourda* die Fastenzeit zu beenden. Andere gehen in Restaurants und feiern dann bis in die frühen Morgenstunden.

Den Ostersonntag feiert man im Rahmen der Familie. In der Altstadt spielen die Orchester und begleiten die morgendlichen Osterprozessionen.

KORFU-STADT (Kerkyra)

Ag. Georgios
Old Venetian Fortress
Ormos
Archäologisches Museum
Moni Platitera
Garitsas
Ag. Iason & Sosipater
M. Ag. Efimias
Paleopolis
Mon Repos
Limni Halkiopoulou

2 Korfu-Stadt – Garítsa bis Análipsi
Ein Bummel durch die Neustadt

Anders als vielleicht erwartet, lag das antike *Kérkyra* nicht in der Altstadt, sondern in der heutigen Neustadt. Doch locken die Viertel zwischen Altstadt und Flughafen nicht nur mit antikem Erbe und dem Archäologischen Museum. Der Schlosspark von Mon Repos und die Promenade der Garítsa-Bucht versprechen herrliche Spaziergänge, Kanóni an der Südspitze der Análipsi-Halbinsel fantastische Ausblicke.

Im Vergleich zu vielen anderen Städten, in denen hauptsächlich die Altstadt die Aufmerksamkeit der Touristen genießt, lohnen in Korfu-Stadt auch Neustadt-Viertel wie Garítsa, Anemómilos sowie die hügelige Halbinsel Análipsi einen Besuch. Wer sich nicht in einem der dortigen Hotels einquartiert hat, sondern in der Altstadt wohnt, kann die Erkundungstour am südlichen Ende der Esplanade

Garítsa gehört wegen der Ruhe und der Nähe zur Altstadt zu den beliebtesten Wohnvierteln von Korfu-Stadt. So stehen Renovierungsarbeiten oft auf dem Programm.

GUT ZU WISSEN

EINTRITTSGELDER SPAREN

Im April 2016 sind die Eintrittspreise für einige archäologische Stätten und Museen in Griechenland und somit auch auf Korfu gestiegen. Um Geld zu sparen, können Urlauber in Korfu-Stadt aber ein drei Tage gültiges Kombi-Ticket (14 €) kaufen, mit dem das Schloss Mon Repos und das Archäologische Museum (sobald wiedereröffnet) in der Neustadt sowie das Museum für Asiatische Kunst, das Alte Fort und das Byzantinische Museum in der Altstadt besucht werden kann.

Blick auf das Kloster Vlachérna und die Mäuseinsel

Nicht verpassen

beginnen. Die auf Höhe des Nautical Clubs beginnende Uferstraße Leofóros Dimokratías führt gut anderthalb Kilometer am Meer entlang gen Süden. Die Promenade, die beliebte Flaniermeile ist, kann man aber auch über die hübsche Allee Leofóros Alexándras erreichen. Sie beginnt an der Platía G. Theotóki (auch: Sarocco) am Südwestrand der Altstadt. Einen kurzen Umweg lohnt, sobald es nach den Renovierungsarbeiten wiedereröffnet, das Archäologische Museum.

Archäologisches Museum

Das Archäologische Museum beherbergt vorwiegend Funde aus dem antiken *Kérkyra* wie Keramik- und Marmorobjekte, Bronzeskulpturen, Münzen und Bauelemente. Die bedeutendsten Exponate stammen aus der Archaik (7./6. Jahrhundert v. Chr.). Highlight ist der Gorgo-Giebel vom Artemis-Tempel aus der Zeit um 590 v. Chr. Auf dem einst bunt bemalten, 17 Meter breiten und über drei Meter hohen Giebel wird die furchteinflößende Gorgone Medusa, eine mythologische Nymphe, dargestellt. Das grässliche Gesicht sollte dazu dienen, Unheil vom Tempel abzuwehren. Die zu ihren Seiten liegenden Löwen

KORFUS BELIEBTES POSTKARTENMOTIV

Freunde toller Aussichten sollten unbedingt die Südspitze der Análipsi-Halbinsel besuchen. Am besten erreicht man Kanóni, das den Namen einer dort stehenden Kanone aus der Zeit um 1800 verdankt, mit der Buslinie 2 oder einem Fahrzeug. Der Ausflug lohnt wegen des fantastischen Ausblicks von den Aussichtscafés auf die sich in der Lagune darunter erstreckende Landebahn des Flughafens. Auch blickt man auf eins der berühmtesten Fotomotive Korfus: das winzige, über einen kurzen Damm erreichbare Inselchen Vlachérna mit dem Kloster von 1700. Über Stufen kann man zum Damm hinunterlaufen. Dort starten auch Boote zur zweiten vorgelagerten Mini-Insel Pontikonissi («Mäuseinsel») mit der von hohen Zypressen umgebenen Kapelle Pantokrátoras aus dem 12. Jahrhundert. Ein weiterer Damm, der genau in der Einflugschneise liegt, bietet Flugzeugfans ein einzigartiges Erlebnis und tolle Bilder.

GARTEN DER GE-NÜSSE

Ideal, um verschiedene griechische Gerichte zu entdecken, sind die typischen, in kleinen Portionen servierten *mezédes*. Auf der vielseitigen Speisekarte des gemütlichen Restaurants »Avlí« (»Garten«) gibt es Köstlichkeiten mit Fleisch, Fisch und natürlich Vegetarisches. Serviert werden die Gerichte wie Käsesorten aus diversen Ecken des Landes, die korfiotische Spezialität *tsigaréli* (Wildgemüse in pikanter Tomatensauce), frische Salate, Schweinefilet mit Kumquat oder das hausgemachte Brot auf einer blumenreichen Terrasse unter schattigen Eukalyptusbäumen. In der am Meer liegenden Grünanlage von Garítsa gelegen begeistert das »Avlí« mit den leckeren Gerichten, am besten kombiniert mit einem Ouzo oder einem der guten griechischen Weine, mit freundlicher Atmosphäre und einem tollen Blick auf die am Nordrand der Garítsa-Bucht thronende Alte Festung.

Avlí. Odós A. Dári 3–5, Garítsa, Korfu-Stadt, Tel. 26 61 03 12 91, www.avlicorfu.com

Einfach gut!

symbolisierten die Macht. Kleiner als der ältere Giebel ist der Figaretto-Giebel aus der Zeit um 500 v. Chr. Die linke, noch erhaltene Hälfte bildet eine fröhlichere Szene ab: den Wein-Gott Dionysos, einen Jüngling, der vermutlich sein Sohn Oinopion ist, einen Löwen und einen Hund.

Garítsa und Anemómilos

Die Uferstraße verläuft südlich entlang des bereits im 19. Jahrhundert gegründeten Viertels Garítsa, das mit alter Bausubstanz und dörflichem Flair reizt. Auch Tavernen haben sich dort angesiedelt. An Garítsa schließt sich Anemómilos (»Windmühle«) an, das den Namen der fotogen auf der Mole am Ende der Promenade stehenden Windmühle verdankt. Gleich daneben liegt der Eingang zum Strandbad Mon Repos und einige Meter weiter entlang der Schlossparkmauer der Eingang zum Kloster Agías Efthimías mit einer mittelalterlichen Kirche und einem idyllischen Innenhof. Eindrucksvoller als dieses Gotteshaus ist die Kirche Agíi Iásonos ke Sossipátrou. Der etwa 1000 Jahre alte Kreuzkuppelbau ist ein charakteristisches Beispiel der byzantinischen Architektur. Auffällig sind die im Mauerwerk eingefassten Quader, die aus der Antike stammen, und die Ziegelsteinbänder, die die Mauern schmücken.

Spuren der Antike auf der Halbinsel Análipsi

Obwohl die Korfioten die Halbinsel Análipsi seit den 1960er-Jahren unachtsam mit Wohnhäusern bebaut haben, findet man an ihrem Ansatz noch Zeugnisse der Antike. Die im 8. Jahrhundert v. Chr. gegründete Stadt erstreckte sich zwischen Paleópolis und Kanóni. Nur vermuten kann man, dass die Akropolis der antiken Stadt auf dem Kanóni-

Ein Rundgang
im Schlosspark Mon Repos

Schon seit fast 200 Jahren dient der 258 Hektar große Park Mon Repos als Oase der Ruhe nahe dem Stadtzentrum. Der mit üppigem Baumbestand, tropisch anmutende Schlosspark begeisterte schon Mitglieder der europäischen Königshäuser. Heute ist der Park (tgl. 8–19 Uhr) öffentlich zugänglich und beliebtes Areal für gemütliche Spaziergänge zwischen frei einsehbaren Ruinen rund um das Sommerschlösschen Mon Repos (»Meine Ruhe«). Ein sich vor urwaldartiger Kulisse erstreckender, schmaler Kiesstrand unterhalb des Schlosses lockt zu einsamen Bademomenten.

Ⓐ Mon Repos – Anziehungspunkt ist das Schloss Mon Repos, das der britische Lordhochkommissar Sir Frederick Adam von 1828 bis 1831 als Sommersitz erbauen ließ. 1864 wurde es von der griechischen Königsfamilie übernommen. Museum ist es seit 2001. Bekannt ist Mon Repos vor allem, weil dort bis 1967, als König Konstantin ins Exil ging, viele königliche Hoheiten zu Besuch waren. Außer Kaiserin Elisabeth von Österreich-Ungarn (Sisi) im Jahr 1863 verbrachte im 20. Jahrhundert Prinzessin Alice von Battenberg viel Zeit in Mon Repos, die dort im Juni 1921 den Prinzgemahl der britischen Königin Elizabeth II., Prinz Philip, gebar. Heute zeugen Möbel, Schriftstücke, Aquarelle und Stiche von den alten Zeiten. Im Obergeschoss werden archäologische Funde aus dem Park ausgestellt. Di–So 8–15 Uhr, Tel. 26 61 04 13 69.

Ⓑ Heraeum – Ein Schild weist vom Schloss den Weg zum antiken Heraeum, den spärlichen Resten des Tempels, der für Hera, die Frau und Schwester von Göttervater Zeus, erbaut wurde. Die über einen Waldweg erreichbaren Tempelreste stammen aus dem 7.–4. Jh. v. Chr.

Ⓒ Dorischer Tempel – Äußerst idyllisch und fotogen liegen in der Nähe die als »Doric Temple« ausgeschilderten Mauerreste und eine Säule mit Kapitell eines Tempels von 510 v. Chr., der vermutlich Äskulap, dem Gott der Heilkunst, geweiht war.

Ⓓ Kardáki-Quelle – Wer mag und kann, sollte unterhalb des Tempels über die Mauer klettern, um zur Kardáki-Quelle zu gelangen. An der sprudelnden Quelle, die auch von Análipsi aus erreichbar ist, erbauten die Venezianer einen Brunnen. Der Legende nach bleibt jeder Fremde, der von der Quelle trinkt, für immer auf Korfu. Entlang der Außenseite der Parkmauer geht es zurück zum Eingang.

Hügel stand. Ausgegraben hat man hingegen Teile des Stadtzentrums wie die Agora gegenüber dem Eingang zum Schlosspark Mon Repos (s. Rundgang S. 53). Auch haben Archäologen dort Reste römischer Thermen freilegen können.

Gleich auf der anderen Straßenseite erhebt sich Korfus attraktivste Ruine, die frühchristliche Basilika von Paleópolis. Gut erkennbar sind die verschiedenen Bauphasen der Bischofskirche, die erstmalig im 5. Jahrhundert über dem antiken Odeon errichtet wurde. Im 6./7. Jahrhundert wurde das fünfschiffige Gotteshaus von Sarazenen zerstört, sodass man sie diesmal ohne die beiden äußeren Seitenschiffe wieder aufbaute. Eine weitere Zerstörung hatte im 13. Jahrhundert nur die Errichtung des Mittelschiffs zur Folge. Es ist noch bis auf Dachhöhe erhalten. Im Mauerwerk wurden antike Spolien verbaut. Wer in der Nähe weitere antike Hinterlassenschaften sehen will, kann noch zu den spärlichen Resten des um 590 v. Chr. erbauten Artemis-Tempels laufen. Die Überbleibsel des ältesten Heiligtums der Insel liegen vor den Mauern des Kloster Agion Theodóron aus dem 17. Jahrhundert.

Oben: Die Ruinen von Paleópolis gehören zu den ältesten Sehenswürdigkeiten auf dem Archipel.
Unten: Im Mon Repos gingen einst Mitglieder europäischer Königsfamilien ein und aus.

Infos und Adressen

SEHENSWÜRDIGKEITEN

Archäologisches Museum. Derzeit wegen Renovierung geschlossen, Wiedereröffnung voraussichtlich Frühjahr 2016, Odós Vráila 1, Néa Póli, Korfu-Stadt, Tel. 26 61 03 06 80.

Frühchristliche Basilika von Paleópolis. Di–So 8.30–15 Uhr, Odós Feákon/ Ecke Odós Derpféla, Paleópolis, Korfu-Stadt.

Kirche Agíi Iásonos ke Sossipátrou. Tagsüber zugänglich. Odós Iásonos ke Sossipátrou, Anemómilos, Korfu-Stadt.

Kloster Agías Efthimías. Sommer tgl. 8–13 und 16–20 Uhr, Winter tgl. 9–12 und 16–18 Uhr. Odós Feákon, Paleópolis, Korfu-Stadt.

Römische Thermen. Derzeit nur von außen einsehbar, Paleópolis, Korfu-Stadt, gegenüber der Basilika von Paleópolis.

ESSEN UND TRINKEN

Anemómilos. Café-Restaurant direkt am Meer an der Windmühle mit internationaler Küche. Sonnenliegen stehen zur Verfügung. Odos E. Theotóki/Ecke Leof. Dimokratías, Anemómilos, Korfu-Stadt, Tel. 26 61 03 00 47.

Im »Flísvos« sitzen die Korfioten zu jeder Tageszeit.

Einen herrlichen Ausblick eröffnet das Café »Kanóni«.

Flísvos. Idyllisch gelegene Taverne am Meer. Ideal für einen Ouzo, ein Bier oder Retsina zu einfachen griechischen Gerichten. Am Damm zum Inselchen Vlachérna, Kanóni, Korfu-Stadt, Tel. 26 61 04 61 91.

Kukutsi Sushi Bar. Das einzige Sushi-Restaurant sorgt nicht nur für Abwechslung, sondern auch für schicke Atmosphäre auf dem Kanóni-Hügel. Tgl. ab 19 Uhr, Odós Nafsikás, Kanóni, Korfu-Stadt, Tel. 26 61 03 90 04, www.kukutsi.com

Noak-Azur. Open-Air-Restaurant-Bar mit modernem, stilvollem Ambiente und mit toller Lage unterhalb der alten Festung am Meer. Leofóros Dimokratías 1, Tel. 26 61 08 07 00.

ÜBERNACHTEN

Mayor Mon Repos Palace. Das nur Erwachsenen vorbehaltene, sehr gepflegte Hotel, das auch ideal für Urlauber mit Mietwagen ist, begeistert mit der tollen Lage am Meer, den kürzlich renovierten, modernen Zimmern und einem kleinen Pool. Herrlich sind die Zimmer und Suiten mit Meerblick. Leofóros Dimokratías 4, Anemómilos, Korfu-Stadt, Tel. 26 61 03 27 83, www.mayormonrepospalace.com

AUSGEHEN

Ma Cocotte. Beliebte und moderne Café-Bar mit Blick auf die Inselchen Vlachérna und Pontikoníssi sowie die vorbeifliegenden Flugzeuge. Leckere Cocktails. Odós Nafsikás, Kanóni, Korfu-Stadt, Tel. 26 61 30 33 53, www.macocotte.gr

3 Achíllion
Sommerresidenz der Monarchen

Eine der bekanntesten Sehenswürdigkeiten Korfus ist ein für die österreichische Kaiserin Elisabeth (Sisi) erbautes Sommerschloss, das später auch der deutsche Kaiser Wilhelm II. als Feriendomizil nutzte. Im Achíllion kommen nicht nur Sisi-Fans auf ihre Kosten. Das im Grünen gelegene, weiße Schloss begeistert auch mit einer äußerst hübsch angelegten Parkanlage sowie mit einer herrlichen Aussicht.

»Korfu«, so beschrieb Kaiserin Elisabeth von Österreich-Ungarn (1837–1898), »ist ein idealer Aufenthalt, Klima, Spaziergänge im endlosen Olivenschatten, gute Fahrwege und die herrliche Meeresluft, dazu den prachtvollen Mondenschein.« Kein Wunder, dass die Monarchin – nachdem sie Korfu erstmalig im Jahr 1861 besuchte – immer wieder auf die Insel kam. Von dem sich einst bis zum Meer hinab erstreckenden Areal mit den vielen Olivenbäumen erfuhr sie von ihrem Reisebegleiter Alexander

Zahlreiche Statuen, Palmen und Blumen zeugen auch in der Gartenanlage und auf den Sonnenterrassen vom einstigen Glanz des Achíllion.

GUT ZU WISSEN

DER RICHTIGE WEG HINAUF

Das Achíllion erreicht man per Bus (Stadtbuslinie 10 ab der Platía Theotóki/Odos Methodíou 2, Busbahnhof, in Korfu-Stadt), mit dem Taxi oder dem Mietwagen. Wer das Auto nimmt, fährt am besten durch das Dorf Gastoúri. Denn die Zufahrtsstraße, die nördlich von Mpenítses hinaufführt, wird wegen des starken Andrangs kurz vor Erreichen des Schlosses tagsüber zur Einbahnstraße. Das Auto muss man dann etwas weiter weg abstellen. Parken ist übrigens nur an der Zufahrtsstraße möglich.

Freiherr von Warsberg (1836–1889). In der alten Villa Braila, die auf diesem Grundstück stand, verbrachte Sisi im Jahr 1888 zwei Monate. Ein Jahr später kaufte sie den Grund und beauftragte den italienischen Architekten Raffaele Carito mit dem Entwurf des Achíllion. In ihrem 1891 fertiggestellten weißen Märchenschloss aus Stein im pompejischen Stil verbrachte Sisi bis zu ihrem Tod viel Zeit. Danach stand es bis 1907 leer und wurde im Jahr 1908 vom deutschen Kaiser Wilhelm II. (1859–1941) gekauft, der es bis zum Ausbruch des Ersten Weltkriegs im Jahr 1914 ab und zu besuchte.

Rundgang durchs Schloss

Bereits der blumenreiche Vorhof, der das Kassenhäuschen vom Eingang des Palasts trennt, zeugt davon, wie viel Wert ihre Hoheiten auf die Außenanlagen legten. Vor der Eingangstür begrüßt eine Statue der Kaiserin die Besucher. Dann kommt man in die prächtige Empfangshalle. Schweift der Blick nach oben, sieht man das markante Gemälde an der Decke mit den vier Jahreszeiten von 1891. Absoluter Blickfang ist aber die gegenüber dem Eingang in die Obergeschosse führende Treppe mit dem roten Teppich und einem skulpturengeschmückten Geländer. Das Treppenhaus ist mit bemalten Stuckwänden und mit an den Wänden hängenden Gipsskulpturen von Göttern der griechischen Mythologie geschmückt.

Bevor man diese Treppe hinaufgeht, sollte man sich allerdings das Erdgeschoss genauer ansehen. Rechts vom Eingang liegt die Schlosskapelle von Sisi, in der ein Fresko im Gewölbe auffällt, das den Prozess Jesu abbildet. In den anderen Räumen werden Objekte aus dem Besitz Sisis, aber auch Originalmöbel aus der Zeit Kaiser Wilhelms II. gezeigt. Im Raum des Kaisers sieht man außer einem Porträt seiner

Einfach gut!

GROSSER HUNGER?
Nahe dem Achíllion lockt seit Jahrzehnten eine der bekanntesten Tavernen Korfus zahlreiche Besucher an – auch wenn alte, mit Spinnweben bedeckte Flaschen im Regal und dekorativ ausgelegte Lebensmittel zunächst eher verblüffen. Keine Sorge: Es ist Deko, die wie Fotos an den Wänden aus alten Zeiten berichten. Die Geschichte des »Trípas« geht auf das Jahr 1936 zurück, als es zunächst als Lebensmittelgeschäft zum beliebten Treffpunkt der Korfioten und anschließend auch vieler Fremder wurde. Sogar Stars wie Anthony Quinn oder Politiker wie François Mitterrand haben die urige Taverne mit dem teilweise überdachten Innenhof, in dem Abende mit Livemusik und Tänzern stattfinden, schon besucht. Kulinarisch wird auf ein festes Menü aus *mezédes*, griechisch-korfiotischen Hauptgerichten und einem Dessert begleitet vom guten Hauswein, gesetzt.

Tripas. 3 km westlich von Gastoúri, Kinopiástes (ausgeschildert), Tel. 26 61 05 63 33, www.corfu-tripas.com

Majestät und einem Gemälde mit dem kaiserlichen Schiff auch persönliche Gegenstände wie den zum Schreibtischstuhl umgebauten Pferdesattel.

Vorliebe für antike Helden

Wie einst ihre kaiserlichen Hoheiten dürfen seit Kurzem auch Besucher über die repräsentative Treppe ins zweite Obergeschoss. Am Ende des Treppenhauses zeugt ein riesiges Ölgemälde des Österreichers Franz Matsch (1861–1942) von Sisis Begeisterung für den antiken Helden Achilles, dem das Schloss auch den Namen verdankt. Das Gemälde von 1892 zeigt Achilles dabei, wie er den besiegten Hektor an einem Streitwagen vor die Tore Trojas schleift. Dann betritt man die große, auf zwei Seiten von rot-weißen Säulen mit blauen Kapitellen umgebene Terrasse. Vor den Säulen stehen Statuen der neun Musen, der drei Grazien und des Apoll. Die Innenwand der Säulenhalle zieren 13 Büsten antiker Philosophen und William Shakespeares. Die Türen dahinter führen Besucher in den einzigen zugänglichen Saal auf dieser Etage. Dort wurde in den 1960er-Jahren das erste Casino Griechenlands eröffnet.

Bei einem Spaziergang durch den Garten trifft man auf weitere Statuen. Die wohl bedeutendste ist die im mittleren Terrassenbereich stehende Skulptur des *Sterbenden Achill*, die Sisi vom deutschen Bildhauer Ernst Herter (1846–1917) fertigen ließ. Sie zeigt Achilles beim Versuch sich den vergifteten Pfeil aus der Ferse zu ziehen. Kaiser Wilhelm II. zog es vor, diese Statue durch einen »Siegreichen Achill« zu ersetzen. Den zehn Meter großen Helden aus Bronze auf der untersten Terrassenebene konnte er schon vom Schiff bei der Fahrt zum Anleger sehen. Achilles thront dort mit Rüstung, Speer und Helm und genießt die fantastische Aussicht über Korfu-Stadt bis zum höchsten Inselberg Pantokrátoras und über das Meer zur Küste Albaniens.

Oben: Pompöse Stuckarbeiten zieren die Wände und Decken rund um die Treppe zum Obergeschoss. **Mitte und unten:** Statuen des Helden Achilles zieren die prächtigen Terrassen des Schlösschens.

Infos und Adressen

Cafés laden rund um das Achíllion zum Verweilen ein.

geschlossenem Folkloremuseum und der Möglichkeit, Weine und Liköre des Familienunternehmens zu probieren. Gegenüber dem Eingang des Achíllion.

ÜBERNACHTEN

Brentanos Apartments – View of Paradies. Sehr saubere Apartmentanlage mit Pool umgeben von Oliven- und Zitronenhainen in ruhiger Lage am Hang unterhalb des Achíllions mit tollem Blick auf das Meer. Kaiser Bridge Perama, oberhalb der Küstenstraße, Tel. 26 61 07 23 50, www.corfubrentanos.gr

EINKAUFEN

Tsami Ceramics. Die Töpferinnen Loúla Tsámi und ihre Tochter Anna stellen in ihrer Werkstatt hübsche und farbenfrohe Deko-Objekte sowie Gebrauchsgegenstände aus Ton her. Gerne erklären sie ihr Handwerk auch. Gastoúri, östlicher Ortsrand, an der Zufahrtsstraße zum Achíllion, Tel. 26 61 05 65 38, www.tsamiceramics.gr

SEHENSWÜRDIGKEITEN

Achíllion. Für den Rundgang im Schloss stehen Besuchern am Eingang kostenlose Audio-Guides (auch deutschsprachige) zur Verfügung. Sie geben zahlreiche Infos zu den im Achíllion ausgestellten Objekten. Östlicher Ortsrand von Gastoúri, April–Okt. 8–20 Uhr, Nov.–März 8–16 Uhr, Tel. 26 61 05 62 10, www.achillion-corfu.gr

ESSEN UND TRINKEN

La Nova Bella Vista. Wer bei einem Getränk oder einem Mittagessen noch etwas die Aussicht genießen möchte, geht nach dem Besuch des Achíllion in das Café-Restaurant, dessen Name hält, was er verspricht: eine schattige Terrasse mit herrlichem Aussicht auf Korfu -Stadt, das Meer und die Küste des Festlands. Gleich neben dem Achíllion, Tel. 26 61 05 61 04.

San Marino (Vassilákis). Lohnenswert ist ein Besuch des Cafés der Destillerie »Vassilákis« mit an-

Bei »Tsami Ceramics« wird noch selbst getöpfert.

4 Moraítika, Messongí und Umgebung
Lebhafte Ferienorte im Inselsüden

Wer im Süden von Korfu seine Ferien verbringen möchte, trifft mit den Urlaubsorten Moraítika und Messongí nicht nur auf eine gute Lage für verschiedene Spritztouren in der Region, sondern auch auf Grobsand-Kies-Strände, die ideal für einen Badeurlaub mit der ganzen Familie sind. Ganz in der Nähe lohnen die Bergdörfer Ágios Matthéos und Chlomós sowie kleine Küstensiedlungen mit netten Fischtavernen einen Besuch.

Oben: Über die Dächer von Chlomós blickt man aufs griechische Festland, das sich scheinbar ganz nah hinter dem tiefblauen Meer erstreckt.
Unten: Viele Häuser stehen in Messongí gleich am Strand.

Bereits in den 1980er-Jahren haben sich die wie zusammengewachsen wirkenden Küstenorte Moraítika und Messongí von Fischer- und Bauerndörfern zu beliebten und lebhaften Ferienorten gewandelt. Während in Moraítika die Tavernen, Cafés und Bars die Inselrundstraße säumen und sich Hotels und Pensionen zwischen dieser Straße und dem Strand angesiedelt haben, liegen die touristischen Einrichtungen in Messongí zwischen den alten Wohnhäusern auf der Meerseite. In Moraítika ist der Kontrast zwischen dem touristischen Teil des Orts und dem »alten Dorf«, das landeinwärts der Inselrundstraße liegt und mit wenigen gemütlichen Tavernen für nette Abende lockt, noch gut zu spüren. Einzige »Sehenswürdigkeit« beider Orte ist der sie trennende, ganzjährig Wasser führende Fluss, an dessen Mündung kleine Boote vor Anker liegen und für romantisches Flair sorgen. Wichtiger als die Sehenswürdigkeiten sind für die meisten Urlauber jedoch die autofreien Strände, die mit flach ab-

Schillernde Blumen schmücken die Gassen von Chlomós.

fallendem Wasser auch ideal für Kinder sind. Aktive können vielfältige Ausflüge in die Umgebung unternehmen.

Durch die Berge nach Benítses

Wer bei einem Ausflug mit dem Mietwagen gerne Berge und Meer kombinieren möchte, kann von der Abzweigung beim Binnendorf Áno Messóngi ein wenig im Hinterland umherkurven. Die Landstraße führt gen Norden entlang einiger kleiner, weitgehend unberührter Dörfer wie Ágios Ioánnis, Kornáta und Makráta durch ein üppig grünes Tal. Das Meer sieht man auf dem größten Teil der Strecke nicht. Erst kurz vor Agii Déka öffnet sich ein herrlicher Blick über das Achíllion auf das Meer. In dem kleinen Dorf kann man in ein paar traditionellen Tavernen einkehren. Von Agii Déka geht es – wenn man den Ausflug nicht mit dem Besuch des nahen Achíllion (S. 56) verbindet – wieder zurück an die Küste zum großen Urlaubsort Benítses. Der besonders bei Briten beliebte Badeort mit seinem äußerst schmalen Strand und den vielen Hotels lohnt für Individualreisende eigentlich nur einen kurzen Halt.

Nicht verpassen

DORFATMOSPHÄRE SCHNUPPERN

Ob mit dem Mietwagen oder zu Fuß – das auf 300 bis 350 Meter Höhe liegende Bergdorf Chlomós oberhalb von Messongi ist unbedingt einen Ausflug wert. Es begeistert mit einer fantastischen Aussicht und viel alter Bausubstanz, die zum Teil noch aus venezianischer Zeit stammt. Dass viele Häuser in den letzten Jahren liebevoll restauriert wurden, verdankt das Dorf unter anderem den rund 30 Zuwanderern aus Nordeuropa. Ein Bummel durch die verwinkelten Gassen am Hang führt vorbei an verzierten Torbögen, Fensterrahmen und Türstürzen. Für Farbe sorgen viele Blumen wie prächtige Bougainvilleen. Wer die Aussicht genießen will, setzt sich entweder auf den Kirchenvorplatz der Taxiárchis-Kirche mit Blick über die unzähligen Ziegeldächer am oberen Dorfrand oder in eine der beiden Tavernen am unteren Dorfrand. Der Blick reicht über das Meer bis hin zum griechischen Festland.

URLAUB MIT DER FAMILIE

Einfach gut!

Wer es einfach mag, aber Gemütlichkeit in einer kleinen, familiär geführten Anlage schätzt, findet in der bereits in den 1980er-Jahren eröffneten Villa Panoréa die passende Unterkunft. Giórgos Tsítsas, seine Frau Sofía und Mutter Mavréta kümmern sich herzlich um ihre Gäste und sorgen im Hochsommer ab und zu auch für gemütliche Abende beim Grillen. Die teils renovierten, einfach, aber zweckmäßig eingerichteten Studios und Apartments in kleinen Bungalows sind mit einer Kochnische ausgestattet und somit gut für Selbstversorger geeignet. Genug Platz haben auch Familien mit Kindern: Während die Erwachsenen auf der Terrasse entspannen können, haben die Kleinen im Garten genug Platz zum Toben. Ideal ist auch die Nähe zum Strand. Er liegt gleich um die Ecke!

Villa Panoréa. Moraḯtika, zwischen Inselrundstraße und Strand, Tel. 26 61 07 56 62, www.villapanorea.com

Archäologisch Interessierte können die gut ausgeschilderten, jedoch spärlichen Überreste der römischen Thermen am landseitigen Ortsrand besichtigen. Von dem Bau aus dem 2. Jahrhundert sind leider nur noch Teile der vier Meter hohen Außenmauer einer römischen Villa und ein Badebecken erhalten. Mehr Besucher als das römische Thermalbad zählt das Muschelmuseum an der Inselrundstraße. Dort präsentiert Museumsbesitzer Napoléon Sagiás eine große private Sammlung: Tausende Muscheln in jeglichen Größen und Farben aus aller Welt. Der Museumsbetreiber, der die Sammlung selbst zusammengetragen und jahrelang in Australien gelebt hat, führt Gäste auch gerne selbst durch das Museum und präsentiert stolz seine Muschelsammlung, den Kiefer eines Hais, das Skelett eines Wals, Korallen und viele Meeresschätze mehr.

Fährt man nach dem Museumsbesuch noch ein Stückchen aus Benítses heraus gen Norden, sieht man auf der Meerseite die Reste der sogenannten »Kaiser's Bridge«, einen Steg, der zu Zeiten Kaiser Wilhelms II. die Verlängerung einer Brücke war, die das untere Ende des Schlossparks des Achíllion (S. 56) mit dem Meer verband. Die Brücke wurde im Zweiten Weltkrieg zerstört, um Platz für Armeefahrzeuge und Panzer zu schaffen. Bis nach Moraḯtika führt die Inselrundstraße dann immer am Meer entlang wieder zurück.

Traditionelles Dorf im Hinterland

Ein weiteres, inmitten einer grünen Hügellandschaft gelegenes Ausflugsziel, das man gut mit dem Mietwagen, einem Roller oder einem Mountainbike von Moraḯtika aus erreichen kann, liegt etwa 7,5 Kilometer westlich. Im Bergdorf

Wanderung von Messongí nach Chlomós und am Meer entlang zurück

Lust auf eine Wanderung? An einem Tag kann man zu Fuß von Moraḯtika sowohl das schönste Bergdorf der Gegend als auch kleine Küstenweiler entdecken. Die Tour ist gut 10 km lang. Wer nicht so gerne wandert, kann die Dörfer natürlich auch mit dem Auto oder Roller abfahren.

Ⓐ Messongí – Die Wanderung beginnt am südlichen Ortsrand von Messongí und führt mit sich immer wieder eröffnendem Blick aufs Meer entlang der Landstraße zunächst durch den Weiler Káto Spíleo.

Ⓑ Ágios Dimítrios – Nach gut 2 km kommt man ins Dorf Ágios Dimítrios, wo zunächst ein Blick in die Dorfkirche lohnt. Am südlichen Ortsrand von Ágios Dimítrios weisen Schilder den Weg nach Chlomós. Dort führt die Straße steiler bergauf. Uralte Oliven und Nadelbäume sorgen aber für Schatten.

Ⓒ Chlomós – Nach 850 m ist dann der obere Dorfrand von Chlomós erreicht. Nach der Erkundung des hübschen Dorfes lohnt eine Rast in einer der beiden Tavernen am unteren Ortsrand. Dort kann man den herrlichen Ausblick, der bis zum Berg Pantokrátoras reicht, am schönsten genießen.

Ⓓ Kouspádes – Vom südöstlichen Dorfrand von Chlomós führt eine Piste den bewaldeten Hang wieder hinab Richtung Meer. Nach 1,5 km passiert man das vom Tourismus völlig unberührte Dorf Kouspádes, in dem Schilder den Weg nach Boúkari weisen.

Ⓔ Boúkari – Die winzige Küstensiedlung Boúkari, die vor allem wegen der guten Fischtavernen sehr beliebt ist, erreicht man nach 1,2 km. Alle, die gerne Fisch essen, sollten hier unbedingt eine Essenspause einlegen.

Rückfahrt – Zurück nach Messongí geht es von Boúkari über die etwa 4 km lange, am Meer entlangführende, schmale Asphaltstraße. Immer wieder findet man auf der Strecke winzige Buchten, die besonders an heißen Tagen zu einem Sprung ins kühle Nass einladen. Also Badekleidung nicht vergessen!

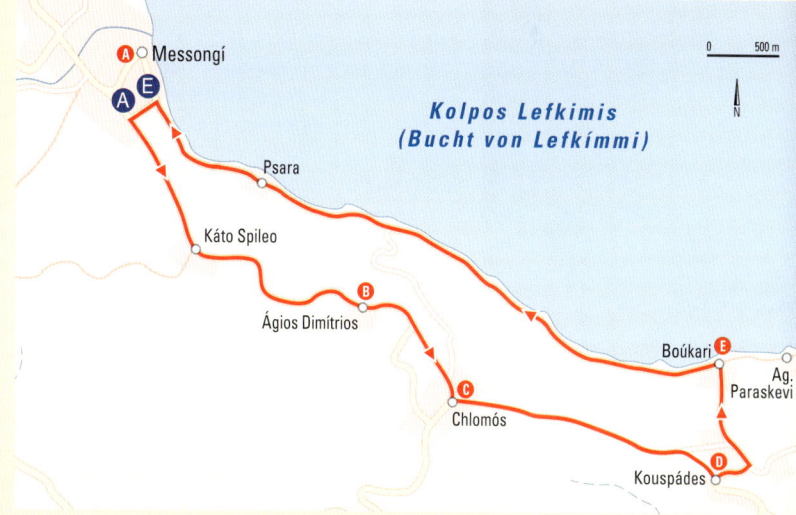

Ágios Matthéos, dessen Häuser in verschachtelten Gassen einen Hang hinaufklettern, kann man gut das korfiotische Dorfleben abseits des Tourismus beobachten. Dem großen Bergdorf haben – anders als anderen Dörfern im Binnenland der Insel – noch nicht allzu viele Einheimische den Rücken gekehrt, sodass man in den Tavernen und Cafés an der Dorfstraße noch oft zwischen vielen Dorfbewohnern und nicht nur zwischen neugierigen Touristen sitzt. Lohnenswert ist in der Gegend außerdem die Fahrt von Ágios Matthéos zum 2,5 Kilometer entfernten Kloster Pantokrátoras auf gut 450 Meter Höhe. Das wohl im 14. Jahrhundert gegründete Kloster mit ein paar alten Fresken wurde kürzlich restauriert. Grund für die Fahrt sind aber vor allem die herrlichen Landschaftspanoramen auf Korfu und das Meer.

Oben: Auf der Suche nach uriger Dorfatmosphäre wird man im großen Dorf Ágios Matthéos fündig.
Unten: In der Nähe bezaubert das von Korfioten gern besuchte Kloster Pantokrátoras mit Stille.

Infos und Adressen

SEHENSWÜRDIGKEITEN

Corfu Shell Museum. Inselrundstraße, Benítses, tgl. 10–18 Uhr, Tel. 26 61 07 22 27.

Kloster Pantokrátoras. Tagsüber geöffnet, oberhalb von Ágios Matthéos (ausgeschildert).

ESSEN UND TRINKEN

Balís. Terrassen mit grandioser Aussicht locken nicht nur für ein Getränk, sondern auch zum Essen. Am Wochenende griechische Livemusik. Chlomós, unterer Dorfrand, Tel. 26 62 05 24 49, www.corfu-balis.gr

Spíros Karídis (Boúkari). Die Fischtaverne der Familie Karídis ist die renommierteste Fischtaverne in Südkorfu. Frischen Fisch, Meeresfrüchte und eine Vielzahl *mezédes* gibt es dort direkt am Meer. Boúkari, Küstenstraße, Tel. 26 62 05 12 05.

The Village Taverna. Wirt Níkos und seine herzliche Familie zählen viele Stammgäste, zeugen von typischer Gastfreundschaft und servieren leckere griechische Kost in Dorfatmosphäre. Moraḯtika, altes Dorf (ausgeschildert), tgl. ab 18 Uhr, Tel. 26 61 07 64 03.

Stolz ist die Gemeinde auf die Renovierung.

Entertainment ganz anders – in der »Golden Beach Bar«

ÜBERNACHTEN

Galíni Beach Studios. 11 modern eingerichtete Studios und Apartments für entspannte und ruhige Tage direkt am Meer. Penthouse mit Platz für 6 Pers. Messongí, Küstenstraße südlicher Ortsrand, Tel. 26 61 07 56 51, www.galinibeachstudios.com

AUSGEHEN

Golden Beach Bar. Preiswerte Drinks mit Showeinlagen unter Palmen am Meer. Besitzer Chrístos veranstaltet Elvis-Shows, Latino-Nächte und griechische Abende. Das Publikum wird zum Mitmachen animiert. Tgl. schon morgens geöffnet, Programm ab ca. 21 Uhr, Moraḯtika, am Strand.

EINKAUFEN

Iónios Anemos. Sotírios Statíris fertigt Mitbringsel wie bemalte Ziegelsteine, Boote aus Holz, seine Frau Aretí Strick- und Häkelwaren. Tgl. geöffnet, Chlomós, oberer Dorfrand (ausgeschildert), Tel. 69 33 35 61 88.

AKTIVITÄTEN

Radfahren. Mountainbikes für sportliche Erkundungsfreudige, Autos, Roller und andere Fortbewegungsmittel wie Quads gibt es bei Corfuplus. Moraḯtika, Inselrundstraße, Tel. 26 61 07 67 41, www.corfuplus.gr

iti

Notos

Kolpos Lefkimis

5

Savvas

Kaliviotis
Kalivioti

Die bunten Fischerboote in Petríti sorgen für ursprüngliches Mittelmeerflair und tolle Urlaubsbilder.

5 Bucht von Lefkímmi
Kleine Weiler mit Badefreuden

In der locker bebauten Bucht von Lefkímmi treffen Urlauber auf der Suche nach Einsamkeit, ruhigen Badebuchten, gemütlichen Pensionen und guten Fischtavernen auf ein ideales Revier. Zwischen Petríti im Norden und Alikés im Süden sorgen mehrere Badestellen für erholsame Strandtage – insbesondere für Individualisten. Der frische Fisch stammt meist direkt vom Kutter.

Die Gegend nordwestlich des größten Dorfs Südkorfus Lefkímmi (S. 68), ist weitgehend menschenleer. Sie bietet nur von ziependen Zikaden unterbrochene Ruhe sowie Originalität und Einsamkeit, die einzelne Küstenabschnitte versprechen. Unbedingt besuchenswert ist die Bucht wegen ein paar guten Fischtavernen. Wer in der Gegend übernachten will, kann sich in kleinen Pensionen einquartieren. Großhotels sind bis auf das »Attika Beach Hotel« bei Mólos Mangelware. Im westlichsten Weiler der Bucht trifft man auf einen Fischerhafen wie aus dem Bilderbuch. Im kleinen Hafen von Petríti ankern nicht nur Boote von Hobby-Anglern und die typisch griechischen, hölzernen Fischerboote, *kaíkia* genannt, sondern auch größere Kutter. Östlich des Hafens führt die Uferstraße vorbei an gemütlichen Tavernen zum kleinen Kiessandstrand.

Originelle Badeplätzchen

Südlich von Petríti liegt der Nótos-Strand, wo ein erster Halt bei der Taverne »Panórama« lohnt. Dort können Sonnenhungrige im Garten zwischen zahlreichen Statuen griechischer Götter und Blumen unter Palmen, Zitronen- und Orangenbäumen verweilen. Gebadet wird an kleinen, über ein paar Stufen erreichbaren Kiesstränden unterhalb der Taverne. Schnorchelfans sollten den weiter südlich gelegenen kiesig-felsigen Sávvas-Strand bei der gleichnamigen Taverne bevorzugen. Der äußerst flach abfallende Kiessandstrand Kalliviótis weiter südlich ist hingegen auch für die Kleinsten gut geeignet.

Westrand der Bucht

Über Lefkími erreicht man den Westrand der Bucht mit den Siedlungen Mólos und Alikés. Während sich Mólos mit dem künstlich verbesserten Grobsandstrand vor dem von Olivenhainen umgebenen Attika-Strand äußerst grün präsentiert, wirkt die Landschaft bei Alikés (griech. für »Salinen«) eher karg. Alikés verdankt den Namen einer im 15. Jahrhundert angelegten Saline am Kap, das die Bucht im Osten begrenzt. Der Strand ist nur wenig besucht.

Infos und Adressen

ESSEN UND TRINKEN

Limnopoúla. An den Tischen direkt am Wasser werden frischer Fisch, köstliche Meeresfrüchtegerichte und leckere vegetarische Gerichte serviert. Auch Langusten können vorbestellt werden. Petríti, Uferstraße, Tel. 26 62 05 22 16.

Mythos. Freundliche Atmosphäre auf einer hölzernen Empore über dem Wasser. Passend zum frischen Fisch, den Meeresfrüchten und den leckeren *mezédes* ist natürlich ein Ouzo. Petríti, Uferstraße, Tel. 26 62 05 28 25.

Sávvas. Seit über 30 Jahren familiär geführte Taverne mit toller Lage, herrlichem Blick aufs Meer und leckeren Meeresfrüchtegerichten sowie regionalen Spezialitäten wie *sofríto*. Nótos, Sávvas-Strand, Küstenstraße, Tel. 26 62 05 17 42, www.tavernasavvascorfu.gr

ÜBERNACHTEN

Égrypos. Die Doppelzimmer, Ferienwohnungen und ein neues Ferienhaus für bis zu 6 Personen rund um einen öffentlich zugänglichen Pool versprechen Meerblick und freundliche Atmosphäre bei deutschsprachigen Besitzern. Petríti, Parallelstraße zur Uferstraße, Tel. 26 62 05 19 49, www.egrypos.gr

Panorama. Oberhalb der gleichnamigen Taverne werden 15 einfache Apartments mit tollem Blick auf das Meer vermietet. In der Taverne gibt es lokale Spezialitäten und Leckeres vom Holzkohlegrill. Nótos-Strand, Küstenstraße, Tel. 26 62 05 17 07, www.panoramacorfu.gr

6 Lefkímmi und der Süden
Dorfalltag und Touristenhochburg

Korfus äußerster Süden zeigt sich extrem gegensätzlich: Während das Landesinnere vom größten Dorf der Insel, Lefkímmi, und typisch griechischem Landleben geprägt wird, toben sich in Kávos an der Inselspitze jeden Sommer unzählige junge britische Urlauber in den vielen Bars und Diskotheken aus. Zu sehen gibt es in der Gegend für Interessierte einen noch bewohnten Konvent und eine schön gelegene Klosterruine.

Das aus fünf zusammengewachsenen Dörfern bestehende, sich über mehrere Kilometer erstreckende Lefkímmi wirkt fast wie ein kleines Landstädtchen. Die über einen Kilometer lange Hauptstraße wird von einigen Tante-Emma-Läden und zeitgemäßen Geschäften sowie von ein paar modernen Cafés und ursprünglichen *kafenía* gesäumt. Auf Touristen trifft man dort und in den umliegenden Wohngebieten eher selten. Sie bevorzugen den Ortsteil Potámi (griech. für »Fluss«), wo die Gegend rund um den Fluss Chímaros den schönsten Teil des touristisch sonst unberührten Ortes bildet. Der Fluss, der ein paar Fischer- und Ausflugsbooten als sicherer Hafen dient, wird auf Höhe der Brücke von gemütlichen Cafés und Restaurants umgeben. Außerdem stehen dort noch verlassene Lagerhallen, die von alten Zeiten berichten, als Lefkímmi noch wichtiger Handelshafen war. Mittlerweile liegt der recht überdimensioniert wirkende, moderne Hafen der Region am Südrand von Lefkímmi, am Ende der Umgehungsstraße, die von Kérky-

Oben: Die Klosterruine Panagía Arkoudíla ist eine der wenigen Sehenswürdigkeiten im vom britischen Massentourismus geprägten Süden.
Unten: In Lefkímmi nimmt das Landleben auch im Sommer seinen normalen Lauf.

ra in den Süden führt. Wein, Gemüse und Oliven, die in der fruchtbaren Region bis heute angebaut werden, werden allerdings schon lange nicht mehr von Lefkímmi verschifft. Interessant ist der Hafen, weil von dort Ausflüge u. a. nach Páxos (S. 80) angeboten werden. Auch laufen von diesem Hafen täglich Fähren nach Igoumenítsa aus.

Baden und Sightseeing

Die Straße, die am rechten Flussufer entlangführt, endet nach etwa anderthalb Kilometern am schönen Boúka-Strand. Der flach abfallende Sandstrand mit Strandbar erstreckt sich südlich der Flussmündung und ist auch gut für Familien mit Kindern geeignet. Auf der Suche nach ein wenig Sightseeing folgt man den Schildern vom Ortsteil Áno Lefkímmi zum »Convent of the Lady of Kokkináda«. Das Kloster, das nur von zwei Nonnen bewohnt wird, wurde bereits im Jahr 1696 gegründet. Die Nonnen führen Besucher in die Kirche, die aus der Gründungszeit stammt, und bewirten die Gäste gerne auch. Kunsthistorische Highlights birgt das Kloster allerdings nicht.

Kávos und eine Klosterruine

Korfus südlichster Ort Kávos ist berüchtigt für seine wilden und alkoholreichen Party-Nächte mit jungen britischen Touristen. Kávos können Individualreisende also auf ihrer Rundreise getrost auslassen, außer sie möchten zur Südspitze der Insel fahren, wo die romantisch heruntergekommene Klosterruine Panagía Arkoudíla aus dem frühen 18. Jahrhundert steht. Dazu folgt man vom südlichen Ortsrand den Schildern zum »Monastery of the Blessed Virgin Mary 1700«. Die Strecke führt durch schöne Natur – zum Teil oberhalb der Steilküste.

Infos und Adressen

SEHENSWÜRDIGKEITEN

Convent of the Lady of Kokkináda. Tgl. ab 8 Uhr bis Sonnenuntergang, an der Straße von Lefkímmi nach Alikés (ausgeschildert).

Panagía Arkoudíla. 3 km südlich von Kávos (ausgeschildert).

ESSEN UND TRINKEN

Cheeky Face. Café-Restaurant am Fluss mit hervorragender Hausmannskost, von der Wirtin noch traditionell selbst gekocht. Potámi, am Flussufer, Tel. 26 62 02 26 27.

Eftá (Seven). Gemütliches griechisch-mexikanisches Bistro in einem Steinhaus mit blumenreichem Garten. Lefkímmi, abzweigende Gasse westlich der Hauptstraße gegenüber der Schule, Tel. 69 45 20 01 28.

ÜBERNACHTEN

Zervos Apartments. 4 Apartments mit je 2 Schlafzimmern und gut ausgestatteter Küche inmitten eines großen Gartens am Strand. Sehr abgelegen. Fahrräder vor Ort. Lefkímmi, Boúka-Strand, Tel. 26 61 04 79 93, www.zervos-corfuapartments.gr

AKTIVITÄTEN

Britannia Cruises. Mehrmals wöchentlich Tagesausflüge mit dem Boot nach Páxos und Antípaxos, zu den Blauen Grotten und Sívota am griechischen Festland und Busausflüge nach Korfu-Stadt. Lefkímmi, am Hafen, Tel. 26 62 06 14 00, www.corfucruises.com

7 Ágios Geórgios Argirádon
Strände, so weit das Auge reicht

Badenixen, Sonnenhungrige und Wassersportler finden im wichtigsten Ferienort der südlichen Westküste und in seiner Umgebung ein ideales Revier vor. Mit dem in eine Dünenlandschaft übergehenden kilometerlangen Sandstrand und dem Chalikoúnas-Strand sorgt Ágios Geórgios Argirádon für entspannte sowie aktive Urlaubstage am Meer. Naturfreunde reizt das steppenhafte Areal um den großen Korissíon-See.

Die lang gestreckte Küstensiedlung Ágios Geórgios Argirádon verdankt ihren Beinamen dem zugehörigen Binnendorf Argirádes. Um es einfacher von Ágios Geórgios Pagón (S. 114) im Norden der Insel zu unterscheiden, wird der Ferienort im Süden häufig auch als »Ágios Geórgios South« bezeichnet. Beliebt ist er vor allem bei Individualtouristen und Kitesurfern. Einen historischen Ortskern besitzt der recht locker bebaute Ferienort nicht.

Ágios Geórgios Argirádon

Der Urlaubsort erstreckt sich entlang einer über 2,5 Kilometer langen Küstenstraße, die von Restaurants, Café-Bars, Supermärkten und Pensionen gesäumt wird, und begeistert vor allem mit seinem kilometerlangen Sandstrand. Am langen Strand, der nördlich des Orts mit herrlichen Dünen zwischen dem Ionischen Meer und dem Korissíon-See begeistert, findet man nicht nur Wassersport- und Kitestationen, sondern auch viele Abschnitte, die noch frei von Liegestühlen und Sonnenschirmen sind und genügend Platz für Ru-

Oben: Viel Sand und Wind prägen den Chalikoúnas-Strand, der sich zwischen See und Meer ausdehnt.
Unten: Die kleine Burg Gardíki scheint mitten im Nirgendwo dem Lauf der Zeit zu trotzen.

hesuchende bieten. Das sanft tiefer werdende Wasser ist ideal für Familien mit Kindern. Ab der Mittagszeit sorgt der dort wehende Nordwestwind außerdem für optimale Bedingungen für Wassersportler.

Rund um den Korrisíon-See

Besonders für Naturliebhaber lohnt die Erkundung der Küstenebene rund um den großen Korrisíon-See, der sich über etwa fünf Kilometer entlang der Küste nördlich von Ágios Geórgios Argirádon bis zu den wenigen, zerstreut liegenden Häusern von Chalikoúnas erstreckt. Der größte See Korfus ist nur durch einen Dünenstreifen vom Meer getrennt und durch einen natürlichen, etwa acht Meter breiten Kanal, über den ein Fußgängersteg führt, mit dem Meer verbunden. Das saubere Wasser dient als Heimat vieler Fische. Hobby-Ornithologen können außerdem viele Wasser- und Zugvögel und im Winter auch zahlreiche Reiher beobachten. Zu langen Strandspaziergängen und Wanderungen locken die weite, teilweise mit Wacholder und Strandlilien bewachsene Dünenlandschaft und das unter anderem von Oliven und Zedern geprägte Areal rund um den See. Wer am schattenlosen Strand spazieren gehen möchte, sollte den späten Nachmittag dafür nutzen. Herrlich ist die Zeit des Sonnenuntergangs.

Mit dem Auto kann man den nördlichen Teil des Sees nur über die Landseite erreichen. Dazu fährt man von Ágios Geórgios Argirádon Richtung Ágios Matthéos und nimmt links die Abzweigung in Richtung Chalikoúnas. Dort lohnt für Interessierte ein Halt bei der Festung Gardíki aus dem 13. Jahrhundert. Die Ruine der achteckigen Burg wurde einst von einem byzantinischen Fürsten errichtet. Erhalten sind Mauern und acht Türme, in die antike Spolien und Bän-

Geheimtipp

EIN KLEINER GARTEN EDEN

Auf der Suche nach einer gemütlichen, abgelegenen Taverne mit schöner Aussicht auf die Brandung wird man am nördlichen Ende des Chalikoúnas-Strands fündig. Die einfache und familiär geführte Taverne begeistert mit einem blumenreichen Garten gleich oberhalb eines winzigen Hafens. Kulinarische Gaumenfreuden versprechen eine Vielzahl korfiotischer und griechischer Spezialitäten wie das *bourdétto* mit Skorpionsfisch, Kaninchen in Zwiebelsauce (*stifádo*) und die pikante Pasta mit Flusskrebsen (*pastitsáda*). Ideal zum Essen unter dem schattenspendenden Blätterdach der Bäume ist der Hauswein der Familie. Wer will, kann in den angeschlossenen, einfach, aber zweckmäßig eingerichteten Zimmern und Apartments weitab vom Trubel auch ein paar Urlaubstage verbringen.

Alonáki Bay View. Chalikoúnas-Strand, nördliches Ende (gut ausgeschildert), Tel. 26 61 07 58 72.

der aus Ziegelsteinen eingefasst wurden. Von der Festung führt die Straße durch Felder zu den Dünen des Chalikoúnas-Strand, der sich fast drei Kilometer lang gen Süden erstreckt. Parallel zum Strand verläuft zwischen Strand und See eine befahrbare Piste bis zum Kanal. Wer kleinere Buchten zum Baden bevorzugt, fährt hingegen gen Norden in Richtung Paramónas. Von der schmalen Straße, die nördlich von Chalikoúnas durch einen alten Olivenwald führt, zweigen immer wieder Stichstraßen zu kaum besuchten Stränden im Schatten des Bergs Pantokrátoras ab. In Paramónas erwartet Besucher dann ein etwa 300 Meter langer Kiessandstrand und wenige Tavernen.

Weitere Binnendörfer

Auch südlich von Ágios Geórgios Argirádon findet man schöne, allerdings kleinere Buchten, die insbesondere von Gästen aufgesucht werden, die dort in Ferienwohnungen oder -häusern wohnen. Vom Binnendorf Marathiás gelangt man zunächst über eine Stichstraße an den langen, gleichnamigen Strand mit rötlich schimmerndem Sand. Dieser wird im Süden von einem Bach vom nächsten Küstenweiler Ágia Varvára (auch: Santa Barbara) getrennt, zu dem man mit dem Auto auch vom Binnendorf Perivóli kommt. Eine Stichstraße führt von dort in den noch ruhigeren Weiler Gardénos mit seinem langen Feinsandstrand.

Oben: Strandbars sorgen am Chalikoúnas-Strand für komfortables Sonnenbaden.
Mitte: Auf Reiher trifft man am Korissíon-See besonders oft.
Unten: In Marathiás werden vorwiegend Ferienwohnungen vermietet.

Infos und Adressen

Auch Vierbeiner genießen die langen Strand-
spaziergänge.

SEHENSWÜRDIGKEITEN

Festung Gardíki. Tagsüber frei zugänglich, an der
Abzweigung nach Chalikoúnas von der Straße zwischen Ágios Geórgios Argirádon und Ágios Matthéos.

ESSEN UND TRINKEN

Harley. Bei Bikern und Surfern beliebtes Café-
Restaurant, geführt von der deutschen Anita und
ihrem griechischen Mann Jánnis, mit einem ungewöhnlichen Minigolfplatz. Ágios Geórgios Argirádon, Uferstraße, nördlicher Ortsrand,
Tel. 26 62 05 25 40, www.cafe-harley.de

Kafésas. Uriges Kultlokal mit gemütlicher Terrasse
mit Meerblick. Köstliche griechische Hausmannskost und Fisch vom Feinsten. Gelegentlich Livemusik. Ágios Geórgios Argirádon, Uferstraße, südlicher Ortsteil, Tel. 26 62 05 10 90,
www.kafesas.com

San Carlos. Restaurant-Cocktailbar mit schöner
Gartenterrasse und mediterraner Küche direkt am
Meer. Ágios Geórgios Argirádon, Uferstraße,
Tel. 26 62 05 13 04.

ÜBERNACHTEN

Villa Neféli. Äußerst idyllisch in einem schönen
Garten gelegene, gemütliche Studios und Apartments. Strand 5 Gehminuten entfernt. Ágios Geórgios Argirádon, südlicher Ortsteil,
Tel. 26 62 05 28 93, annapandh@hotmail.com

EINKAUFEN

Weinkellerei S. Livadiótis. Verkostung und Verkauf. Meist vormittags geöffnet. An der Straße
zwischen der Festung Gardíki und dem Chalikoúnas-Strand, Tel. 26 61 07 63 81.

AKTIVITÄTEN

Kite Club Corfu. Kite-Kurse (auch deutschspra-
chig) für Anfänger und Erfahrene von einem Team
mit langjähriger Erfahrung. Chalikoúnas-Strand,
Kontakt auch über Café Harley,
Tel. 69 77 14 56 14, www.kite-club-corfu.com

Beachvolleyball steht bei jungen Griechen oft auf
dem Programm.

8 Sinarádes und Ágios Górdis
Ein malerisches Bergdorf und sein Strand

Ein recht ursprünglich gebliebenes Dorf mit alten Häusern und einem sehenswerten Folkloremuseum lockt nur 14 Kilometer südwestlich von Korfu-Stadt immer wieder Urlauber in die korfiotische Bergwelt. Auch zum Meer ist es von Sinarádes nicht weit. Der zugehörige Ferienort Ágios Górdis begeistert mit einem langen Sandstrand, umgeben von Berghängen mit tiefgrünen Nadel- und Olivenwäldern und markanten Felsformationen.

Das urige Sinarádes zeugt trotz vieler Besucher vom ländlichen Korfu. Am Dorfplatz, der gleichzeitig auch Parkplatz ist, und an der Hauptstraße können alle, die etwas mehr Dorfatmosphäre schnuppern möchten, in einem *kafenío* oder in einer Taverne einkehren. Über den ziegelbedeckten Dächern erhebt sich der Campanile der Dorfkirche. In den engen, teilweise gepflasterten Gassen, die den Hang hinaufklettern, hat sich schöne, alte Bausubstanz erhalten. Hauseingänge und Balkone sind mit farbenprächtigen Blumen geschmückt – recht zweckmäßig: oft einfach in alte Kanister oder Blechdosen gepflanzt. Einen guten Eindruck über die örtliche Architektur, die von den Venezianern mitgeprägt wurde, und einen Einblick in das korfiotische Landleben bekommt man im Folkloremuseum.

Oben: In den Bergdörfern von Korfu kann man einen Einblick in den ländlichen Alltag der Einheimischen werfen.
Unten: Weithin sichtbar erhebt sich die Felsnadel Orthólithos vor Ágios Górdis und gilt somit fast als Wahrzeichen des Örtchens.

Folkloremuseum

Das Folkloremuseum von Sinarádes ist eins der interessantesten der Insel. Es ist in einem zweistöckigen

Sinarádes und Ágios Górdis

Aussicht auf die Küstenlandschaft bei Ágios Górdis

Haus von 1830 untergebracht und berichtet vom Leben und der Arbeit der einheimischen Landbevölkerung zwischen 1860 und 1960. Den Eingang des bis 1970 bewohnten Hauses erreicht man über eine steinerne Treppe, die auf einen überdachten Balkon, den sogenannten *bóntzos*, führt. In der ersten Etage mit Küche, Wohnzimmer und Schlafzimmer lebten einst bis zu zehn Personen. Die äußerst detailgetreue Möblierung versetzt Besucher schnell ins letzte Jahrhundert zurück.

Ágios Górdis

Die Bewohner von Sinarádes wohnen und arbeiten im Sommer im zugehörigen Ferienort Ágios Górdis (auch: Ái Górdis), der für Touristen nicht nur aufgrund der Nähe besuchenswert ist. Der breite Sandstrand, teilweise mit Kieselsteinen besetzt, und die grüne Kulisse dahinter haben aus der Bucht einen beliebten Urlaubsort gemacht. Die bizarre Felsspitze Orthólithos am südlichen Ende der etwa ein Kilometer langen Bucht ist bei Sonnenuntergang besonders eindrucksvoll. Den kleinen Ortskern bildet eine von Tavernen und Geschäften gesäumte, kleine Stichstraße, die bis zum Strand reicht. Kleine Hotels, Pensionen, weitere Tavernen und Strandbars umsäumen den Strand. Für Sportliche lohnt der etwa halbstündige Spaziergang hinauf zum urigen Dorf Pentáti mit einem herrlichen Blick auf die Bucht.

Infos und Adressen

SEHENSWÜRDIGKEITEN

Folkloremuseum. Mai–Okt. Mo–Sa 9–14 Uhr, Sinarádes, von der Hauptstraße ausgeschildert, Tel. 26 61 05 49 62.

ESSEN UND TRINKEN

Aeróstato. Café mit herrlicher Aussicht auf die Bucht. Sinarádes, Aeróstato, Tel. 26 61 05 41 62.

Angela's. Herzlich geführte Taverne mit tollem Blick auf das Meer und authentischer griechischer Küche. Pentáti, Hauptstraße, Tel. 26 61 05 31 16, www.angelastaverna.com

Archontaríki. Einfache, familiäre Taverne mit traditionellen Gerichten. Sinarádes, Hauptstraße, Tel. 26 61 05 40 07.

ARK Kitchen Bar. Strandbar und Restaurant mit entspannter Atmosphäre. Ágios Górdis, am Strand, Tel. 26 61 05 34 80.

ÜBERNACHTEN

Kadith Apartments. Moderne und mit originellen Details ausgestattete Apartments mit herrlicher Aussicht. Ágios Górdis, Straße Richtung Sinarádes, Tel. 69 45 15 01 38, http://kadith-apartments.webnode.gr

EINKAUFEN

Weingut Grammbénos. Gute Weine vom familiär geführten Weingut aus den heimischen Rebsorten Kakotrígis (weiß) und Petrokórithos (rot). Sinarádes, Aeróstato, Tel. 26 61 05 46 87, http://grammenosfamily-wines.com

9 Pélekas und Umgebung
Urlaubsort im Binnenland

Korfus einzigen Ferienort im Binnenland mochte schon Kaiser Wilhelm II. Denn ein herrlicher Aussichtspunkt oberhalb von Pélekas sorgt nicht nur für romantische Sonnenuntergänge, sondern bietet auch ein prächtiges Panorama über die Insel und das Meer. Vielfältige Strände sorgen an dem Küstenabschnitt darunter für schöne Badeerlebnisse, ein Golfplatz und ein Wasserpark in der Nähe für aktiven Spaß.

Zum Aussichtspunkt oberhalb von Pélekas ließ sich Anfang des 20. Jahrhunderts schon Kaiser Wilhelm II. hinaufchauffieren. Der Kaiser verbrachte viele Abende am »Kaizer's Throne«, um den herrlichen Sonnenuntergang zu genießen. Heute steht auf dem Hügel gegenüber dem über ein paar Stufen begehbaren Aussichtsfelsen das Hotel »Levant«. Die Panorama-Terrasse verspricht die vermutlich romantischsten Sonnenuntergänge der Insel – auch nur zum Café oder Cocktail –, ist aber auch gut zum Frühstücken geeignet. Im Hotel kommen oft Freizeitmaler unter, die gern auf den Balkonen mit Blick nach Osten ihrem Hobby nachgehen. Verständlich, denn die Aussicht über die grüne, hügelige Insel und das Meer hinüber zum griechischen und albanischen Festland ist einfach großartig.

Zwischen Bergen und Meer

Pélekas war bereits in den 1980er-Jahren beliebtes Ziel vieler Rucksacktouristen. Und auch heute zählt das atmosphärische Bergdorf noch zahlreiche Stammgäste – hauptsächlich Individualrei-

Oben: Korfus berühmtester Aussichtspunkt, der Kaizer's Throne, verdankt den Namen Kaiser Wilhelm II.
Unten: Der Glifáda-Strand wird von der einheimischen Szene ebenso gern besucht wie von Urlaubern.

sende. Tagsüber reizen die nahen, vielfältigen Strände an der Westküste. Ein Mietwagen oder Roller ist für diejenigen, die es gern bequem haben, unumgänglich. Denn die Straßen zu den Buchten sind recht steil.

Kontogialós (auch: Pélekas-Strand) ist die Pélekas am nächsten gelegene Bucht. Am besten erreicht man den mehrere Hundert Meter langen feinsandigen Strand über die Straße, die am unteren Ortsrand von Pélekas hinunterführt. Ein paar Hotels, darunter auch ein Großhotel, Strandbars und Tavernen sorgen am Kontogialós-Strand für Besucher. Mehr Badenixen und Sonnenanbeter, auch viele junge Einheimische, zählt der nördlich liegende beliebte Glifáda-Strand, den man vom nördlichen Ortsrand von Pélekas erreicht. Am goldig schimmernden Sandstrand zwischen den Felshängen voller Olivenbäume und Pinien haben sich in den letzten Jahren moderne Strandbars und natürlich Hotels angesiedelt. Auch Wassersport wird angeboten.

Origineller Strand mit Kloster

Noch etwas weiter nördlich zweigt von der Straße zwischen Pélekas und Vátos eine enge Stichstraße zur kleinen Mirtiótissa-Bucht ab. Die durch Felsen voneinander abgetrennten Feinsandstrände der Bucht liegen zu Füßen bewaldeter Hänge und sind in der Vor- und Nachsaison besonders idyllisch. Im Hochsommer sind die Strände, die gern auch von Nudisten besucht werden, allerdings auch schon mal überfüllt. Besonderheit von Mirtiótissa ist das gleichnamige Kloster, das oberhalb des Meeres mit seinen weißen Mauern glänzt. Das kunsthistorisch uninteressante Kloster mit Gebäuden aus dem 17./18. Jahrhundert begeistert mit der Lage und seinem idyllischen Innenhof. Gegründet wurde der kleine Konvent im 14. Jahrhun-

Geheimtipp

AUSFLUG FÜR FEINSCHMECKER

Schon der Hollywood-Schauspieler Roger Moore wusste bei den Dreharbeiten zum James-Bond-Film »In tödlicher Mission«, die 1980 auf Korfu stattfanden, den Wein des Guts Theotóky zu schätzen. Der Bond-Darsteller bevorzugte den Weißen. Aber auf dem traditionellen Weingut der Familie Theotóky werden auch sehr gute Rot- und Roséweine hergestellt, die man vor Ort verkosten und kaufen kann. Das von uralten Oliven- und Pinienwäldern sowie weitläufigen Weinbergen umgebene Gut, auf dem auch viele Tiere zu Hause sind, ist außerdem für sein Olivenöl bekannt. Besonders stolz ist man auch auf die hauseigene Bibliothek mit einer Sammlung von rund 35 000 Werken. Auf der Website kann man sich für eine einstündige Tour mit Wein- und Olivenöl-Verkostung anmelden.

Gut Theotóky. Rópa Valley, nahe dem Eingang zum Corfu Golf Club. Tgl. 10–15 Uhr, Tel. 69 45 59 30 16, www.theotoky.com

dert als der Legende nach ein Muslim eine Marienikone fand, der Wunderkräfte zugeschrieben werden. Der Muslim konvertierte daraufhin zum Christentum. Heute ist die Ikone Ziel einiger Pilger.

Aktivitäten in der Nähe

Etwa 5,5 Kilometer nördlich von Pélekas liegt der völlig überlaufene Urlaubsort Ermónes. Leider ist der Küstenort, der sich in einem engen Tal erstreckt und von bewaldeten Hängen umgeben wird, mittlerweile voller Hotels. Am nur 200 Meter langen Kiessandstrand wird es durch die zahlreichen Menschen viel zu eng. Auf den Weg nach Ermónes sollten sich allerdings Golfspieler machen. Denn ganz in der Nähe liegt im sogenannten Ropa Valley der Corfu Golf Club, der einzige 18-Loch-Golfplatz der Ionischen Inseln. Dort können auch Nicht-Golfer im Restaurant mit schöner Terrasse den Blick auf die Golflandschaft im englischen Stil genießen. Familien mit Kindern können hingegen den weitläufigen Wasserpark Aqualand an der Straße zwischen Ermónes und dem Dorf Ágios Ioánnis besuchen. Dort sorgen Wasserrutschen, Pools und Kinderbecken für ausgelassenen Spaß für Groß und Klein (S. 282).

Oben: Im Landesinneren sorgen ab und zu die wie aus dem nichts erscheinenden Schafherden für etwas Stau.
Unten: Auf dem einzigen 18-Loch-Golfplatz des Archipels kommen Golfer auf ihre Kosten.

Infos und Adressen

Katzen fühlen sich im Innenhof des Mirtiótissa-Klosters wohl.

SEHENSWÜRDIGKEITEN

Mirtiótissa-Kloster. Wechselnde Öffnungszeiten, am Nordende des Mirtiótissa-Strand.

ESSEN UND TRINKEN

Ambelónas. Einzigartiges Ambiente mitten im Weingut mit köstlichen korfiotisch-venezianischen Gerichten nach alten Rezepten. 3,5 km nördlich von Pélekas, Karoumpátika, Juni–Okt. Mi, Do, Fr 19–23 Uhr, Dez.–Mai So 13–18 Uhr, Tel. 69 32 15 88 88, www.ambelonas-corfu.gr

Jimmy's. Einfache Taverne mit gemütlicher Terrasse und typisch griechischer und korfiotischer Küche. Pélekas, Hauptstraße, tgl. ab 17 Uhr, Tel. 26 61 09 42 84, www.jimmyspelekas.com

Pazuzu. Beliebte Strandbar mit schicken Sonnenliegen auf verschiedenen Ebenen im Lounge-Stil. Glyfáda-Strand, Tel. 26 61 09 44 44.

ÜBERNACHTEN

Levant. Stilvolles, ruhig gelegenes Hotel im Stil einer neoklassizistischen Villa mit Pool und 25 Zimmern mit Balkon. Pélekas, »Kaizer's Throne«, Tel. 26 61 09 42 30, www.levantcorfu.com

EINKAUFEN

Witch House (Magissóspito). Im grünen »Hexenhäuschen« von Katerína Tsagarátou dreht sich alles um den Zauber. Pélekas, Hautpstraße, Tel. 26 61 09 45 66.

AUSGEHEN

Petra. Moderne Café-Cocktailbar mit bodentiefen Fenstern für eine herrliche Aussicht. An der Straße zwischen Pélekas und Kontogialós.

Zanzibar. Seit 1980 ist die kleine Bar am kleinen Platz beliebter Treffpunkt für einen Drink. Pélekas, Hauptstraße.

AKTIVITÄTEN

Corfu Golf Club. 18-Loch-Golfplatz. Ausrüstung kann geliehen werden. Rópa-Valley (nahe Ermónes), Tel. 26 61 09 42 20, www.corfugolfclub.com

Souvenirs mit Zauberkraft gibt es nur in Pélekas.

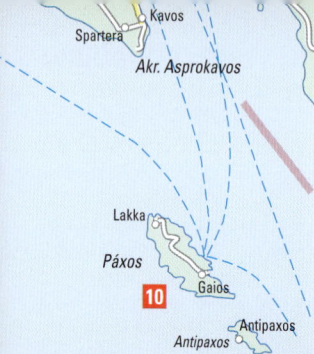

10 Páxos und Antípaxos
Kleine Perlen im Ionischen Meer

In jeglichen Türkis- und Blautönen schimmerndes, kristallklares Wasser, traumhafte Strände, Steilküsten und Meeresgrotten, uralte Olivenhaine, in denen die eine oder andere Villa für einen Farbtupfer sorgt, und malerische Küstenörtchen, in dessen Buchten Segel- und Motorjachten festmachen, versprechen auf Páxos Urlaub wie aus dem Bilderbucht. Ein Strand auf Antípaxos sorgt für Karibikflair mitten in Europa.

Meist gönnen sich Reisende nur einen der täglich von Korfu aus angebotenen Tagesausflüge, um etwas vom besonderen Flair der kleinen Schwesterinseln Páxos und Antípaxos zu erhaschen. Man fährt dabei die faszinierende Steilküste im Westen von Páxos entlang, legt zum Badestopp an einem »Südsee-Strand« des winzigen Antípaxos an und hat dann rund zwei Stunden Zeit für Gáios, Páxos' Hauptort. Wer Páxos nicht nur als Tagestourist

Oben: Páxos' Buchten bieten ausreichend Platz für Segelboote.
Unten: Am besten kann man die grandiosen Küsten und Strände von Páxos und Antípaxos per Boot entdecken.

GUT ZU WISSEN

PARTY MACHEN

Wer nach Páxos fährt, um die Nächte durchzufeiern, ist dort fehl am Platz. Die Nachtruhe ist Einheimischen, Seglern und Jachtbesitzern besonders wichtig. So wird um zwei Uhr überall die Musik ausgestellt. Danach kann man in den Café-Bars zwar noch verweilen, jedoch ohne Hintergrundbeschallung. Nur eine geschlossene Diskothek am Ortsrand von Gáios sorgt im Hochsommer für die Bespaßung der jugendlichen Gäste.

besucht, kann die Insel und ihren im Sommer gerade mal von rund 20 Menschen bewohnten und von Weinbergen bedeckten Nachbarn Antípaxos, der außer mit Stränden auch zu einsamen Wanderungen lockt, genauer unter die Lupe nehmen.

Urlaub auf Páxos

Ist man allerdings auf der Suche nach süßem Nichtstun in idyllischen Ortschaften und an einsamen Stränden, Bootsfahrten sowie Wandermöglichkeiten in herrlichen Landschaften, sollte man einige Übernachtungen auf dem 2300-Seelen-Inselchen Páxos mit einplanen. Bis heute bleibt das gerade mal zehn Kilometer lange und bis zu 3,5 Kilometer breite Eiland vom Massentourismus verschont und präsentiert sich – auch durch den im Sommer dort lebenden, britischen und italienischen Geldadel – mit exklusivem Flair. Páxos zählt gerade mal eine Handvoll Hotels mit maximal 40 Zimmern. Gäste ziehen die herrliche Ruhe und Privatsphäre in den überall auf der Insel verstreuten Ferienhäusern und Villen mit Pool vor. Für kleinere Geldbeutel stehen außerdem Apartments zur Verfügung.

Neben den idyllischen Örtchen bezaubert die hügelige Landschaft. Zwischen einer viertel Million Olivenbäume, die teilweise bis ans Meer wachsen und für tolle Farbkontraste sorgen, finden Naturfreunde, Wanderer und fitte Radfahrer ein ideales Revier vor. Kies- und Kieselsteinstrände in kleinen Buchten laden auf beiden Inseln zu erholsamen und meist ruhigen Bademomenten ein.

Páxos' Hauptort Gáios

Ein sanft geschwungener Meeresarm erzeugt zwischen dem Hauptort Gáios und dem ihm vorgela-

Einfach gut!

Die Promenade von Gáios lädt zum Flanieren ein.

Nicht verpassen

HIGHLIGHT ZUM SONNENUNTERGANG

Der von Zypressen- und Olivenhainen gesäumte Aussichtspunkt hoch über der Steilküste Erimitis gilt als Top-Adresse, wenn es um romantische Sonnenuntergänge geht. Man trifft sich im Bar-Restaurant »Erimitis« zum Kaffee, Cocktail oder Abendessen und betrachtet, wie die Sonne als feuerroter Ball im Meer versinkt. Perfekt abrunden kann man das Geschehen mit einem Abendessen, das mit köstlichen Vorspeisen wie gebackenem Schafskäse in Sesamkruste mit Feigen-Sauce oder Bruschetta mit Ruccola-Pesto und marinierten Sardinen beginnt und mit kreativ verfeinerten griechischen Gerichten mit spanischen Einflüssen endet. Zum Abschluss gibt es noch köstliche Desserts. Reservierung zum Essen empfehlenswert.

Erimitis. Magaziá, gegenüber der Tankstelle ausgeschildert, Café-Betrieb tgl. ab 16 Uhr, Restaurant tgl. ab 18 Uhr, Tel. 69 77 75 34 99, www.erimitis.com

gerten, mit unzähligen Kiefern bewachsenen Inselchen Ágios Nikólaos nicht nur einen sicheren Hafen, sondern auch ein sehr idyllisches Bild. Im Sommer kommt mit zahlreichen vor Anker liegenden Segel- und Motorjachten, bunten Fischer- und Ausflugsbooten auch Bewegung in das schöne Szenario, sodass das Flanieren an der größtenteils autofreien Uferfront mit den klassizistischen Gebäuden ein absolutes Muss ist.

Der Ortskern von Gáios umschließt mit seinen engen, blumenreichen Gassen den Dorfplatz an der Promenade. In der Mitte der Platía steht die kleine, rote Dorfkirche. Cafés und Tavernen laden rundherum zum Verweilen ein. Läuft man die Promenade entlang gen Süden, passiert man das klassizistische Gebäude von 1906, das einst Schule war und heute als Heimatmuseum dient. Am südlichen Ende der Uferfront steht das Denkmal für den Freiheitskämpfer Geórgios Anemogiánnis. Auf der Insel gilt er als Held, weil er während des Freiheitskampfes gegen die Türken zwischen 1821 und 1830 im Hafen ein türkisches Schiff in Brand setzen und versenken konnte. Gleich neben dem Denkmal weht – vielleicht symbolisch – eine griechische Fahne.

Kontrastreiche Inselumrundung per Boot

Für den perfekten Páxos-Urlaub ist der Ausflug mit einem Motorboot unumgänglich. Viele Urlauber fahren mit gemieteten Motorbooten jeden Tag in eine andere Bucht. Eindrucksvolle Impressionen verspricht jedoch auch ein Tagesausflug auf eigene Faust. Bis etwa 18 Uhr hat man Zeit, beide Inseln zu umrunden, und natürlich für Sprünge ins kühle Nass. Denken sollte man natürlich an Badekleidung, aber vor allem an ausreichend Wasser und Sonnenschutz. Kleine Motorboote bis 30 PS können ohne Bootsführerschein in allen drei Küstenorten gemietet werden.

Ⓐ Abfahrt Gáios – Wer in Gáios losfährt, genießt zunächst erst mal die Fahrt durch den Meeresarm. Vorbei an den Inselchen Ágios Nikólaos und Panagía geht es dann an der lieblichen Ostküste entlang gen Norden.

Ⓑ Longós – Man passiert helle Strandbuchten, darunter den großen Kipiádi-Strand, und erreicht nach kurzer Zeit Longós mit dem weithin sichtbaren Fabrikschornstein.

Ⓒ Lákka – Am Manadéndri-Strand und kleineren Stränden vorbei ist an der Nordspitze Lákka erreicht, das mit der tief eingeschnittenen Bucht begeistert. Dann umrundet man das Kap von Lákka mit dem Leuchtturm und schaut auf die faszinierende Westküste. Sie fasziniert gen Süden mit der vielfältigen Steilküste, den Meeresgrotten, Steinformationen und ein paar winzigen Stränden.

Ⓓ Ipapánti – Erstes Highlight ist die Höhle Ipapánti, die im Zweiten Weltkrieg einem U-Boot als gutes Versteck gedient haben soll.

Ⓔ Kap Erimítis – Es folgt der höchste Punkt der Steilküste, das Kap Erimítis, an dessen Strand Boote gerne halten.

Ⓕ Stakkái-Höhlen – Dann schließen sich die drei Stakkái-Höhlen und die oft auch von größeren Booten befahrene Petríti-Grotte an.

Ⓖ Petríti-Grotte und Felsnadel Orthólithos – Herrlich ist das Bild auf die davor aus dem Meer ragende, große Felsnadel.

Ⓗ Felstor Tripití und die Höhlen von Mongoníssi – Sie bilden, bevor man sich zur etwa halbstündigen Fahrt nach Antípaxos aufmacht, den Abschluss an der Südwestküste.

Ⓘ Antípaxos – Absolutes Highlight sind dort die feinsandigen Traumstrände mit Südseeflair im Osten. In Voutoúmi und Vríka lohnt ein Badestopp unbedingt!

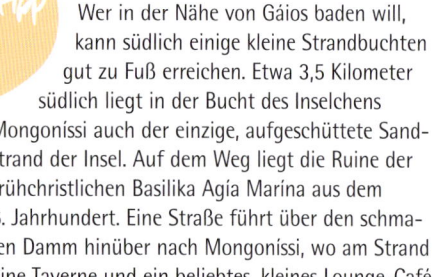

Wer in der Nähe von Gáios baden will, kann südlich einige kleine Strandbuchten gut zu Fuß erreichen. Etwa 3,5 Kilometer südlich liegt in der Bucht des Inselchens Mongoníssi auch der einzige, aufgeschüttete Sandstrand der Insel. Auf dem Weg liegt die Ruine der frühchristlichen Basilika Agía Marína aus dem 6. Jahrhundert. Eine Straße führt über den schmalen Damm hinüber nach Mongoníssi, wo am Strand eine Taverne und ein beliebtes, kleines Lounge-Café für das leibliche Wohl sorgen.

Ágios Nikólaos und Panagía

Der Besuch des Gáios gegenüberliegenden, unbewohnten Inselchens Ágios Nikólaos mit der Ruine einer venezianischen Festung von 1423 war wegen Waldbrandgefahr bisher nicht ohne Genehmigung der Gemeinde möglich. Ab 2016 sollen Besucher die Insel, auf der auch eine uralte Windmühle steht, allerdings wieder besuchen können. Nördlich von Ágios Nikólaos schließt sich, dem neuen Hafen vorgelagert, die noch kleinere Insel Panagía an. Dort stehen umgeben von einer weißen Mauer ein Leuchtturm und die Kirche der Gottesmutter, die am 15. August zum Fest der Mariä Entschlafung von vielen Booten angelaufen wird.

Das Inselinnere von Páxos

Wer sich mit dem Mietwagen, Roller oder Fahrrad auf den Weg ins Inselinnere macht, wird feststellen, das Páxos für seine Größe enorm viele Straßen hat. Dies liegt wohl daran, dass sich die Häuser im Landesinneren verstreut als kleine Weiler gruppieren. Zentrales Dörfchen im Inselinneren ist das von Olivenwäldern umgebene Magaziá. Pfade laden in der Umgebung zu Wanderungen ein. Im winzigen Ortskern lohnt ein Halt, um in einem der traditionellsten Kaffeehäuser

des Landes an der Hauptstraße einzukehren. Interessant ist auch die alte Olivenpresse am nördlichen Ortsrand. Schilder führen außerdem vorbei an spärlichen antiken Gräbern, zu frei einsehbaren mittelalterlichen Zisternen. Das Regenwasser wurde in steinernen Kanälen gesammelt und in unterirdische Zisternen geleitet.

Küstenorte Lákka und Longós

Außer Gáios liegen zwei weitere Örtchen an Páxos' Küste: Lákka im Inselnorden und das winzige Longós im Osten. Beide kann man von Gáios auch mit dem Linienbus erreichen. Lákka weilt mit seinen engen Gassen in einer tief eingeschnittenen Bucht mit kleinen Kiesstränden. Sehr idyllisch ist es am späten Nachmittag, wenn man von den Cafés und Restaurants am Ufer die einlaufenden Segelboote beobachten kann. Erkundungsfreudige können zum Leuchtturm am Kap nördlich oberhalb des Dorfs fahren. Der Weg verspricht ein schönes Panorama. Etwa 2,5 Kilometer südöstlich von Lákka liegt der Manadendri-Strand, einer der schönsten der Insel. Der etwa 100 Meter lange Strand mit zwei Beachbars entzückt mit großen, weißen Kieselsteinen.

Äußerst romantisch ist auch das winzige Longós, das nur aus ein paar Häusern und der Ruine einer Olivenöl- und Seifenfabrik mit hohem Schornstein besteht. Viele Häuser wurden zu Tavernen oder Cafés umgewandelt; die alte Schule dient als Veranstaltungsraum für das Páxos Festival. Südlich des Orts badet man an kleinen Stränden wie Levréchio, Kípos und Marmári. Knapp zwei Kilometer südlich von Longós begeistert der über Stufen erreichbare, von Zypressen gesäumte Kipiádi-Strand mit Kieselsteinen und Felssteinplatten am Rand. Für Versorgung muss selbst gesorgt werden.

Oben: Die Promenade von Gáios ist außerhalb der Saison wie ausgestorben.
Mitte: Schnell werden Einheimische und Touristen gute Freunde.
Unten: In die Grotten an der Westküste passen sogar die großen Ausflugsdampfer.

Infos und Adressen

Beliebter Treffpunkt: das »Kaliméra«

SEHENSWÜRDIGKEITEN

Heimatmuseum. Juni–Aug. 11–15 Uhr, Juni/Juli auch 18–22 Uhr, August auch 19–23 Uhr, Tel. 26 62 03 25 66. Gáios, an der Uferfront.

Olivenpresse. Im Hochsommer 10–13 und 18.30–21 Uhr (variiert). Magaziá, am nördlichen Ortsrand.

Leuchtturm Lákka. Lákka, am nördlichen Kap.

Zisternen. Magaziá, an der Hauptstraße ggü. der Tankstelle ausgeschildert »Stone Carved Cisterns«.

ESSEN UND TRINKEN

Akis. Zum herrlichen Blick auf die Bucht genießt man köstliche italienisch-griechische Küche im gehobenen Preissegment. Lákka, westliches Ende der Uferfront, Tel. 22 62 03 16 65.

Bouloukos. Wirt Spíros sorgt für gemütliche Atmosphäre mit leckeren Fischgerichten und Meeresfrüchten unter schattigen Bäumen am Strand. Levréchio-Strand, Tel. 26 62 03 13 36.

Caffé Italiano. Bei Seglern beliebtes Café-Restaurant unter italienischer Leitung. Gáios, nördlicher Teil der Promenade.

Captain Spiros. Ein offener Grill für den frischen Fang und zum Trocknen dahängende Tintenfische

sorgen auf der Terrasse mit fantastischer Aussicht für viel Appetit. Ein Genuss sind die in Dampf gegarten Miesmuscheln. Antípaxos, Vríka-Strand, Tel. 69 84 61 95 83.

Carnayo Gold. In der Ristobar von Dimítris sorgt er mit seinem Team für Wohlfühlatmosphäre am Meer. Ein Muss sind die Paninis aus selbst gemachtem Teig und die beste Pizza der Insel. Ein Bestseller sind auch die Mojitos. Mongoníssi, Tel. 26 62 03 26 50.

Diogénis. Herzlich geführte Taverne mit Dorfatmosphäre und leckeren Fleisch- sowie Fischgerichten. Lákka, an der kleinen Platía hinter der Uferfront, Tel. 26 62 03 14 42.

Mpournáos. Uriges *kafenío* von 1953 mit alten Instrumenten und noch älteren Fotos zum Halt für einen griechischen Mokka, dem hausgemachten Nelkenlikör oder einem Tresterschnaps *tsípouro* mit leckeren *mezédes*. Magaziá, Hauptstraße, Tel. 26 62 03 19 06.

ÜBERNACHTEN

Captain House (Spiros Apartments). Kürzlich renovierte, einfache und saubere Studios und Apartments mit wohligem Garten. Ideal, um schnell im Geschehen zu sein, aber trotzdem Ruhe zu haben. Gáios, am Hügel gegenüber der Bushaltestelle, Tel. 26 62 03 24 17, www.paxoscosmos.gr

Glyfada Beach Villas. Gepflegte Bungalowanlage in Oliven- und Zypressenhainen am Meer mit zwei Salzwasser-Pools, Tennisplatz und Restaurant. Zwei Strände sind gut zu Fuß erreichbar. Südlich von Longós, Glyfáda-Strand, Tel. 26 62 03 17 69, www.paxos-glyfadabeach.com

Torri e Merli. Einsam im uralten Olivenhain gelegenes, romantisches Boutique-Hotel mit 7 eleganten Suiten, Pool und Restaurant in einem venezianischen Herrenhaus von 1750. Südlich von Lákka, an der Straße von Longós kommend, Tel. 26 21 23 41 23, www.torriemerli.com

NACHTLEBEN

Kalimera. Fast jeder, der auf Páxos wohnt, schaut mindestens einmal am Tag vorbei: zum Frühstück, für einen Kaffee am Nachmittag oder am Abend für einen Drink. Gáios, Hauptgasse zwischen Platía und Bushaltestelle, Tel. 26 62 03 23 18.

Taxidi. An den Tischen der kleinen Café-Bar mit guten Cocktails am Hafen brechen sich fast die Wellen. Longós, an der Bucht.

EINKAUFEN

George Apergis Jewels. Schmuckdesigner Gíorgos Apérgis fertigt Schmuck für jeden Geschmack, vorwiegend aus Silber, aber auch aus Gold. Lákka, Gasse an der kleinen Platía, Tel. 26 62 03 30 08, www.georgeapergis.com

AKTIVITÄTEN

Fahrrad- und Bootsverleih. Im familiär geführten Reisebüro kann man nicht nur Autos, Roller und Unterkünfte buchen, sondern auch Mountainbikes und Motorboote mieten. Gáios, Platía, Tel. 26 62 03 23 73, www.fougarostravel.com

Páxos Oasi Sub. Scuba-Diving für Unerfahrene und Kinder, Schnorchel-Ausflüge, Tauchkurse nach PADI und Tauchgänge für erfahrene Taucher. Lákka, gegenüber dem Parkplatz, Tel. 26 62 30 03 95, www.paxosoasisub.com

INFORMATION

Anfahrt Tagestouren. Überall auf Korfu werden Ausflüge nach Páxos (inkl. Antípaxos) angeboten. Abfahrt Korfu je nach Hafen 8–10 Uhr und Rückfahrt ab Páxos ca. 17.15 Uhr, Preis ab 30 €.

Anfahrt auf eigene Faust. Das Passagierboot Déspina (einfache Fahrt 1,5 Std., 17 €) und das Tragflügelboot Ilída II (einfache Fahrt 1 Std., 24 €) verbinden Korfu-Stadt mit Páxos, Mai–Ende Sept. tgl. An einigen Tagen gibt es von Páxos späte Rückfahrten, sodass ein Tagesausflug auf eigene Faust möglich ist. Okt.–April verkehrt nur das Déspina 3–4 mal wöchentlich. Aktuelle Fahrplanauskunft: Despina: Tel. 266 10/403 72, EL. Venizelou 50, Korfu-Stadt (Büro auf Korfu) und Tel. 26 62 03 21 31, Gáios (Büro auf Páxos) oder unter www.kamelialines.gr; Ilida II: Tel 26 61 04 98 00, Eth. Antistáseos 1, Korfu-Stadt (Büro auf Korfu) und Tel. 26 62 03 24 01 (Büro auf Páxos) oder unter http://corfu.joycruises.gr

Anfahrt per Wassertaxi. Flexible Zeiten bieten Wassertaxis. Die einzelne Fahrt kostet allerdings 300 € für 10 Pers., die man aber auch zahlen muss, wenn man allein ist. Wenn die Zeiten passen und Platz ist, kann man sich einer schon gebuchten Fahrt anschließen. Wassertaxis-Tel. Níkos 69 32 23 20 72, Andreas 69 77 62 90 33 und Tásos 69 44 83 29 64.

Die nur über den Wasserweg erreichbaren Buchten von Antípaxos laden zu Bootstouren ein.

NORDEN & DIAPONTISCHE INSELN

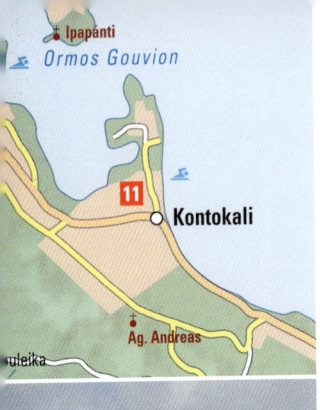

11 Kontókali und Gouviá
Ferienorte nahe der Stadt

Nur wenige Kilometer nördlich von Korfu-Stadt beginnt mit Kontókali, das mit seinem Nachbarn Gouviá zusammengewachsen ist, die Bettenhochburg Korfus. Zentrum des Geschehens ist der größte Jachthafen Korfus, die Gouviá Marina, die viele Segler in die beiden Ferienorte lockt. Venezianische Schiffshallen bezeugen, dass die große Bucht schon im 18. Jahrhundert beliebter und wichtiger Hafen war.

Wer den Urlaub stadtnah, aber lieber in Ferienorten mit Sport- und Nightlife-Angebot verbringen möchte, ist in Kontókali und Gouviá gut aufgehoben. Die gute Busverbindung (Stadtbuslinie 7) ist aber auch für diejenigen nützlich, die in der Inselhauptstadt wohnen und einen Badeort in der Nähe besuchen möchten. Die Ferienorte, in denen aufgrund der ganzjährig geöffneten Marina sogar im Winter noch etwas los ist, liegen im Süden der großen, fast vollständig umschlossenen Bucht von Gouviá. Die von Hügeln mit üppigen Olivenhainen umgebene Bucht ist nur durch eine vergleichsweise kleine Öffnung mit dem offenen Meer verbunden.

Rund um den Jachthafen

Kontókali erstreckt sich rund um die von Korfu-Stadt nach Norden verlaufende Schnellstraße bis auf die kleine Toúrka-Halbinsel. Besonders auf Toúrka, das die Bucht im Süden umschließt, zeigt sich das Örtchen mit ein paar alten Häusern aus dem 19. Jahrhundert recht ursprünglich. Baden kann man auf der Halbinsel besonders gut an den zwei Sandstränden vor dem Großhotel Kontókali Bay Resort, von wo man auf die vorgelagerte Insel

Vorangehende Doppelseite: Das blumenreiche Kloster in Paleokastrítsa ist ein schönes Ausflugs- und Pilgerziel.
Oben: Der Strand von Gouviá bietet schöne Ausblicke in alle Richtungen.

Kontókali und Gouviá

Interessanter Bau: die Ruine der venezianischen Werft

Lazaréto blickt. Sie diente den Venezianern als Quarantäneinsel.

Einen Kontrast zum urigen Teil von Kontókali bildet die moderne Gouviá Marina, die sich zwischen der Toúrka-Halbinsel und dem Zentrum des Orts bis nach Gouviá erstreckt. Mit über 1200 Liegeplätzen ist der Jachthafen einer der größten des Landes und bei Seglern im Mittelmeerraum sehr populär. Das weitläufige Areal mit Restaurants, Cafés, Pool, Cricket- und Croquetfeld ist nicht nur für Segler und Jachtbesitzer zugänglich und in jedem Fall einen Spaziergang wert.

Lange Tradition in der Seefahrt

Die von Tavernen, Restaurants, Bars und Geschäften gesäumte Dorfstraße von Kontókali erstreckt sich bis nach Gouviá. Von ihr weisen Schilder auch den Weg zu den Ruinen der Venezianischen Schiffshallen. Die fotogenen Überreste des Komplexes aus dem 18. Jahrhundert zeugen davon, dass die Bucht schon der venezianischen Flotte als Basis diente. In den Werften, von denen die markanten Bögen erhalten sind, wurden Schiffe repariert und gebaut. Nördlich der Ruinen erstreckt sich der flach abfallende und somit auch für Kinder gut geeignete Kiessandstrand von Gouviá.

Infos und Adressen

SEHENSWÜRDIGKEITEN

Venezianische Schiffshallen. Gouviá, zwischen dem Strand von Gouviá und der Marina, von der Dorfstraße ausgeschildert, frei zugänglich.

ESSEN UND TRINKEN

Argó. In der herrlichen Lage am Jachthafen schmecken Hausmannskost wie Lamm *kléftiko*, Fleischgerichte und frischer Fisch besonders gut. Kontókali, Marina Gouviá, Tel. 26 61 09 92 51.

Roúla. Eine der beliebtesten Fischtavernen der Insel mit Blick auf den Jachthafen. Am Ansatz der Toúrka-Halbinsel, Tel. 26 61 09 18 32, www.taverna-roula.gr

ÜBERNACHTEN

Art Hotel Debono. Stilvolles Hotel mit Pool, Tennisplatz und Restaurant, umgeben von Olivenhainen. Gouviá, landseitig der Schnellstraße, Tel. 26 61 09 02 20, www.arthoteldebono.com

Kontokáli Bay Resort. 5-Sterne-Resort mit Wellness-Bereich, Pools, Tennisplatz und Restaurants mitten im Grünen direkt am Strand. Toúrka-Halbinsel, Tel. 26 61 09 90 00, www.kontokalibay.com

AKTIVITÄTEN

Jachtcharter. Tagestouren mit dem Segelboot und Segelboot-Charter in und rund um die Marina, z.B. www.nostressyachting.com oder www.abcorfusailing.gr

Die über einen kurzen Damm zugängliche Kapelle von 1713 wirkt wegen des Hofs mit Palmen, Kakteen und Blumen besonders malerisch – ein ideales Fleckchen für ruhige Momente.

12 Komméno und Dassiá
Hervorragende Hotels mitten im Grünen

Die hügelige, dicht von Oliven- und Pinienhainen bedeckte Komméno-Halbinsel mit der Dafníla-Bucht ist mit dem sich nördlich an einem langen Strand erstreckenden Dassiá eine beliebte Ferienregion für Pauschalurlauber. Schön gelegene, luxuriöse Hotels und ein umfangreiches Wassersportangebot sorgen für erholsame Urlaubstage. Ein malerisch gelegenes Kirchlein lohnt auch für Rundreisende einen Abstecher.

Die im Norden die Bucht von Gouviá begrenzende Komméno-Halbinsel mit der Streusiedlung Límni

Komméno und Dassiá

strahlt in üppigem Grün. Häuser, Hotels und Ferienwohnungen liegen auf der Halbinsel verstreut zwischen Olivenhainen. Selbst die luxuriösen Großhotels rund um die Dafníla-Bucht im Norden der Halbinsel sind hübsch in die Landschaft integriert. Urlauber begeistert in Dafníla vor allem die fantastische Sicht, die sich über das Meer auf das albanische Festland eröffnet.

Wer nicht auf der Halbinsel übernachtet, sollte einen Abstecher zum Kirchlein Ipapánti machen, das auf einer winzigen Insel vor dem Südufer der Halbinsel in der Gouviá-Bucht liegt. Schnell kann man bei einer Rast auf dem Hof auch den Namen der Gegend Límni (griech. »See«) nachvollziehen. Durch die Hügel, die die Halbinsel umschließen, kann man von der Kirche, die an Sommerwochenenden beliebte Hochzeits-Location ist, nicht aufs offene Meer sehen, sodass die Bucht wie ein See erscheint.

Urlaubsort für Aktive

Dassiá wird von der nach Norden führenden Schnellstraße durchquert. Dort liegen auch die meisten Geschäfte, Bars und Tavernen des lebhaften Urlaubsorts. Der etwa ein Kilometer lange, recht schmale Kiessandstrand ist über mehrere Stichstraßen erreichbar und besonders wegen des Wassersportangebots sehr beliebt. Man kann zum Beispiel Funsport betreiben, Wasserski fahren oder mit dem Gleitschirm übers Wasser fliegen. Wer es lieber ruhiger mag, kann südlich von Dassiá kleinere Strände besuchen, an denen die Bäume fast bis ans Wasser wachsen. Entdecker sollten hingegen am Nordrand von Dassiá ein wenig spazieren gehen. Rechterhand der Straße, die ins Dorf Káto Korakiána führt, liegt im wildromantischen Olivenhain das zu verfallen drohende venezianische Herrenhaus Castéllo mit angeschlossener Burg, das zwischen 1957 und 1982 eins der schicksten Hotels der Insel war.

Infos und Adressen

SEHENSWÜRDIGKEITEN

Kirche Ipapánti. Sporadisch geöffnet, Límni, im Süden der Komméno-Halbinsel (von der Inselrundstraße dem Schild nach Komméno folgen).

Herrenhaus Castéllo. Frei einsehbar, Dassiá, an der Straße nach Káto Korakiána.

ESSEN UND TRINKEN

Panórama. Der Name des *mezedopolío* mit regionalen Spezialitäten und großer Aussichtsterrasse ist Programm. Komméno (ausgeschildert), Tel. 26 61 09 10 69.

Vinieri. Winziges Bistro mit kreativ-modernem Flair und offener Küche. Reservierung empfehlenswert. Dassiá, Straße nach Káto Korakiána, Tel. 69 47 47 35 67 (mobil), www.vinieriartfood.cabanova.com

ÜBERNACHTEN

Kommeno Bella Vista. Kleine Apartmentanlage in einem idyllischen Garten mit Pool und Meerblick. Mietwagen oder Roller empfehlenswert. Komméno, über der Dafníla-Bucht, Tel. 26 61 09 10 90, www.corfu-bellavista.com

AUSGEHEN

Tartaya. Beliebte Cocktailbar unter Palmen mit Wohlfühlatmosphäre. Dassiá, Schnellstraße, www.tartaya.gr

AKTIVITÄTEN

Mountainbike. Mountainbike-Verleih, mehrtägiger Radurlaub sowie Tagesausflüge. Dassiá, Schnellstraße, Tel. 26 61 09 33 44, www.mountainbikecorfu.gr

13 Ípsos bis Nissáki
Zu Füßen des Pantokrátoras

Mit Blick auf Korfus höchsten Berg, den 906 Meter hohen Pantokrátoras, führt die Inselrundstraße hinter Dassiá weiter gen Norden. Hinter Ípsos und Pirgí geht es bergauf und hoch am grünen Westhang in Serpentinen durch mehrere Dörfer. Über Stichstraßen erreicht man immer wieder winzige Örtchen am Meer und Strände. Die Aussichten auf das Meer, auf das Festland und die kleinen Buchten sind fantastisch.

Wer nicht in einem Hotel in den zusammengewachsenen Ferienorten Ípsos und Pirgí gelandet ist, muss dort auch nicht unbedingt halten. Die Partymeile Nordkorfus liegt fest in der Hand junger britischer Urlauber. Sehenswürdigkeiten gibt es nicht und der sehr schmale Kiesstrand erstreckt sich direkt an der viel befahrenen Inselrundstraße. Interessanter als die beiden Ferienorte ist ein Umweg über die im Hinterland liegenden Dörfer Áno Korakiána, Sokráki und Ágios Márkos.

Áno Korakiána im Hinterland

Oberhalb von Ípsos lohnt zunächst das mitten im Grünen gelegene Áno Korakiána einen kurzen Besuch. Áno Korakiána ist mit rund 950 Einwohnern eins der größten Dörfer der Insel und zählt über 35 Kapellen und Kirchen. Ein Spaziergang durch die Straßen und Gassen des historischen Ortskerns führt an uralter Bausubstanz vorbei. Einige Häuser stammen noch aus venezianischer Zeit. Die Steinhäuser sind mit schönen Tür- und Fensterrahmen und skulpturenverzierten Portalen geschmückt.

Oben: Besonders hübsch sind die vielen kleinen Buchten nördlich von Ípsos wie Agní.
Unten: Ein Abstecher lohnt von den Küstenorten unbedingt zu den Dörfern im Hinterland.

Am grünen Hang gelegen: das Dorf Ágios Márkos

Ágios Márkos und Sokráki

Für Freunde byzantinischer Kunst lohnt ein Abstecher ins Dorf Ágios Márkos, das zwischen Áno Korakiána und Pirgí liegt. Vom oberen Dorfrand führen Wegweiser zur meist verschlossenen, aber idyllisch im Olivenhain stehenden Kapelle Pantokrátoras aus dem 16. Jahrhundert. Wer lieber tolle Ausblicke und mehr Ursprünglichkeit genießen möchte, sollte über die sehr schmale Straße von Áno Korakiána hinauf ins Dorf Sokráki fahren oder über einen vier Kilometer langen Pfad hinaufwandern. Die äußerst kurvenreiche Straße, die nichts für schwache Nerven ist, sorgt für atemberaubende Ausblicke über die Mitte und den Süden Korfus. In Sokráki angekommen, kann man dann auch über den Norden Korfus schauen. Das bereits im 14. Jahrhundert gegründete Dorf liegt umgeben von dichten Eichen- und Zypressenwäldern, die zu Spaziergängen einladen. Auf zwei winzigen Plätzen des Dörfchens mit der reizenden Bausubstanz und den gepflasterten Gassen kann man in urigen Kaffeehäusern einkehren.

Barbáti und Nissáki

Nördlich von Pirgí verläuft die Inselrundstraße nicht mehr direkt am Meer entlang, sondern hoch oberhalb der Küste. Die von üppigem Grün gesäum-

Nicht verpassen

KORFUS EINZIGARTIGER GOURMET-TEMPEL

Die ländliche Umgebung kombiniert mit der extravaganten mediterranen Küche sorgt im »Etrusco«, dem mit Abstand besten Restaurant Korfus und einer der Top-Adressen des Landes, für eine einzigartige Atmosphäre. Im Jahr 2000 hat der renommierte griechisch-italienische Fernsehkoch Ettore Botrini, dessen Restaurant in Athen sogar mit einem Michelin-Stern ausgezeichnet wurde, das »Etrusco« eröffnet. Für die kreativen Gerichte mit italienischen und griechischen Einflüssen werden auch Zutaten aus dem Hausgarten verwendet. Was genau das innovative Küchenteam kreiert und ob das Urlaubsbudget für den kulinarischen Hochgenuss reicht, kann man vorher auf der Webseite recherchieren. Eine Reservierung ist unumgänglich.

Etrusco. Tgl. ab ca. 20 Uhr, Káto Korakiána, von der Schnellstraße zwischen Ípsos und Dassiá ausgeschildert, Tel. 26 61 09 33 42, www.etrusco.gr

Oben: Zypressengesäumte Landstraßen verbinden die Dörfer im Hinterland.
Mitte: Bei Wanderungen trifft man oft auf Granatäpfel, Orangen und Zitronen.
Unten: Wo kann frischer Fisch besser schmecken als am Meer?

te Inselrundstraße verspricht an diesem Abschnitt herrliche Aussichten, die vor allem mit mediterranen Farbkontrasten begeistern. Bei Barbáti ziehen sich vom Meer zahlreiche Villen und Ferienhäuser den Hang hinauf. Sie gehören zumeist Nordeuropäern, die dort den Sommer verbringen. Stichstraßen steuern an den etwa ein Kilometer langen Kiessteinstrand mit schattenspendenden Bäumen und glasklarem Wasser.

Die Straße führt weiter nach Nissáki, eine recht große Feriensiedlung, die sich rund um die Inselrundstraße verteilt. Gebadet wird in Nissáki hauptsächlich an winzigen, nur zu Fuß erreichbaren Kiesbuchten und am kleinen Kiesstrand am idyllischen Hafen, der früher den Fischern diente. Wanderfans können von Nissáki sieben Kilometer den Hang hinauf ins verlassene Dorf Paliés Siniés laufen. Im außer zu Fuß nur mit einem Jeep erreichbaren Geisterdorf stehen einige überwucherte, dachlose Ruinen aus dem 17. Jahrhundert. In der alten Dorfkirche sind noch alte Freskenreste zu sehen.

Strände nördlich von Nissáki

Wer die zahlreichen Strandbuchten des ganzen Küstenabschnitts genauer unter die Lupe nehmen möchte, mietet sich am besten ein Motorboot. Oft sind Parkplätze rar und kleine Strände nur über den Wasserweg erreichbar. Besuchenswert ist aber auch mit dem Auto der nördlich von Nissáki liegende Kamináki-Strand, der sich vor der winzigen Siedlung Katábolos erstreckt. Der gerade mal hundert Meter lange Strand mit weißen Kieselsteinen wird fotogen von grünen Hängen gesäumt und ist mit kristallklarem Wasser ideal zum Schnorcheln. Hübsch sind auch der nächste, etwa 300 Meter lange Kieselsteinstrand Krouzerí und die kleinere Agní-Bucht, die ebenfalls mit weißen Kieselsteinen, aber auch mit guten Tavernen reizt.

Infos und Adressen

Viele kleine Dörfer reizen mit alter Bausubstanz.

SEHENSWÜRDIGKEITEN

Kapelle Pantokrátoras. Meist verschlossen, Ágios Márkos, oberer Ortsrand (ausgeschildert).

ESSEN UND TRINKEN

Piedra del Mar. Das moderne Strandbar-Restaurant sorgt mit sommerlichem Flair und gehobener mediterraner Küche, hausgemachter Pasta, interessanter Weinkarte und leckeren Cocktails für geschmackvolle Gaumenfreuden. Barbáti, am Strand, Tel. 26 63 09 15 66, www.piedradelmar.gr

Toúla. Im preisgekrönten Restaurant am Meer sorgt Wirtin Toúla Katsaroú-Vergéti für kulinarische Freuden: Fischgerichte, Risotto und viele kreative Kreationen wie Salat mit dem korfiotischen Schinken *noúmboulo* und Kumquat oder Rinderfilet mit Krabben und Desserts wie mit Mozzarella und Karamell gefüllte Birnen. Große Weinkarte. Mai–Mitte Juli tgl. ab 12.30 Uhr, Mitte Juli–August tgl. 12.30–

17 Uhr und 19–23 Uhr, Agní, Tel. 26 63 09 13 50, www.toulasagni.gr

ÜBERNACHTEN

Barbáti View Luxury Apartments. Ruhig gelegene, freundlich geführte und gepflegte Apartments, Pool am Hang und herrlicher Ausblick über das Meer bis zum Festland. Barbáti, Inselrundstraße, Tel. 69 77 36 94 11 (mobil), www.barbatiview.gr

Corfu Apartments by the Beach. Kleine Anlage mit gerade mal 7 modernen Apartments direkt am Meer. 4 km nördlich von Nissáki, Krouzerí-Strand, Tel. 26 63 09 14 40, www.nissaki-corfu.com

AKTIVITÄTEN

Motorboote. Wer alle Orte bzw. Strände bis nach Kassiópi unter eigener Regie entdecken möchte, mietet sich am besten ein kleines Motorboot. Die Boote bis 30 PS darf man ohne Führerschein fahren. Boote gibt es am winzigen Hafen von Nissáki bei: Nissáki Harbor Boat Rental, Tel. 69 32 18 63 89, www.nissakirentaboat.com oder Fóntas Boats, Tel. 69 98 50 56 51, www.nissakiboatrental.com

Erst schwimmen, dann essen: am besten bei »Toúla«

KULINARISCHES

Ionische Küche

Ausgiebig frühstücken oder Abendessen vor 20 Uhr? Filterkaffee oder eine schöne Bierkrone? Die Griechen kennen diese mitteleuropäischen Gewohnheiten vor allem durch ihre Gäste. Traditionell pflegt man nämlich eine andere, mediterrane Ess- und Trinkkultur, die mit verschiedenen klimatischen, historischen und kulturellen Faktoren zusammenhängt und viele interessante kulinarische Highlights verspricht.

Nicht ohne Grund zeugen Sprüche wie »Essen wie die Götter« davon, dass das Essen und Trinken auf den Ionischen Inseln wie auch in ganz Griechenland einen hohen Stellenwert genießen und nicht nur als Notwendigkeiten in den Alltag gehören. In Hellas nimmt man sich viel Zeit für die abwechslungsreichen Geschmackserlebnisse, vor allem, weil es dabei nicht nur um kulinarische Erlebnisse, sondern insbesondere um das gesellige Miteinander geht. Selten gehen Griechen nur zu zweit oder gar alleine aus. Man trifft sich so oft wie möglich mit Freunden oder Verwandten, also mit einer größeren Gruppe, der sogenannten *paréa*, zum Essen und dazu gehören oft bis in den späten Abend hinein auch die Kinder!

Essen gehen: Wann und wohin?

Besonders aufgrund der Hitze ist die Hauptmahlzeit der Griechen das Abend-

Ein Hauch von Italien kommt auf den Ionischen Inseln unter anderem in Form von Aufschnitt auf den Tisch.

essen, zu dem man sich oft erst nach 21 oder 22 Uhr trifft. Durch das späte, üppige Essen hat man morgens dann meist keinen Hunger, sodass das Frühstück entweder ganz oder nur recht mager ausfällt. Zu Hause frühstücken meist nur die Kinder. Wer in kleinen Hotels also ein üppiges Frühstücksbuffet erwartet, wird oft enttäuscht. In den meisten Großhotels passt man sich hingegen den mittel- und nordeuropäischen Sitten an und serviert oft ein interkontinentales oder englisches Frühstück. Mittags, oft erst zwischen 14 und 15 Uhr, gibt es bei den Griechen dann am liebsten etwas Leichtes, oft nur lauwarm serviert Hausmannskost oder landestypisch Gegrilltes ohne schwere Saucen. Sowohl mittags als auch abends hat man die Wahl zwischen verschiedenen Gaststättentypen, in denen sich teilweise auch das Prinzip der *paréa* widerspiegelt. Die meisten Speiselokale öffnen morgens um 11 Uhr; die Küche ist oft bis um Mitternacht geöffnet.

Am weitesten sind auf den Inseln die gemütlichen *tavérna* verbreitet, in denen es traditionelle Hausmannskost, lokale Spezialitäten, zahlreiche Vorspeisen und Fleisch oder Fisch vom Grill gibt. Frischen Fisch und leckere Meeresfrüchte isst man am besten am Meer. Sowohl in Tavernen als auch im *mezedopolío*, das den Namen den vielfältigen landestypischen Kleinigkeiten *mezédes* oder *mezedákia*, Gerichten, die in kleinen Portionen oder als Vorspeisen serviert werden, verdankt, fühlt sich die *paréa* besonders wohl. Dort einigt man sich zunächst auf Fisch oder Fleisch, das häufig nach Gewicht bestellt wird, und wählt dazu die passenden vegetarischen oder tierischen *mezédes* und Salate. Alle Gerichte werden dann gleichzeitig oder ohne vorgeschriebene Reihenfolge in die Mitte des Tisches gestellt, sodass jeder von allem probieren kann.

Immer beliebter werden auf Korfu und den anderen Inseln des Archipels aber auch die schickeren und moderneren Restaurants (*estiatório*) sowie das ein oder andere Feinschmeckerlokal. Dort lassen die Köche ihrer Kreativität oft freien Lauf und kochen nicht nur typisch griechische und mediterrane Gerichte, sondern geben den Speisen eine ganz persönliche und außergewöhnliche Note. In Restaurants, in denen häufig auch viel Wert auf eine moderne Präsentation der Speisen gelegt wird, bestellt meist jeder für sich – zumindest das Hauptgericht.

Die Küche der Ionischen Inseln

Anders als vielleicht erwartet, verspricht die gastronomische Szene der Ionischen Inseln viel mehr als das bei uns bekannte Gyros oder Moussaká. Deutlich werden auf den Inseln des Archipels die Einflüsse der Briten und Italiener. Während die unzähligen britischen Touristen wohl Grund dafür sind, dass fast überall englisches Frühstück serviert wird, prägt der italienische Einfluss durch die jahrhundertelange Besatzung und die geografische Nähe auch die Rezepte der inseltypischen Gerichte. Zahlreiche italienische Köche sorgen außerdem für besonders gute Pasta und Pizza. Italien spiegelt sich zudem in Saucen und vielen Nudelgerichten wider. Auch wird mit mehr Knoblauch und pikanter gewürzt als im restlichen Land.

Frische Salate gehören zum Essen einfach dazu.

Gute Gesellschaft ist für die Griechen eine der wichtigsten Zutaten beim Essen.

Korfiotische Spezialitäten

Die Spezialitäten Korfus sind *pastitsáda*, Fleisch vom Hahn oder Rind mit Makkaroni in einer Tomaten-Zimt-Sauce, *bourdétto*, meist Skorpionfisch oder Stachelrochen in einer pikanten Tomatensauce, *sofríto*, Rinderfilet in Weißwein-Knoblauchsauce, und *biánko*, gekochter Fisch mit Kartoffeln, Knoblauch und Zitrone. Seltener bekommt man den Räucherschinken *noúboulo*, die korfiotische Variante des italienischen Prosciutto.

Außer den Speisen gibt es auf der Insel auch regionale Getränke. Probieren sollte man die Ingwerlimonade Tsitsibírra sowie das in verschiedenen Sorten erhältliche Corfu Beer. Markenzeichen Korfus ist allerdings der Likör aus den Zwergorangen Kumquat. Die im 19. Jahrhundert von den Briten eingeführten Früchte sind eigentlich in China beheimatet, stellen auf Korfu allerdings in Form von Likören, süß eingekocht als *glikó tou koutalioú* oder als Marmelade eine Spezialität dar. Die zwei größten Destillerien, beide mit dem Namen Vassilákis, die diverse Kumquat-Produkte herstellen, findet man im Dorf Ágios Ioánnis, knapp neun Kilometer westlich von Korfu-Stadt.

Korfus prominenteste Frucht: die Zwergorange Kumquat

Kassiópi war in der Antike wichtiger Hafen auf der Route zwischen Italien und dem östlichen Mittelmeer, sodass es schon seit der Gründung zahlreiche Besucher zählt.

14 Kassiópi & Umgebung
Spuren römischer Staatsmänner

Kassiópi, der wichtigste Urlaubsort im Nordosten der Insel, wurde schon in der Antike gegründet. Anders als viele andere Ferienorte besitzt der Ort zwischen zwei Buchten zu Füßen eines über und über mit uralten Olivenbäumen bedeckten Hügels individuellen Charme. Außer einer Festung und einer Kirche locken mehrere Strände und winzige Küstenorte in der Umgebung zu Spaziergängen und Ausflügen.

Obwohl das 800-Einwohner-Dorf im äußersten Nordosten Korfus fest in der Hand britischer Urlauber ist, hat der Tourismus das schöne Flair von

Kassiópi & Umgebung

Einfach gut!

Kassiópi kaum beeinträchtigt. Bereits die Schiffe der Römer machten auf der Fahrt von oder nach Italien halt am hiesigen Hafen. Berühmte römische Staatsmänner wie Caesar und Cicero oder Kaiser Nero hielten in Kassiópi und baten bei einem antiken Heiligtum um eine unbeschwerliche Schiffsreise.

Die große Hafenbucht im Westen des Orts, die in den letzten Jahrhunderten wichtiger Fischerhafen war, ist bis heute Zentrum des Geschehens. An ihrem Ufer liegen Tavernen, Cafés und Bars. Die sich im Wasser tummelnden bunten Fischer- und Ausflugsboote sorgen für eine schöne Kulisse und Sitzbänke laden zum Verweilen ein. Nordwestlich wird die Hafenbucht von einer Halbinsel mit einem markanten Hügel und einer Burg begrenzt, auf dem die wichtigste Sehenswürdigkeit von Kassiópi thront.

Kirche und Burg

Gleich links an der Straße, die vom Hafen in den Ortskern führt, steht die Dorfkirche Panagía Kassopítras. Die Marienkirche wurde im Jahr 1580 von den Venezianern an der Stelle eines 1537 bei einem osmanischen Angriff zerstörten Vorgängerbaus errichtet. In der Antike stand dort ein Zeus-Tempel, später eine frühchristliche Basilika. Außer mit dem blumenreichen Innenhof begeistert die Kirche bei genauerem Hinsehen mit eigenartiger Architektur. Auf dem Dach des Gotteshauses wurde, anders als sonst üblich, die Priesterwohnung errichtet. Im Inneren sind noch Freskenreste aus dem 17. Jahrhundert erhalten. Dort steht auch die wundersame Marienikone von 1670, die als Beschützerin der Seeleute gilt. Auf der Ikone wird Maria dabei gezeigt, wie sie durch Handauflegen einen blinden Jungen heilt. Beschützt steht hinter ihr das Gotteshaus von Kassiópi vor den Ruinen der Burg.

HERRLICHE AUS-SICHTEN

Südlich von Ágios Stéfanos lohnt kurz vor Kouloúra ein Halt am Aussichtspunkt der Inselrundstraße, wo Bänke und ein kleiner Pavillon zum Verweilen locken. Der Blick auf die Meerenge zwischen Korfu und Albanien, der sogenannten »Straße von Korfu«, die an der schmalsten Stelle nur zwei Kilometer breit ist, ist einzigartig. Blickt man gen Süden, entzückt die Bucht von Kouloúra, die zu den schönsten der Insel gehört. Wer zum Fischerhafen hinunterfährt, kann in Tavernen einkehren und – zumindest von außen – ein venezianisches Landhaus aus dem 16. Jahrhundert bestaunen. Literaturfreaks sollten weiter nach Kalámi fahren, wo am Meer neben dem Kiesstrand ein weißes Haus steht, in dem in den 1930er-Jahren die Familie der britischen Literaten Lawrence und Gerald Durrell lebte. Im »White House« ist eine gute Taverne untergebracht. Auch kann man die Villa mit vier Schlafzimmern mieten.

White House. Kalámi, am Ufer, Tel. 26 63 09 10 40, www.thewhitehouse.gr

Gleich gegenüber dem Kircheneingang führt ein Pfad vorbei an alten Wohnhäusern hinauf zur frei zugänglichen venezianischen Burg, die einen großen Teil der Halbinsel im Norden von Kassiópi einnimmt. Eine venezianische Adelsfamilie ließ die Burg im 14. Jahrhundert auf den Ruinen einer älteren Festung errichten. Das verwilderte Areal reizt Erkundungsfreudige mit dem wildromantischen Flair, erzeugt durch uralte Olivenbäume und wild an den Mauern wachsenden Kapernsträuchern. Von den Mauern hat man eine fantastische Aussicht auf Kassiópi und aufs Meer bis nach Albanien.

Abwechslung für Strandgänger

Besucher von Kassiópi können sich sowohl an den Ortsständen als auch über fußläufig gut erreichbare Badebuchten in der nahen Umgebung freuen. Hauptstrand ist der etwa 200 Meter lange, von Tavernen gesäumte Kalamiónas-Strand mit Sand und Kies in der Westbucht. Malerischer sind jedoch die drei kleineren Strände an der Nordspitze der Halbinsel, die über die Straße erreichbar sind, die rund um die Burg verläuft. Die drei Kiesstrände Pipítos, Batería und Kanóni überzeugen mit kristallklarem Wasser. Der kleine Kanóni-Strand ist zudem durch die großen Felsplatten, die gern zum Sonnenbaden genutzt werden, attraktiv. Mutige springen oft auch von den Felsen ins Wasser.

Ideal für einen Spaziergang ist der sich zwei Kilometer südöstlich in einer von tiefem Grün umrahmten Bucht erstreckende Kiesstrand Avláki, der auch gut zum Schnorcheln geeignet ist. Die Bucht mit den zwei Tavernen ist noch recht unverbaut. Fünf Kilometer trennen Avláki vom nächsten Küstenort Ágios Stéfanos Siniés in einer lang gestreckten Bucht, die abends Segelschiffen Schutz gewährt. Die Siedlung mit dem kieseligen Strand stellt mit ihren Tavernen eine nette Alternative zum Essengehen dar.

Oben: Die Strandbuchten im Norden der Halbinsel sind in schöne Landschaften eingebettet.
Mitte: Fischer säubern ihre Netze am Hafen.
Unten: Der Nachbarstrand Avláki ist auch zu Fuß erreichbar.

Infos und Adressen

SEHENSWÜRDIGKEITEN

Kirche Panagía Kassiopítra. Unregelmäßig geöffnet, Kassiópi, Hauptstraße.

Burg (Kástro). Frei zugänglich, Kassiópi, Zugang über einen Pfad, der an der Hauptstraße ggü. der Kirche beginnt.

ESSEN UND TRINKEN

Cavo Bárbaro. Unter schattigen Bäumen am Meer gibt es typisch griechische Gerichte wie leckere Zucchinipuffer, Rote-Beete-Salat, Miesmuscheln sowie Fisch und Fleisch vom Holzkohlegrill. Avláki-Strand, Tel. 26 63 08 19 05.

Eucalyptus. In einer idyllisch direkt am Wasser gelegenen, alten Olivenmühle und an Tischen am Kiesstrand wird in romantischer Atmosphäre gehobene mediterrane Küche serviert. Ágios Stéfanos Siniés, Tel. 26 63 08 20 07.

Grill & Chill. Kleines, modernes Lokal ideal für einen typisch griechischen Snack: Gyros als Portion oder Gyros-Pita sowie andere schnelle Leckereien vom Grill. Kassiópi, Hauptstraße, Tel. 26 63 08 19 85.

Ideal für heiße Sommertage und den Strand: Eis

In Kassiópi gibt es Souvenirs nach jedem Geschmack.

Trilogía. Am Nordhang des Festungshügels gibt es abseits vom Trubel mediterrane und regionale Gerichte in schöner Atmosphäre. Romantisch zum Sonnenuntergang. Kassiópi, über dem Pipítos-Strand, Tel. 26 63 08 15 89, www.trilogiacorfu.com

ÜBERNACHTEN

Melina Bay. Fantastische Lage direkt am Hafen, modern eingerichtete, sehr saubere Zimmer und aufmerksamer Service. Gutes angeschlossenes Restaurant. Kassiópi, am Hafen, Tel. 26 63 08 10 30, www.melinabay.com

EINKAUFEN

Krocan Delicatessen. Ein Paradies für ausgewählte kulinarische Mitbringsel aus ganz Griechenland. Vom Olivenöl über Saucen, diverse Käsesorten, Gewürze, Marmeladen bis hin zu Süßigkeiten ist alles dabei. Kassiópi, Hauptstraße, Tel. 26 63 08 10 88.

AKTIVITÄTEN

Corfu Divers. Tauchschule mit sehr persönlicher Betreuung. Angeboten werden Kurse für Anfänger, Fortgeschrittene und Kinder. Kassiópi, am Hafen, Tel. 26 63 08 10 38, www.corfu-divers.com

15 Paliá Períthia
Korfus schönstes Dorf

Wie ein Freilichtmuseum mit architektonischen Schätzen versteckt sich Paliá Períthia in einem Hochtal am Nordhang von Korfus höchstem Berg, dem Pantokrátoras. Die alte venezianische Siedlung ist das einzige denkmalgeschützte Dorf der Insel. Und obwohl Paliá Períthia oft noch als »Geisterdorf« beschrieben wird, erwacht das Dorf mit der fotogenen historischen Bausubstanz langsam aus dem Dornröschenschlaf.

Schon die Stichstraße, die von der Inselrundstraße auf 420 Meter Höhe hinaufführt, zeugt von der einsamen Lage von Paliá Períthia. Der Weg ins alte Dorf, in dem die Zeit im Mittelalter stehen geblieben zu sein scheint, führt durch unberührte Natur. Schafe und Ziegen stolpern zwischen der im Frühling in voller Blüte stehenden Phrygana, den Königskerzen, dem roten Klatschmohn und leuchtend gelbem Ginster auf den Hügeln umher.

Stadtgeschichte

Paliá Períthia wurde aus Angst vor Piratenüberfällen im 14. Jahrhundert in einem fruchtbaren Hochtal in den Bergen erbaut. So war die Siedlung, die im 17. Jahrhundert etwa 130 Gebäude zählte, vom Meer aus nicht sichtbar und besser geschützt. Bewohnt wurde Paliá Períthia bis in die 1960er-Jahre. Dann gründeten die Bewohner Néa Períthia (Neu-Períthia) an der Küste. In der zweiten Hälfte des 20. Jahrhunderts lockte der Tourismus die Menschen aus den Bergdörfern ans Meer. Paliá Períthia geriet in Vergessenheit, entging dem Bauboom der 1970er- und 1980er-Jahre und konnte sich dadurch die einzigartige Atmosphäre bewahren.

Oben: Bei einem Streifzug durch Paliá Períthia trifft man auf vergleichsweise viele Kirchlein.
Unten: Ein paar Häuser im Örtchen wurden in den letzten Jahren restauriert.

Terrasse des »Merchant's House«

Venezianische Vergangenheit

Mittlerweile gibt es im autofreien, vor allem mittags viel besuchten Dorf wieder vier Tavernen und für alle, die Urlaub in absoluter Ruhe verbringen möchten, sogar eine Unterkunft. Es scheint, als ginge der Trend gemächlich zur Restauration der alten Häuser an den gepflasterten Gassen und überwucherten Pfaden. Nicht ohne Grund gehört Paliá Períthia zu den beliebtesten Ausflugszielen Korfus. Die friedvolle Atmosphäre des einst sehr wohlhabenden Dorfes ist einzigartig. Erzeugt wird sie durch die rund hundert verlassenen Gebäude bzw. Ruinen, deren Steinmauern dem Zahn der Zeit zu trotzen scheinen.

Wenige Häuser wie die einzige Unterkunft des Dorfs wurden hübsch restauriert und sorgen dafür, dass man sich in die alten Jahrhunderte zurückversetzt fühlt. Man passiert unter anderem einen alten Dreschplatz sowie bei genauerem Hinsehen innerhalb der Mauern auch den ein oder anderen Steinofen. Eindrucksvoll ist die alte Dorfschule, die bis 1940 in einem venezianischen Herrenhaus untergebracht war. Markant ist am Dorfeingang auch die Kirche Agíou Iakóvou tou Pérsi mit ihrem Glockenturm. Acht Kirchen, die rund um das Dorf erbaut wurden, sollten es einst beschützen.

Infos und Adressen

SEHENSWÜRDIGKEITEN

Kirche Agíou Iakóvou tou Pérsi. Meist verschlossen, Paliá Períthia, Dorfeingang.

ESSEN UND TRINKEN

The Old Períthia. Familiäre Taverne mit Tradition seit 1863. Die korfiotischen Gerichte wie *tsigaréli* (gekochte Wildkräuter), der Pomeranzen- bzw. Orangen-Paprika-Salat und das *bourdétto* werden aus regionalen Zutaten gekocht. Paliá Períthia, Hauptplatz, Tel. 26 63 09 80 55.

ÜBERNACHTEN

The Merchant's House. Von einem englisch-niederländischen Paar restauriertes Haus mit 6 sehr geschmackvoll eingerichteten Suiten, in denen man sich trotz moderner Annehmlichkeiten sicherlich in alte Zeiten versetzt fühlt. Paliá Períthia, Tel. 26 63 09 84 44, www.merchantshousecorfu.com

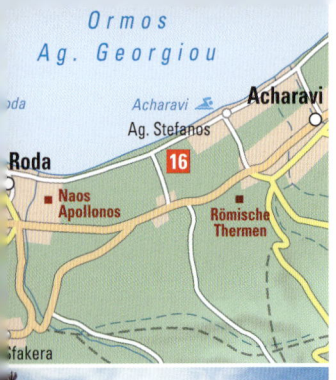

16 Acharávi und Róda
Urlaub am endlosen Strand

Der kilometerlange Kiessandstrand vor Acharávi und Róda hat aus den beiden einst unbedeutenden Weilern beliebte Ferienorte gemacht. Die Gegend im Norden der Insel bietet aber mehr als Sonne, Strand und Meer: Reste römischer Thermen, ein architektonisch kurioses Gotteshaus und das Folkloremuseum locken Kulturinteressierte. Spaziergänge lohnen ins Binnendorf Nímfes und zum Brackwassersee Antinióti.

Die nah beieinander liegenden Ferienorte Acharávi und Róda werden außer von der Inselrundstraße auch von einem gut sechs Kilometer langen Strand miteinander verbunden. Gut erkennbar ist, dass sich die ehemalige Fischersiedlung Róda von jeher direkt am Meer erstreckt. Die alten Häuser säumen wie die meisten Tavernen, Cafés, Bars und Geschäfte die Uferstraße. Ihr westliches Ende markiert der Hafen mit Ausflugs- und Fischerbooten. Der winzige alte Ortskern von Acharávi erstreckt sich hingegen landseitig der Inselrundstraße, an der Tavernen, Cafés und Geschäfte liegen. In Acharávi markiert ein Kreisverkehr an der Hauptstraße das Zentrum des Geschehens. Von dort zweigt auch die Straße zum Strand ab.

Spuren aus alten Zeiten

Die wenigen Sehenswürdigkeiten in Acharávi gehören gewiss nicht zu den Highlights der Insel, lohnen aber für diejenigen einen kurzen Besuch, die dort ihren Urlaub verbringen. Am Westrand des Orts zeugen an der Schnellstraße die spärlichen, frei einsehbaren Reste römischer Thermen

Oben: Der endlos wirkende Strand ist ideal für Spaziergänge und ausgiebige Badefreuden.
Unten: Im Folkloremuseum von Acharávi erfährt man etwas über den Alltag der Insulaner in alten Zeiten.

mit sechs Kammern von der Besiedelung der Region in der Antike. Unter einem Schutzdach sieht man Teile von Pfeilern, Schächten und den Heißluftkanälen, die als eine Art Fußbodenheizung dienten. Archäologen vermuten, dass die Thermen einst zu einem Herrenhaus gehörten, von dem jedoch nichts mehr zu sehen ist. Gleich gegenüber ist das interessantere Folkloremuseum untergebracht, in dem mit Fotos, alten Trachten, Möbeln, Münzen und Werkzeugen vom Leben auf Korfu in den letzten drei Jahrhunderten berichtet wird.

Strände in der Umgebung

Der lange Sandstrand mit einigen Kiesabschnitten, der sich vor den Ferienorten erstreckt, begeistert mit einem großen Wassersportangebot und ist ideal für ausgiebige Spaziergänge. Strandfans, die hier Urlaub machen und Abwechslung suchen, können in der Umgebung auch weitere Strände besuchen. Etwa fünf Kilometer westlich von Róda ist der Weiler Astrakerí ein passendes Revier für alle, die mehr Ruhe und eine ländlichere Umgebung suchen. Der kurze, aber breite Strand bietet für die Kleinen genügend Platz zum Toben. Östlich von Acharávi lohnt außerdem der etwa 100 Meter lange Sandstrand Ágios Spirídonas am östlichen Verbindungsarm des Antiniótis-Sees zum Meer einen Besuch.

Ein See am Meer

Wer sich von Acharávi zu einer Strandwanderung aufmacht, kann den Spaziergang mit dem Besuch des zweieinhalb Kilometer östlich liegenden Kaps Agía Ekateríni kombinieren. Das »Inselchen«, das landseitig vom Antiniótis-See von der korfiotischen Küste getrennt wird, kann im Westen über eine kleine Fußgängerbrücke betreten werden. Im

Einfach gut!

RUNDBLICK VOM HÖCHSTEN INSEL-GIPFEL

Mit einer Höhe von 906 Metern ist der weithin sichtbare Pantokrátoras der höchste Berg Korfus. Am besten erreicht man den Gipfel mit dem atemberaubenden Fernblick über die Straße, die bei Acharávi von der Inselrundstraße nach Ágios Martínos abzweigt. Von dort fährt man weiter den Berg hinauf durch Láfki und durch die winzigen Weiler Eríva und Petália. Hinter Petália sind es noch etwa 4,5 Kilometer bis zum Gipfel des Pantokrátoras, der mit seinen Antennenmasten gewiss keinen Schönheitswettbewerb gewinnen würde, aber Besucher mit einer fantastischen Aussicht über die gesamte Insel und das Meer bis hin zum albanischen und griechischen Festland belohnt. Den Namen verdankt der für Korfu unüblich kahle Berg dem bereits im 14. Jahrhundert gegründeten, tagsüber zugänglichen Kloster Pantokrátoras (Allesbeherrscher). Die Kirche mit erhaltenen Fresken aus der Erbauungszeit stammt aus dem 17. Jahrhundert.

Osten können bei Ágios Spirídonas auch Autos eine Brücke passieren. Vom Hauptweg, der auf der Insel die beiden Brücken verbindet, zweigen kleinere Wege zu kleinen Kiesbuchten ab. Einziges Gebäude ist auf der mit Zypressen, Kiefern und Eukalyptus bewachsenen Insel die wildromantisch gelegene Ruine eines uralten Klosters. Das Areal rund um den 400 Hektar großen, fischreichen See lohnt für Hobby-Botaniker und Vogelbeobachter einen Besuch. Das Gebiet mit Schilf, Wasserpflanzen und Wildblumen lockt viele Zugvögel wie Reiher und Kormorane an.

Binnendorf Nímfes mit Kirche

Das von zahlreichen Zypressen und Olivenbäumen geprägte Tal rund um das Binnendorf Nímfes ist Hauptanbaugebiet der Kumquatbäume. Ein erster Halt lohnt schon vor Erreichen des nördlichen Dorfrands bei der im Jahr 1731 erbauten Kirche Estavroménou. Das nicht zugängliche Gotteshaus begeistert mit einzigartiger Architektur. Seinem sechseckigen Grundriss sind eine eckige Kuppel sowie ein laternenähnliches Bauteil mit einer kleineren Kuppel aufgesetzt. Es erinnert eher an einen buddhistischen Bau als an eine Kirche aus byzantinischer Zeit. Lohnenswert ist im Frühling auch ein Abstecher vom Ostrand des Dorfs zum Fußballfeld und von dort zum Wasserfall, wo Nymphen der griechischen Mythologie gelebt haben sollen, denen Nimfés den Namen verdankt.

Oben: Traditionelle Zimmereinrichtungen sieht man im Museum.
Mitte: Die Kirche Estavroménou zeugt von außergewöhnlicher Architektur.
Unten: Bei Nímfes laufen Schafe und Ziegen oft frei herum.

Infos und Adressen

SEHENSWÜRDIGKEITEN

Folkloremuseum. Mo–Sa 10–14 und 18–20.30 Uhr. Acharávi, Inselrundstraße, westlicher Ortsrand, Tel. 26 63 06 30 52, www.museum-acharavi.com

Römische Thermen. Frei einsehbar, Acharávi, gegenüber dem Folkloremuseum.

Kirche Estavroménou. Nicht zugänglich, Nímfes, kurz vor dem nördlichen Ortsrand.

ESSEN UND TRINKEN

Lemon Garden. Beliebte Adresse für Fisch und Fleisch vom Grill und gute Pizza in einem Garten mit Zitronenbäumen. Hausgemachte Limonade und Zitronen-Eistee. Fr griech. Livemusik, Mi Latin & Tango. Acharávi, Inselrundstraße, Tel. 26 63 06 44 46, www.lemongardencorfu.com

Maistro. Schöne Stimmung zum Sonnenuntergang. Köstliche Fisch- und Meeresfrüchtegerichte, aber auch typisch griechische Hausmannskost. Di

Straßenverkäufer auf dem Weg zum Berg Pantokrátoras

Livemusik. Acharávi, am Strand, Tel. 26 63 06 30 20.

Pumphouse. Eins der ältesten Restaurants im Ort mit höflichem Service und großen Portionen griechischer und internationaler Gerichte. Acharávi, am Kreisverkehr, Tel. 26 63 06 32 71, www.pumphousecorfu.com

ÜBERNACHTEN

St. George's Bay Country Club & Spa. Umweltfreundliches Strandhotel im Stil eines ionischen Dorfs. 70 Apartments verteilen sich auf mehrere Häuser in einer gepflegten Gartenanlage mit Süß- und Salzwasser-Pool, Wellnessbereich und Restaurant. Acharávi, am Strand östlich des Kreisverkehrs, Tel. 26 63 06 32 47, www.stgeorgesbay.com

AUSGEHEN

Veggera. Auch bei Korfioten beliebte, schon tagsüber geöffnete Strandbar. Abends ab und zu Livemusik. Beliebter Spot zum Sonnenuntergang. Acharávi, am Strand.

AKTIVITÄTEN

Aquapark Hydropolis. Mai–Sept. tgl. 10–19 Uhr, Acharávi, am westlichen Ortsrand, Tel. 26 63 06 40 00.

Gemütlich ist die Terrasse des »Lemon Garden«.

17 Sidári & Perouládes
Eindrucksvolle Klippen-szenerien

Der lebhafteste Urlaubsort an der Nord-küste wird jeden Sommer hauptsächlich von britischen Urlaubern bevölkert. Sidári wird von Bars, Souvenirgeschäften, Reise-büros und Imbissbuden geprägt. Für Rundreisende ist die Gegend dennoch ein attraktives Ziel. Westlich des Urlaubsorts beginnt nämlich eine imposante Steilküste mit außergewöhnlichen Felsformationen. Sie verspricht schöne Aussichten und fan-tastisch gelegene Strände.

Obwohl Sidári sicherlich nicht jedermanns Ge-schmack ist und man nicht unbedingt den Ur-laub dort verbringen muss, sollte ein Ausflug in diese Gegend unbedingt auf dem Programm stehen. Ganz in der Nähe des Orts mit dem aus-schweifenden Nachtleben und dem kilometer-langen Sandstrand begeistert eine eindrucksvol-le Steilküste. Die helle Klippenlandschaft mit dem Canal d'Amour und dem Kap Drástis er-streckt sich vom Westen Sidáris bis zum viel ru-higeren, touristisch noch recht unberührten Nachbardorf Perouládes. Die Lehm- und Sand-klippen und die darunterliegenden Strände und Buchten kann man besonders gut vom Wasser aus bestaunen. In Sidári starten täglich Aus-flugsboote zu einer Entdeckungstour entlang der Küste. Auch kann man mit einem Taxiboot fahren oder ein Motorboot mieten, um zum Beispiel von den glatten Felsen des Kap Drástis ins Wasser zu springen. Sidári bietet sich außer-dem an, um mit dem Boot zu den winzigen Dia-pontischen Inseln (S. 120) nördlich von Korfu zu fahren.

Oben: Frauen, die den Canal d'Amour durchschwimmen, heira-ten der Legende nach ihren Auser-wählten.
Unten: Die Ruhe vor dem Sturm: Leer ist der Strand von Sidári nur bei schlechtem Wetter.

Das Kap Drástis ist ein ansehnliches Fotomotiv.

Canal d'Amour und Kap Drástis

Wer nicht mit dem Boot fahren möchte, kann die Küstenabschnitte auch mit dem Auto bzw. zu Fuß erkunden. Dazu folgt man in Sidári zunächst den Schildern zum Canal d'Amour. Er bildet mit schmalen, fjordartigen Buchten und winzigen Stränden den Auftakt der von Winden und Wellen geformten Felsformationen. Auf den niedrigen, teilweise unterhöhlten Klippen über den schmalen Buchten aalt man sich auf Liegestühlen. Um in Ruhe durch die Buchten zu schwimmen, sollte man schon früh am Morgen dort sein. Danach sind die Buchten meist überfüllt. Weiter westlich kann man am schmalen Sandstrand Logá in Perouládes gleich unterhalb der hohen Felsküste baden. Wer will, kann den Lehm von den dortigen Felsen für eine natürliche Körperkur nutzen.

Unbedingt sollte man von Perouládes zu einem der schönsten Aussichtspunkte Korfus fahren. Wegweiser führen an die Küste oberhalb des Kap Drástis, dem eindrucksvollsten Abschnitt der Klippenlandschaft. Der Aussichtspunkt verspricht ein atemberaubendes Bild mit wunderschönen Kalksteinhügeln, die sich zu einer Bucht mit glatten Felsen formen. Die einzigartigen Farbkontraste mit den hellen Felsen, der grünen Macchia und dem türkisschimmernden Wasser sorgen für das perfekte Urlaubsbild.

Infos und Adressen

ESSEN UND TRINKEN

Bikólis. Taverne mit Dorfatmosphäre, familiärem Service und landestypischen Gerichten. Fisch und Fleisch vom Grill. Beliebt: das Moussaká. Tgl. ab 19 Uhr, Perouládes, östlicher Ortsrand, an der Schnellstraße, Tel. 26 63 09 52 91.

Panórama. Oberhalb der Steilküste hält der Name, was er verspricht: eine fantastische Aussicht über die Klippen aufs Meer – vor allem zum Sonnenuntergang –, egal ob nur zum Cocktail oder zum Essen. Perouládes, über dem Logá-Strand, Tel. 26 61 09 50 35.

ÜBERNACHTEN

Villa de Loulia. Hotel mit Restaurant, Pool, 9 Zimmern und Suiten in einem restaurierten Herrenhaus von 1803. Perouládes, Tel. 26 63 09 53 94, www.villadeloulia.gr

AKTIVITÄTEN

Wave Boat. Vermietung von Motorbooten, auch ohne Führerschein. Sidári, westliches Strandende neben dem Fluss, Tel. 69 45 73 10 30, www.waveboathire.com

18 Ágios Stéfanos bis Ágios Geórgios
Lange Sandstrände und Esoterik

Die drei Küstenorte Ágios Stéfanos Avlitón, Aríllas und Ágios Geórgios Págon begeistern mit ihren Stränden. Getrennt werden sie von je einer Halbinsel. Auf dem Kap zwischen Aríllas und Ágios Geórgios reizt indessen das Dorf Afiónas mit ursprünglichem Flair. Besondere Sehenswürdigkeiten gibt es in keinem dieser Orte. Alles konzentriert sich auf Badeurlaub und in Aríllas auch auf Meditation.

Die drei Küstenorte an der nördlichen Westküste, sind ideal für Urlauber, die ihren Urlaub gerne in kleinen Hotels und Apartmentanlagen am Meer verbringen und den einen oder anderen Ausflug mit dem Mietwagen unternehmen möchten. Auch bieten sich die langen Strände für ausgiebige Spaziergänge an. Romantiker sollten diese am frühen Abend zum herrlichen Sonnenuntergang unternehmen.

Ágios Stéfanos Avliotón und Aríllas

Der nördlichste Ort dieses Küstenabschnitts ist Ágios Stéfanos Avliotón, der sich in den letzten Jahren vom Fischerhafen zum Ferienort entwickelt hat. Den Urlaub verbringt man am drei Kilometer langen Sandstrand, der in seinem nördlichen Teil unter der Steilküste verläuft. Dort wird auch gerne nackt gebadet. Der von Strandbars und Tavernen gesäumte Strand ist flach abfallend und somit auch für Familien mit Kindern gut geeignet. Der Hafen am Kap,

Der weitläufige Strand von Ágios Geórgios Págon ist ideal zum Sandburgenbauen und auch bei Familien mit Kindern sehr beliebt.

Ágios Geórgios Págon wird von grünen Hügeln umrahmt.

der den Ort im Süden begrenzt, ist für alle interessant, die zu den gegenüberliegenden Diapontischen Inseln (S. 120) fahren möchten. Südlich des Kaps erstreckt sich in der mit Olivenhainen bewachsenen Küstenebene die Streusiedlung Aríllas mit ihrem etwa zweieinhalb Kilometer langen, goldfarbenen Sandstrand. Außer drei großen Meditations- und Yoga-Zentren findet man in Aríllas auch die einzige Brauerei der Insel. In der im Jahr 2007 eröffneten Brauerei werden sieben Sorten des Corfu Beer nach bayerischem Reinheitsgebot gebraut.

Afiónas und Ágios Geórgios Págon

Gleich hinter der Halbinsel, die das südliche Ende von Aríllas markiert, liegt der dritte Ferienort an diesem Küstenabschnitt. Auf dem Höhenrücken können Interessierte das ursprüngliche Bergdorf Afiónas besuchen, dort in Tavernen einkehren oder mit gutem Schuhwerk in gut zwanzig Minuten zu den nur von einem schmalen Landstreifen getrennten Stränden von Pórto Timóni hinunterwandern.

Ágios Geórgios Págon verdankt den Namen dem großen, urigen Bergdorf Pági, das 1979 als Kulisse für einige Szenen des James-Bond-Films *In tödlicher Mission* diente. Der rund drei Kilometer lange, sehr breite Sandstrand von Ágios Geórgios ist für viele einer der schönsten der Insel.

Infos und Adressen

SEHENSWÜRDIGKEITEN

Corfu Beer. Mo–Fr 9–14.30 und 19–22.30 Uhr, Aríllas, an der Straße Richtung Magouládes, Tel. 26 63 05 20 72, www.corfubeer.com

ESSEN UND TRINKEN

Fisherman's Cabin. Wirt Kóstas Makrís sorgt beim köstlichen frischen Fisch und den Meeresfrüchten für kreative Kreationen, aber auch für einige Raritäten. Tgl. ab 14 Uhr, Ágios Geórgios Págon, südliches Strandende, Tel. 69 42 58 55 50 (mobil).

ÜBERNACHTEN

Horizon. Äußerst charmant geführtes, modernes Hotel mit 15 Zimmern, Pool, Restaurant und Bar an der Uferstraße. Alle geräumigen Zimmer begeistern mit dem Balkon mit herrlichem Meerblick. Aríllas, an der Uferstraße, Tel. 26 63 05 17 80, www.horizon-hotel.gr

EINKAUFEN

Ílios. Schmuckdesigner Aléxandros Pajatákis fertigt Objekte aus Silber und anderen Materialien nach jedem Geschmack. Außerdem gibt es sowohl für Erwachsene als auch für Kinder ab 6 Jahren Goldschmiedeseminare. Ágios Geórgios Págon, südliches Ende der Uferstraße, Tel. 26 63 09 60 43, www.ilios-living-art.com

19 Paleokastrítsa und Umgebung
Korfus beste Lage

Die Lage an einem wild zerklüfteten Küstenabschnitt macht Paleokastrítsa zum vielleicht schönsten Urlaubsort Korfus. Umgeben von üppig grünen Hügeln verteilt sich die Feriensiedlung locker an mehreren ungleich großen Buchten und Landzungen. Kein Wunder, dass besonders die Aussicht auf den Ort begeistert – egal, ob vom hoch über dem Meer thronenden Kloster Panagía Theotókou oder von einem Bergdorf im Hinterland.

Noch bis in die 1950er-Jahre war das Kloster Panagía Theotókou, das auf einer der ins Meer ragenden Halbinseln der heutigen Siedlung steht, das einzige Gebäude der Gegend. Heute ist das in schönster Landschaft eingebettete Paleokastrítsa einer der meistbesuchten Orte Korfus. Landschaftlich begeistern die Formen und Farben, die durch die wilde Küste, dem in jeglichen Blautönen schimmernden Wasser und den von tiefgrünen Oliven und Zypressen bewachsenen Hügeln entstehen. Mit mehreren zu Fuß oder nur über den Wasserweg erreichbaren Sand- oder Kiesbuchten und Grotten sorgt Paleokastrítsa für großartige Bade-, Schnorchel- und Taucherlebnisse.

Ausgiebiger Badespaß

Wer als Tagesausflügler nach Paleokastrítsa kommt und Strände im Ort besuchen möchte, kann das Auto auf dem großen Busparkplatz abstellen und von dort aus vier Buchten gut zu Fuß erreichen. Die meisten Besucher gehen an den überwiegend sandigen Strand Ágios Spirídonas,

Das Gästebuch belegt, dass das Kloster Panagía Theotókou, das eins der bedeutendsten Gotteshäuser der Insel ist, schon von Kaiser Wilhelm II. besucht wurde.

116

Paleokastrítsa

Einfach gut!

der sich zwischen zwei Halbinseln unterhalb des Klosters erstreckt. Quirlig geht es auch in der östlichen Nachbarbucht Alípa am kleinen Hafen zu. Dieser Strand wird von einigen Tavernen und Cafés umsäumt.

Etwas ruhiger als die beiden großen Strände sind der sandig-kiesige Ágios-Pétros-Strand gleich westlich des Parkplatzes sowie der hinter dem dortigen Felsvorsprung mitten im Grünen liegende und über einen Pfad erreichbare Ambeláki-Strand, der mit hellen Kieselsteinen begeistert. Weitere Strände liegen wiederum in der westlichen Bucht: Der ruhige und schattige Platákia-Strand in der Einbuchtung nordwestlich des Hafens, die kleine Felsbucht La Grotta und der kiesige Agía-Triáda-Strand unterhalb des großen Akrotíri Beach Hotels.

Kloster mit toller Aussicht

Paleokastrítsa lockt allerdings nicht nur mit Stränden, sondern auch mit dem herrlich gelegenen Kloster Panagía Theotókou, das auf der steil zum Meer hin abfallenden grünen Halbinsel neben dem Parkplatz thront. Das sowohl mit dem Auto als auch zu Fuß erreichbare, im Jahr 1288 gegründete Kloster fasziniert mit der grandiosen Aussicht auf Klippen, Buchten und Meer und dem blumenreichen Hof mit Arkaden, unter denen unzählige Katzen zu Hause sind. Die meisten Gebäude stammen aus dem 18. Jahrhundert. In der Kirche begeistern alte Deckenmalereien und wertvolle Ikonen aus dem 17. und 18. Jahrhundert. Im angeschlossenen Museum werden Ikonen aus der Zeit vom 17. bis 19. Jahrhundert, liturgische Geräte, Schriften und Gewänder ausgestellt. Alte Mahlsteine und Fässer zeugen von der Tradition der Mönche, Olivenöl zu produzieren und Wein zu keltern.

GROTTEN, KLIFFE, STRÄNDE

Korfus schönsten Küstenabschnitt sollte man sich gewiss nicht nur von der Landseite aus anschauen. Ein Muss – nicht nur für Wasserratten – ist eine Bootstour. Täglich starten von der Alípa-Bucht und vom Ágios-Spirídonas-Strand Ausflugsboote zu rund einstündigen Touren entlang der Küste, die man aber auch auf eigene Faust mit einem gemieteten Motorboot erleben kann. Der Ausflug entlang der spektakulären Grotten und Höhlen, mit atemberaubenden, teilweise kahlen oder grünen Felswänden ist ideal für die ganze Familie. Immer wieder locken kleine Buchten zu herrlichen Badeerlebnissen im kristallklaren, in jeglichen Türkis-, Blau- und Grünnuancen schimmernden Wasser.

Bootsverleih. Motorboote auch ohne Bootsführerschein! An allen Stränden, z.B. bei Michalas Boat Rentals an der Hauptstraße, Tel. 26 63 04 10 11, www.corfuboatrental.com

Dörfer in der Umgebung

Wer in Paleokastrítsa unterwegs ist, sollte unbedingt auch die fantastische Aussicht auf den Ort, die Küste und das Meer genießen. Dazu fährt man zunächst ins etwa vier Kilometer entfernte, auch über einen Trampelpfad erreichbare Dorf Lákones auf den grünen Hügeln hoch über Paleokastrítsa. An der äußerst schmalen Dorfstraße mit den auffallend knappen Parkplätzen laden mehrere Cafés und Restaurants mit Aussichtsterrassen zum Verweilen ein. Im Nachbardorf Makrádes lohnt vor allem der etwa zehnminütige Aufstieg auf den Felskegel mit der Burg Angelókastro aus dem 13. Jahrhundert, die ebenfalls eine herrliche Aussicht auf die Küste bietet. Erhalten sind mächtige Türme, Zisternen, Lagerhallen und zwei Kirchen.

Ein weiteres nettes Ausflugsziel ist das Binnendorf Liapádes etwa fünf Kilometer südöstlich von Paleokastrítsa, das sich noch etwas historische Bausubstanz erhalten hat. Mit etwas Glück trifft man dort noch auf Bauern mit ihren Eseln. Der Dorfplatz mit urigen Kaffeehäusern lädt zum Verweilen ein. Unterhalb des Dorfes sorgen an der Küste der Sandstrand Liapádes mit der steilen Felswand im Hintergrund und der idyllische, touristisch unerschlossene Strand Roviniá mit seinen weißen Kieselsteinen für herrliche Badeerlebnisse.

Oben: Schon seit Jahrhunderten hält die mittelalterliche Burg Angelókastro Wind und Wetter stand.
Unten: Auf der Platía von Makrádes treffen sich die Dorffrauen zum Klatsch und Tratsch.

Infos und Adressen

SEHENSWÜRDIGKEITEN

Angelókastro. Tagsüber zugänglich, bei Makrádes (ausgeschildert).

Kloster Panagía Theotókou. Tgl. 7–13 und 15–20 Uhr, Paleokastrítsa, auf der Landzunge zwischen Ágios-Spirídonas- und Ambeláki-Strand.

ESSEN UND TRINKEN

Akron Bar & Restaurant. Bar-Restaurant am Strand im Lounge-Stil mit gehobener mediterraner Küche. Fr abends Live-Jazzmusik. Tgl. ab 11 Uhr, Paleokastrítsa, Agía Triáda Strand, Tel. 26 63 04 12 26, www.akron.gr

Dolce. Modernes Café mit fantastischer Aussicht, hauseigenem Eis, Milchshakes und Kuchen wie Cheesecake, Schokoladen-Soufflé oder auch landestypischem *baklavá*. Lákones, westlicher Ortsrand, Tel. 26 63 04 92 78, www.corfudolce.com (nur griechisch)

ÜBERNACHTEN

Akrotíri Beach Hotel. Auf einer Halbinsel gelegenes 4-Sterne-Haus mit über 120 Meerblick-Zim-

Badeplatz unterhalb der »La Grotta Bar«

mern, Pool mit herrlicher Aussicht und vielen Stammgästen. Paleokastrítsa, Hauptstraße, Tel. 26 63 04 12 37, www.akrotiri-beach.com

AUSGEHEN

La Grotta. Über viele abwärtsführende Stufen erreichbare Bar in einer Grotte mit Tischen auf den Felsen. Zur Chill-out-Musik schmeckt der Cocktail auch schon tagsüber gut. Paleokastrítsa, von der Hauptstraße erreichbar, www.lagrottabar.com

AKTIVITÄTEN

Corfu Aquarium & Sea Discovery. Paleokastrítsa, am Parkplatz, Tel. 26 63 04 13 39, www.corfuaquarium.com

Corfu Donkey Rescue. Eselfarm. Bei Doukádes, von der Villa Alexandra ausgeschildert, Tel. 69 47 37 59 92, www.corfu-donkeys.com

Korfu Diving. Die deutsche, alteingesessene Tauchschule bietet Tauchgänge zu spektakulären Grotten und Riffen rund um Paleokastrítsa, Othoní und Páxos, Nachttauchgänge, PADI-Kurse und Schnorcheltouren. Paleokastrítsa, Ambeláki-Strand, Tel. 69 32 72 90 11 (mobil) oder in Deutschland Tel. +49152/28 70 71 71, www.korfudiving.com

Auch Hotels sorgen für atemberaubende Ausblicke.

20 Diapontische Inseln
Einsame Inselzwerge für Entdecker

Nur schwierig sind sie erreichbar, die Diapontischen Inseln, die zu den wenigen noch unberührten Schmuckstücken der griechischen Inselwelt zählen. Die isolierten Inselzwerge Erikoússa, Mathráki und Othoní besucht man am besten im Rahmen eines Tagesausflugs; Abenteuerlustige und Einsamkeitsfans, die sie genauer unter die Lupe nehmen möchten, auch für ein paar Tage mehr – vorausgesetzt, man hat genügend Zeit.

Die winzige Inselgruppe – bestehend aus drei bewohnten und neun einsamen Inseln – ist selbst in Griechenland recht unbekannt und auch die Fahrzeiten der kleinen Fähren, die Korfu mit den drei bewohnten Inseln am Nordrand des Archipels verbinden, lassen sich eher schwierig in Erfahrung bringen. Aufgrund der Wetterverhältnisse erfragt man aktuelle Abfahrtszeiten am besten einen Tag vorher beim

GUT ZU WISSEN

WEIT AB VON ALLEM

Wer vorhat, mehrere Tage auf den Inselchen zu verbringen, sollte den Urlaub in die Zeit zwischen Juni und September legen, um auf den Kleinoden nicht überall vor verschlossenen Türen zu stehen. Wichtig ist, Puffer bzw. Übernachtungen vor der Abreise auf Korfu einzuplanen. Schließlich kann es auch im Sommer passieren, dass Schiffe ihre Fahrpläne nicht einhalten können und man auf den Inseln festsitzt. Achtung: Auf den Inseln gibt es nicht immer alles zu kaufen.

Die Diapontischen Inseln liegen vom tiefblauen Meer umgeben am nordwestlichsten Rand des Archipels. Ideal für ruhige Tage abseits der Massen.

Diapontische Inseln

Hafenamt. Ist es stürmisch, laufen Fähren und Ausflugsboote nämlich nicht aus. Im Winter sind die zusammen gerade mal 17 Quadratkilometer großen Inseln aufgrund der stürmischen See fast völlig von der Außenwelt abgeschirmt und werden nur noch von sehr wenigen Menschen bewohnt. Vermutlich liegt es genau daran, dass die Eilande ein Paradies für alle darstellen, die auf der Suche nach Ruhe und Stille, unberührter Natur und einsamen Stränden sind.

Natur und Ruhe pur

Auf Erikoússa, Mathráki und Othoní kann man abseits vom Trubel einfach die Zeit vergessen, wandern und spazieren gehen, stundenlang am Strand faulenzen und endlich das Lieblingsbuch lesen. Zwischen weißen Strandlilien und Olivenhainen liegt der Duft von Myrte, Zypressen und Rosmarin in der Luft. Hier und da hört und sieht man ein paar spielende Kinder, die ihre Sommerferien bei den Großeltern verbringen. Steuert man die Inseln nicht mit den Ausflugsbooten, sondern mit der Autofähre »Aléxandros K II« von Korfu-Stadt aus an, sitzt man häufig neben Auswanderern oder ihren Nachfahren. Viele Inselbewohner emigrierten in den letzten zwei Jahrhunderten in die USA, sind im Sommer aber ihrer Heimat treu, wo sie die ziegelgedeckten Häuser ihrer Familien hübsch restauriert haben. Bei Wanderungen entlang friedlicher Pfade, die winzige Siedlungen miteinander verbinden, stolpert man über Gebäudereste aus venezianischer Zeit, Windmühlen, Kirchlein, Olivenpressen und Obstgärten.

Erikoússa – nördlichste Insel des Landes

Erster Halt der kleinen Schiffe ist meist Erikoússa, dessen unberührte Natur, geprägt von Zypressen- und Olivenwäldern, Mastixsträuchern und der im

Nicht verpassen

DIE PASSENDE STRANDLEKTÜRE

Sie suchen nach einer Urlaubslektüre oder möchten sich vor der Reise ausgiebig auf die Ionischen Inseln einstimmen? Die griechisch-amerikanische Autorin Yvette Manessis Corporon macht dies mit dem Roman *Das Flüstern der Zypressen* möglich und erzählt eine fesselnde Geschichte von der Heimatinsel ihrer Großmutter. Schnell fühlen sich Leser auf das bezaubernd umschriebene Erikoússa versetzt und fiebern mit der Geschichte der New Yorkerin Daphne mit, die dort ihren amerikanischen Verlobten heiraten will, indessen aber Geheimnisse aus der Vergangenheit ihrer Großmutter erfährt. Zugrunde liegen dem Buch Begebenheiten aus dem Zweiten Weltkrieg, als fast alle der 2000 auf Korfu lebenden Juden deportiert wurden. Ein jüdischer Schneider konnte mit seinen vier Töchtern aber nach Erikoússa fliehen.

Literaturtipp. Yvette Manessis Corporon: Das Flüstern der Zypressen, Heyne Verlag, München, 2014.

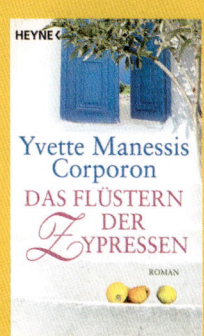

Herbst rosa-violett leuchtenden Erikaheide, der die Insel auch den Namen verdankt, einsame Spaziergänge verspricht. Bei den friedvollen Wanderungen trifft man meist nur auf umherstolpernde Ziegen. Bis zu den Stränden liegt der Duft von Wildkräutern in der Luft. Erikoússa wird im Sommer von rund 500 und im Winter von etwa 60 Menschen bewohnt und ist die zweitgrößte Insel des Mini-Archipels.

Die Schiffe legen im kleinen Inselort Pórto an. Hölzerne Wegweiser führen von dort auf einer Strecke von 10,5 Kilometern rund um die Insel. Verstreut liegen auf der Insel außer den winzigen Anhäufungen von Häusern mit blumenreichen Gärten mehrere traditionelle Olivenpressen. Wer mehrere Tage auf Erikoússa verbringt, sollte unbedingt auf den 130 Meter hohen Inselhügel Santárdo steigen, um von dort den herrlichen Ausblick auf das Eiland zu genießen. Auch lohnt der Spaziergang zum einsamen Sandstrand Braginí im Norden. Im Inselort haben hingegen am großen Strand Pórto auch Tagesausflügler genügend Zeit,

Oben: Die Wanderpfade von Othoní sorgen immer wieder für neue Blickwinkel, z. B. auf den Hauptort Ámmos.
Unten: Alte, gepflasterte Wege laden auf den Inselzwergen zu stillen Wanderungen in unberührter Natur ein.

Diapontische Inseln

um mit Blick auf die alte Windmühle
oberhalb des goldenen Sandes die Seele
baumeln zu lassen.

Othoní – westlichste Stelle

Othoní ist nicht nur die westlichste Insel des Landes, sondern mit 10,8 Quadratkilometern auch die
größte der Diapontischen Inseln. Anders als auf
den anderen Eilanden gibt es auf Othoní sogar
eine Grundschule, auch wenn sie im Schuljahr
2015/16 gerade mal drei Schüler zählte und ihr
Betrieb in Zukunft recht unwahrscheinlich ist. Auf
der Fahrt zum im Sommer von etwa 400 Menschen bewohnten Eiland steuern Ausflugsboote
meist die »Höhle der Kalypso« an, eine etwa
100 Meter lange und 20 Meter hohe, nur vom
Meer aus erreichbare Meeresgrotte an der Westküste. Dann legen sie wie die Fähren im Hauptört-
chen Ámmos an, in dem auch die wenigen Tavernen und Unterkünfte von Othoní liegen.

Vom westlichen Ende des Ortsrands können Erkundungsfreudige über einen Pfad ins Binnen-
dörfchen Chorió wandern. Die Stille wird nur von
Grillen und gackernden Hühnern durchbrochen.
Oliven, Zypressen, Wacholder, Salbei und unzählige Alpenveilchen säumen den Weg. Brombeer-
büsche verleiten zum natürlichen kulinarischen
Erlebnis. Die Schotterwege, die sich über die Insel mit ihrem 393 Meter hohen Berg Merovígli
und vielen weiteren Hügeln erstrecken, führen zu
winzigen Siedlungen mit steinernen Häuschen,
bunten Obstgärten und mit Weinreben bedeckten Hausruinen. Unbedingt sollten alle, die länger die Ruhe von Othoní genießen, den nur vom
Meer aus erreichbaren Strand Áspri Ámmos im
Südwesten besuchen. Fischerboote bringen Besucher vom Hauptort aus zu dem Strand, der sich
mit weißem Sand, gesäumt von schroffen Fels-

Geheimtipp

STILVOLL WOHNEN AM STRAND

Die Unterkünfte auf den Diapontischen Inseln überzeugen meist mit Ursprünglich-
keit und Einfachheit. Fündig werden jedoch auch alle, die es im Urlaub gern etwas komfortabler und ele-
ganter haben. Ein geschmackvolles Refugium mit modernem Flair ist das »Acantha Boutique Hotel«, das seine – meist italienischen – Gäste mit fünf hellen Zimmern und herrlichem Meerblick in bester Lage di-
rekt am Strand erwartet. Zwischen Unterkunft und Meer sorgen Hänge-
matten, Sofas, Strandbetten und eine Sonnenterrasse für herrliche Loungeatmosphäre.

Während zum Sonnenuntergang auf der Terrasse gute Cocktails serviert werden, kann man danach den Tag bei modernen mediterranen Gerichten im angeschlossenen Restaurant ausklingen lassen. Auf Anfrage kön-
nen Segeltörns organisiert werden.

Acantha Boutique Hotel.
Erikoússa, Pórto,
Tel. +39 34 59 51 98 54 (Italien),
www.acanthahotel.com

wänden und glasklarem, türkisfarbigem Wasser, als Postkartenidyll präsentiert. Lohnenswert sind außerdem Wanderungen zur Fíki-Bucht mit einem weiteren beliebten Strand im Norden und zum Kap Kastrí mit dem Leuchtturm von 1872 im Nordosten.

Mathráki – südlichste und kleinste Insel

Das lang gestreckte, gerade mal drei Quadratmeter große Mathráki, für dessen Umrundung man zu Fuß gerade einmal vier Stunden benötigt, liegt Korfu am nächsten, ist touristisch aber die am wenigsten erschlossene Insel. Einige Unterkünfte finden Besucher am Miniort Plákes, wo auch die Schiffe anlegen. Das üppig bewachsene Inselchen ist wie die größeren Schwestern ideal für Spaziergänge zwischen ein paar Miniatursiedlungen in Oliven- und Kiefernwäldern, in denen man auf frei laufende Ziegen und Fasane trifft. Zu Fuß erreicht man auf Mathráki auch Strände wie den zwei Kilometer langen, flach abfallenden Sandstrand Portélo, der sich idyllisch an der Ostküste erstreckt, und die zum Schnorcheln geeigneten Buchten der Westküste sowie den winzigen Fischerhafen Apidiés im Süden, der romantische Sonnenuntergänge garantiert.

Oben: Auf Othoní verbringt man den Urlaub in winzigen Weilern und an Stränden, die nicht überlaufen sind.
Unten: Winzige Weiler mit noch kleineren Anlegern prägen das Bild der Diapontischen Inseln.

Infos und Adressen

ESSEN UND TRINKEN

Antonis. Freundlich geführte Taverne, von der man bei leckeren Gerichten vom Grill und griechischer Hausmannskost gut das Geschehen beobachten kann. Othoní, am Hafen, Tel. 26 63 07 90 02.

Delfínia. Die einfache Taverne mit tollem Ausblick ist Treffpunkt von Einheimischen und Stammgästen, die hier Fisch und Meeresfrüchte genießen. Mathráki, am Hafen, Tel. 26 63 07 18 53.

ÜBERNACHTEN

Calypso. Hotel mit einfachen Studios, die einen herrlichen Blick auf das Meer versprechen und Platz für bis zu 4 Personen bieten. Othoní, Avlákia, Tel. 26 63 07 21 62, www.othonoi.gr

Corfu Paradise. Kleines Hotel mit einfachen Zimmern – auch für Familien – gleich am Strand mit Blick aufs Meer, Restaurant und Bar. Buchbar sind auch Bootsausflüge. Áno Pánta, Mathráki, Tel. 26 63 07 21 08, www.corfuparadise.com

Erikousa. Im hübschen Restaurant des gleichnamigen Hotels gibt es korfiotische und lokale Spezialitäten mit Olivenöl und Kräutern von der Insel. Erikoússa, Pórto, Tel. 26 63 07 15 55, www.hotelerikousa.gr

INFORMATION

Anfahrt Tagestouren. Meist nur zwischen Juni und Sept. von Ágios Stéfanos Avlóiton (S. 114) über Sidári (S. 112) nach Eríkoussa Mi, Sa, So (9.15–16.45 Uhr), bei genügend Nachfrage auch nach Mathráki und Othoní mit San Stefano Travel in Ágios Stéfanos, Abzweigung zum Hafen, Tel. 26 63 05 17 71, www.san-stefano.gr

Anfahrt mit Personenfähre. Die kleine Personenfähre Pégasos verbindet die Inseln ganzjährig mit Ágios Stéfanos Avlóiton. Aktuelle Fahrplanauskunft nur telefonisch und online: Aspiotis Lines, Tel. 26 61 09 14 31, www.aspiotislines.gr

Anfahrt mit Autofähre. Von Korfu-Stadt fährt die kleine Autofähre Aléxandros K II ganzjährig. So ist im Sommer ein Tagesausflug mit 3-stündigem Aufenthalt auf Othoní möglich. Infos nur direkt am Schiff am Hafen oder beim Hafenamt: Tel. 26 61 04 55 51 und 26 61 36 52 00, www.corfuport.gr

Bei schlechtem Wetter können die Boote ihre Fahrpläne oft nicht einhalten.

LEFKÁDA UND MEGANÍSI

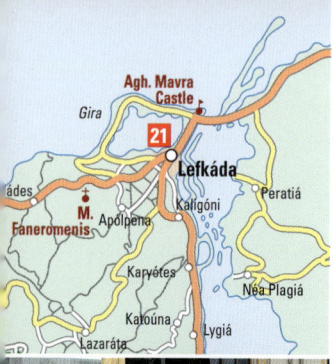

21 Lefkáda-Stadt
Authentische griechische Kleinstadt

Lefkáda-Stadt erstreckt sich auf einer kleinen Halbinsel an der Nordspitze der Insel und wird – anders als die übrigen Inselhauptstädte des Archipels – nicht von jahrhundertealter Noblesse, sondern von Ursprünglichkeit, quirligem Leben und in der Altstadt mit ihrer lebhaften Fußgängerzone von eigenwilliger Architektur geprägt. Im Südosten schließt sich einer der wichtigsten Jachthäfen der Ionischen Inseln an.

Lefkáda, ursprünglich eine Halbinsel, wurde erst in der Antike durch einen angelegten Kanal vom griechischen Festland getrennt. Schon lange ist die Insel im Norden der kleinen Hauptstadt aber durch eine schwimmende, aus einem alten Schiffsrumpf bestehende Brücke mit dem Festland verbunden. Zwischen 8 und 22 Uhr dreht sich die Brücke kurz und öffnet jede volle Stunde die Klappen für die Schiffe, die den engen Kanal passieren möchten. Zu allen anderen Zeiten, können Autos und Fußgänger Lefkáda bequem über zwei sich anschließende Wege erreichen: einerseits über einen Damm und andererseits über eine Landenge. Beide Strecken umschließen eine seichte Lagune, die zum reizvollen Flair von Lefkáda-Stadt beiträgt und sich am frühen Abend für gemütliches Flanieren am Wasser oder zum Joggen anbietet. Zum Sonnenuntergang wird es dort besonders romantisch.

Vorangehende Doppelseite: Nidrí ist Lefkádas beliebtester Urlaubsort. **Oben:** In der Fußgängerzone kann man gut das Treiben beobachten. **Unten:** Geschäfte und Souvenirshops lassen Shopping-Herzen höher schlagen.

Über die Uferstraße bis zur Altstadt

Am schnellsten erreicht man Lefkáda-Stadt über den Damm, der im Süden auf die von Hotels und

Lefkáda-Stadt

Autovermietungen gesäumte Platía Sikelianoú mündet. Von dort geht es rechts zur gleichnamigen Flanier- und Ausgehmeile der Stadt, die sich an die Lagune schmiegt und von restaurierten, aber auch verfallenen traditionellen Häusern gesäumt wird; links führt die Odós Alékou Panagoúli über die von Tavernen gesäumte Uferstraße Dimitríou Golémi, die auch Paralía genannt wird, zur Marina, in der unzählige Segelschiffe vor Anker liegen. Die Altstadt der Inselmetropole erstreckt sich dazwischen und wird von der stimmungsvollen Odós Gouliélmou Dérpfeld (im späteren Verlauf Odós Ioánnou Melá) genannten, autofreien Einkaufsstraße durchquert. Interessant ist die Architektur der Altstadt mit traditionellen Häusern aus dem 19. Jahrhundert.

Lefkádas eigenwillige Architektur

Die traditionelle Architektur von Lefkáda kann man besonders gut in und rund um die Odós Dérpfeld sowie an der Uferstraße Sikelianoú bestaunen. In der Altstadt, die in den letzten Jahrhunderten verheerenden Erdbeben ausgesetzt war, musste eine Bauweise her, die erdbebensicher war. Für ein stabiles Fundament der flachen Häuser nutzte man ganze Baumstämme, die mit Teer und einer Mischung aus Sand, Stein und Porzellanstaub eingerieben wurden. Auffallend ist das traditionell aus Naturstein bestehende Erdgeschoss. Die obere Etage wurde aus leichterem Holz erbaut, dessen Zwischenräume mit einem speziellen Gemisch aus Backsteinstücken, Sandschlamm, Kalk und Porzellan gefüllt wurden, sodass genügend Flexibilität gewährleistet war. Verkleidet wurde das Obergeschoss dann mit farbenfrohen, meist in Pastelltönen lackierten Wellblechen, die der Stadt bis heute ein unvergleichliches Flair verleihen.

Einfach gut !

STÄDTISCHE STRANDVIELFALT

Fußläufig erreichbare Strände rund um die Lagune sorgen im Norden der Stadt für ausgiebige Badeerlebnisse. Nahe der Brücke ist zunächst die sanft vom Meer umspülte Sandzunge Ammóglossa mit Blick aufs Festland ideal zum Sonnenbaden. Gen Westen erstreckt sich an der Nehrung der weitläufige, mit Felsen bespickte Sandstrand Gyra, der gern von Einheimischen besucht wird. Die Westseite der Lagune wird von den zusammen etwa 4,5 Kilometer langen Grobsand-Kies-Stränden Míli und Ágios Ioánnis geprägt. Ersterer verdankt den Namen vier von einst zwölf Windmühlen, die dort für ein idyllisches Bild sorgen. Die guten Windverhältnisse und das seichte Wasser wissen an diesen Stränden zahlreiche Kitesurfer zu schätzen. Am südlichen Ende begeistert die Küste schließlich in den gewohnten Farbkontrasten des Archipels – gebildet aus hellem Strand, blau-grünem Meer und grünen Hängen.

Ágios Minás und andere Kirchen

Beim Streifzug durch die gepflasterte Odós Dérpfeld, die von Einheimischen auch Agorá genannt wird, fällt eine weitere Eigenheit in der Architektur der Altstadt auf, die mit den oft privaten und somit verschlossenen Kirchen zusammenhängt. Die Gotteshäuser zeugen wie die prächtige Kirche Pantokrátoras häufig von einer barocken Fassade und gotischen Stilelementen. Da einige Glockentürme der Kirchen Erdbeben zum Opfer gefallen sind, wurden sie durch Glockentürme aus Stahl ersetzt. Die ursprünglich provisorisch aufgestellten Eisengerüste mit den auffälligen Ziffernblättern vor den spröden Kirchenfassaden ließ man stehen, sodass zwischen den bunten Häusern eine Art industrielles Vintage-Flair entsteht. Eine der wenigen geöffneten Kirchen, an der eins dieser Stahlgerüste steht, ist Ágios Minás am Ende der Fußgängerzone. Die im Jahr 1707 erbaute Kirche ist ein gutes Beispiel für den ionischen Barock, der zu dieser Zeit auf der Insel üblich war. Im Inneren begeistert die kunstvoll geschnitzte, vergoldete Altarwand, in der zahlreiche Ikonen eingefasst sind, und die Deckenmalereien, die Kopien von Gemälden des Malers Nikólaos Doxáras (ca. 1706/1710–1775) sind, einem der wichtigsten Maler in der ionischen Sakralmalerei. Die Decke der Kirche fiel 1977 einem Brand zum Opfer und musste danach wieder neu errichtet und bemalt werden.

Ein Bummel durch die Fußgängerzone

Die Einkaufsstraße entzückt aber nicht nur mit der Architektur. Beim Flanieren durch die lebhafte Einkaufsstraße trifft man auf viele Geschäfte, in denen Kunsthandwerk und regionale Spezialitäten wie die luftgetrocknete Salami (*salámi aéros*) ver-

Rundgang durch die Inselhauptstadt

Wer sich nicht in Lefkáda-Stadt einquartiert hat, kann die Inselmetropole auch im Rahmen eines Tagesausflugs besichtigen. Die Museen sollte man am Vormittag besichtigen. Schläft man lieber aus, sollte man erst die Festung und das Archäologische Museum besuchen und am Nachmittag die Museen und Kirchen in der Altstadt.

Ⓐ Platía Sikelianoú – Der Bummel beginnt am Dreh- und Angelkreuz der Stadt.

Ⓑ Platía Ethnikís Antistáseos – Der zentrale Hauptplatz ist zu jeder Zeit eine Rast wert.

Ⓒ Fokloremuseum – Landwirtschaftliche Geräte und vieles mehr. April–Okt. Di–So 10–13 und 19–22 Uhr, Nov.–März So 11–13.30 Uhr, Odós Stefanítsi 2, Tel. 26 45 02 27 78.

Ⓓ Phonografisches Museum – Eine umfangreiche Sammlung. März–Okt. 10–14 und 19–24 Uhr, Odós Kalnáki 2, Lefkáda-Stadt, Tel. 26 45 02 10 88.

Ⓔ Stadtbücherei und Ikonensammlung – Sammlung postbyzantinischer Ikonen. Di–Sa 8.30–13.30 Uhr, April–Sept. auch Di–Sa 18–20.30 Uhr, Odós Rontogiánni 11, Tel. 26 45 02 25 02, www.lefkaslibrary.gr (nur griechisch).

Ⓕ Kirche Pantokrátoras – Die Kirche ist nur am 6. August und am 21. Mai geöffnet. Odós Ioánnou Melá, Lefkáda-Stadt, nicht zugänglich.

Ⓖ Kirche Ágios Minás – Die heutige Form bekam das Gotteshaus Mitte des 18. Jh. Tagsüber geöffnet, Odós Ioánnou Melá, Lefkáda-Stadt.

Ⓗ Archäologisches Museum – Funde zeugen vom antiken Alltag. Di–So 8–15 Uhr, Odós A. Sikelianoú/ Odós Svorónou, Lefkáda-Stadt, Tel. 26 45 02 16 35.

Ⓘ Festung Agía Mávra – Die Festung wurde im 14. Jh. erbaut. Di–So 8–14.30 Uhr (können variieren), am Nordende des Kanals an der Brücke.

Oben: Ein Muss für Archäologie-Fans ist das Archäologische Museum in Lefkáda-Stadt.
Unten: Einige autofreie Straßen laden in der Altstadt zum Flanieren ein.

kauft werden. In Cafés, urigen Kaffeehäusern und Tavernen, die nicht nur die Einkaufsstraße, sondern auch den zentralen Platz Ethnikís Antistáseos (auch: Platía Agíou Spirídona) säumen, prägen Einheimische jeden Alters das Bild. Während ältere Herren sich mit den griechisch-orthodoxen Popen in ihren dunklen Gewändern beim griechischen Mokka (*kafés ellinikós*) über Gott und die Welt unterhalten, wissen die jüngeren Griechen das kostenlose WLAN in den Cafés zu schätzen.

Kleine, charmante Museen

Wer sich in Lefkáda-Stadt ein bisschen über die inseltypische Kunst und Kultur informieren möchte, kann in den kleinen Gassen rund um die Fußgängerzone drei interessante, gut ausgeschilderte Museen besuchen. In der Stadtbücherei, die in einer klassizistischen Villa von 1880 untergebracht ist, werden kostbare postbyzantinische Ikonen aus dem 16. bis zum 19. Jahrhundert und uralte Schriften ausgestellt. Außergewöhnlich ist das kleine, private Phonographische Museum in der Odós Kalkáni. Im

Blick auf die Lagune über die Dächer der Stadt

Museum von Tákis Katapódis werden außer alten Grammophonen auch Schallplatten, Kameras, das erste Radio der Insel sowie alltägliche Gebrauchsgegenstände aus lefkadischen Haushalten präsentiert. Lohnenswert ist für Interessierte außerdem ein Blick in das bereits 1937 gegründete Folkloremuseum des Musikvereins Orpheus, in dem Trachten und andere Gegenstände vom Leben und der Landarbeit auf Lefkáda berichten.

Archäologisches Museum

Das Museum zeigt in vier modern arrangierten Räumen archäologische Fundstücke, die u.a. vom deutschen Archäologen Wilhelm Dörpfeld (1853–1940) auf Lefkáda gemacht wurden. Die bronzezeitlichen Funde des Archäologen sind in einem Raum untergebracht, in dem Fotos auch seine Tätigkeit auf der Insel dokumentieren. In den anderen Räumen werden das Leben, der Apollonkult und der Tod in der Antike dokumentiert. Vom antiken Alltag berichten u.a. Münzen, Reproduktionen von Instrumenten und eines Webstuhls sowie Getreidemühlen.

Nicht verpassen

FOTOSHOOTING ZWISCHEN RUINEN

Dass die Inselhauptstadt im Mittelalter nicht auf Lefkáda selbst, sondern auf der anderen Seite der Lagune, also am Festland an der Brücke, lag, bezeugt bis heute die Burganlage Agía Mávra (auch: Santa Maura). Sie diente in venezianischer Zeit nicht nur dem Schutz der Insel, sondern auch als Hauptstadt. Weithin sichtbar ragen die Festungsmauern des Bollwerks aus der Lagune. Davor sitzen am Ufer Fischer an bunten Booten. Hinter ihnen scheinen Kanonen, die aus den Mauern hervorschauen, weiterhin das uralte Festungswerk zu beschützen. Da bei einer Pulverexplosion im 19. Jahrhundert die einstigen Bauten im überwucherten Inneren der Festung bis auf Teile einer Kirche zerstört wurden, lohnt der Besuch vor allem wegen der wildromantischen Stimmung, die man besonders gut auf Urlaubsfotos festhalten kann – zumindest, wenn die Burg gerade geöffnet ist.

Infos und Adressen

Das »Boschetto« am Anfang der Fußgängerzone

ESSEN UND TRINKEN

Fríni sto mólo. Gleich am Jachthafen gelegenes Restaurant mit klassischen sowie kreativen *mezédes* und Hauptspeisen, egal, ob Fisch, Fleisch oder vegetarisch, z.B. Salat mit Wassermelone, mit Feta-Käse gefüllte Blätterteigtaschen mit Honig und Ouzo oder hausgemachte Pasta mit Landwurst. Odós Golémi 12, Tel. 26 45 02 38 79.

Margaríta. In der hübsch und modern gestalteten Taverne mit Blick auf die Marina essen Einheimische und Segler Fisch und Meeresfrüchte, aber auch traditionelle griechische Hausmannskost zu einem guten Preis-Leistungs-Verhältnis. Nördliches Ende der Uferstraße Dimitríou Golémi, Lefkáda-Stadt, Tel. 26 45 02 22 32.

Thymári. Das stilvollste Restaurant der Stadt entzückt mit der blumenreichen Hinterhofkulisse, in der sich Feinschmecker über mediterrane Gerichte und auserwählte Weine freuen. Besonders gut munden die hausgemachten Tagliatelle mit Muscheln, Paprika, Feta-Käse und Safran, die Frikadellen aus Sardellen oder das Rinderfilet mit Thymian-Sauce. Reservierung empfehlenswert.

Juni–Sept. tgl. ab 20 Uhr. Odós Pinelópis 19, Tel. 26 45 02 22 66, www.thymari-lefkada.gr

To loukoumadáki. Ein Paradies für Süßmäuler ist das winzige Lokal, in dem es die köstlichen frittierten Hefeteigbällchen *loukoumádes* in verschiedenen Varianten, z.B. klassisch mit Honig, mit dunkler oder heller Schokolade oder mit Eis gibt. Odós Ioánnou Melá 166, Lefkáda-Stadt, Tel. 26 45 10 20 80.

ÜBERNACHTEN

Boschetto. Das kleine, charmante Hotel ist eine stilvolle Übernachtungsmöglichkeit in zentralster Lage und überzeugt mit gutem Frühstück und hellen, geschmackvoll eingerichteten Zimmern. Am schönsten sind die Zimmer mit Blick auf die Lagune. Derpfelt 1, Lefkáda-Stadt, Tel. 26 45 02 02 44, www.boschettohotel.com

Olivastro Villa. Ruhig außerhalb der Altstadt gelegenes und freundlich geführtes Haus innerhalb einer weitläufigen, mit Olivenbäumen bepflanzten Gartenanlage mit Pool und Spielplatz, in dem acht farbenfrohe und gemütlich eingerichtete Apartments und Suiten untergebracht sind. Panagía Vlachernón, Lefkáda-Stadt, Tel. 69 74 74 91 48 (mobil), www.olivastrovilla.gr

Pirofani. Das moderne Boutique-Hotel im Herzen der Altstadt ist ideal für alle, die gern mitten im Geschehen sind. Man wohnt in originell und schick eingerichteten Zimmern, am schönsten mit Blick auf die Einkaufsstraße, und bekommt gute Tipps vom hilfsbereiten Personal. Odós Derpfelt 10, Lefkáda-Stadt, Tel. 26 45 02 58 44, www.pirofanilefkada.gr

AUSGEHEN

Kárma. Tagsüber treffen sich in der quirligen Café-Bar die jungen Leute zum Café, abends, wenn DJs auflegen oder griechische Pop-Sänger einen Auftritt haben, zum ausgelassenen Clubbing. Odós Sikelianoú 1, Lefkáda-Stadt.

Pavezzo Vintage Bar. Tagsüber ein beliebter Treffpunkt für sehr guten Kaffee, abends beliebte Bar mit Vintage-Atmosphäre für einen Drink oder Cocktail bei Jazz, Soul und Funk. Tgl. ab 10 Uhr. Odós Dérpfelt 23, Lefkáda-Stadt,

Tarátsa Open. Auf der Dachterrasse der Taverne Margaríta genießt man in der Rooftop-Bar gute Cocktails und Drinks unter dem Sternenhimmel mit Blick auf die Segelboote im Hafen. Tgl. ab 18 Uhr. Nördliches Ende der Uferstraße Dimitríou Golémi, Lefkáda-Stadt.

EINKAUFEN

Destillerie Fragoúlis. Im urigen Laden der ältesten Destillerie der Insel werden seit 1945 griechische und inseltypische Spirituosen auf althergebrachte Weise gebrannt. Es gibt Ouzo, Cognac und verschiedene Liköre wie den regionalen Kräuterlikör *rozolí* oder den Mastix-Likör *mastícha.* Odós Mitropóleos 4, Tel. 26 45 02 23 68, www.fragoulis.com

Delimári. Landesweit ist Lefkáda für die inseltypischen Wurstwaren bekannt. Die *salámi aéros* ist ideal fürs Frühstück in der Ferienwohnung oder luftdicht verpackt auch beliebtes kulinarisches Andenken für zu Hause. Odós 8is Merarchías, Tel. 26 45 02 34 31, www.delimari.gr

Cafés und Tavernen laden zum Verweilen ein.

Große Auswahl in der Destillerie »Fragoúlis«

AKTIVITÄTEN

Aramis Farm. Bei der Schwedin Janet Nikolesis-Berglund kann man Reitausflüge und Reitstunden – auch für Kinder – buchen. Ausflüge wie die 2,5-stündige Tour vom Reitstall im Dorf Apólpena nach Lefkáda-Stadt, wo man entlang der Lagune und dem Strand Ágios Ioánnis dem Sonnenuntergang entgegenreitet, oder ein Ausritt in den Olivenhainen rund um das Dorf lassen Reiterherzen höherschlagen. Vorausbuchung erforderlich. Apólpena (ausgeschildert), 3 km südlich von Lefkáda-Stadt, Tel. 69 38 81 61 64.

Milos Beach Resort. Seit 25 Jahren ist das Resort für Kitesurfer und Surfer eine feste Adresse an einem der beiden Spots Lefkádas, wenn es um Wind und Wellen geht. Wassersportler bekommen alles, was das Herz begehrt: kompletten Surf- bzw. Kitesurf-Urlaub, Unterbringung, diverse Surf- und Kitesurf-Kurse, Material, Fly- und Hoverboards. Zwischen Mili- und Ágios-Ioánnis-Strand auf Höhe der südwestlichen Ecke der Lagune, Lefkáda-Stadt, Tel. 26 45 02 13 32, www.milosbeach.gr

INFORMATION

EOT Touristen-Information. Marina, Lefkáda-Stadt, Tel. 26 45 02 52 92, www.lefkada.gr

SEGLERREVIER
Odysseus auf der Spur

Segeln im Ionischen Meer verspricht viel Spaß für die ganze Familie.

Eine tolle und beliebte Art, die Ionischen Inseln kennenzulernen, ist eine Tour mit dem eigenen oder gecharterten Segelboot oder mit dem Katamaran, egal, ob mit oder ohne Skipper. Ruhige Winde und kurze Tagesetappen machen aus dem Archipel – auch für Segelanfänger und Familien – ein traumhaftes Revier. Am liebsten starten Segler zu den meist ein- oder zweiwöchigen Törns von Korfu oder Lefkáda aus.

Anders als bei den griechischen Seglerdestinationen in der Ägäis, wo das offene Meer oft schwierige Passagen einschließt, sind die Ionischen Inseln als besonders ruhiges und familienfreundliches Revier bekannt, aber auch bei ambitionierten Seglern sehr beliebt. Auch sind die Gewässer geschichtsträchtig: Der antike Held Odysseus soll nach der Belagerung von Troja von den Göttern jahrelang durch diese Gewässer getrieben worden sein, bis er seine Heimatinsel Ithaka erreichte.

Beim Flottillensegeln treffen Segler auf Gleichgesinnte.

Schönwetterwind Maístro

Heute bestimmen nicht die Launen der Götter, sondern die Segler selbst und der Maístro – der für den Archipel typische Nordwind – den Rhythmus im Ionischen Meer. Wie die Urlaubssaison an Land währt die Segelsaison von Mai bis Oktober. Zu dieser Zeit herrscht in der Regel der Schönwetterwind aus Nordwest, der verbunden mit stabilem Hochdruck für ideale Wetterbedingungen sorgt. Er stellt sich erst am späten Vormittag ein und erreicht am Nachmittag kaum mehr als 5 Beaufort. Zum Sonnenuntergang flaut der Maístro dann wieder ab. Da die Ionischen Inseln parallel zur Festlandsküste liegen, bieten sie auch bei seltenem, unruhigem Wetter guten Schutz vor Wind und Seegang. Vor allem südwestlich von Lefkáda erinnert das Meer eher an Binnengewässer.

Inselhopping

Segler haben die Möglichkeit, das Inselhopping ganz nach Belieben zu gestalten. Sie können abgelegene Ankerplätze, Traumstrände, die interessante Unterwasserwelt und bei Landgängen idyllische Dörfer erkunden. Wer den Segeltörn von Lefkáda startet, kann in einer Woche gut Meganíssi, Ithaka und Kefaloniá ansteuern. Wer zwei Wochen Zeit hat, sollte von Korfu aus gen Süden segeln und somit Páxos und Antípaxos mit einplanen.
Infos: Léfkas Marina (Lefkáda-Stadt, Lefkáda) und Gouviá Marina (Gouviá, Korfu): www.medmarinas.com
Charter: Istion Yachting. Gouviá Marina, Gouviá, Korfu, Tel. 26 61 09 16 10 und Léfkas Marina, Lefkáda-Stadt, Lefkáda , Tel. 26 45 10 01 99; www.istion.com
Meganísi Sailing. Basis am Fanári-Strand (Meganísi). Kontakt in Hilden (Deutschland), Tel. +49 21 03 41 73 46, www.meganisi-sailing.de

22 Ágios Nikítas bis Kalamítsi
Urlaub an der Westküste

Nur wenige Kilometer südlich von Lefká-da-Stadt zeigt sich die Insel von ihrer wilden Seite. Die schroffe Steilküste wird von herrlichen Stränden durchbrochen, die fast alle gut auch mit dem Auto erreichbar sind. Wer hier den Urlaub verbringt, quartiert sich in Ágios Nikítas oder am Káthisma-Strand ein. Lohnenswert sind in der Umgebung die Besuche des Klosters Faneroménis und des Dörfchens Kalamítsi.

Wer sich von Lefkáda-Stadt auf den Weg zur Westküste aufmacht, passiert zunächst das hoch am Hang gelegene Kloster Faneroménis, dessen Geschichte bereits auf 63 n. Chr. zurückgeht, als an der Stelle eines Artemis-Tempels eine Marienkirche erbaut wurde. Helfer des Apostels Paulus verbreiteten damals auf Lefkáda das Christentum. Seine heutige Form bekam der Konvent erst im 17. Jahrhundert, auch wenn die Gebäude, die noch von zehn Mönchen bewohnt werden, aufgrund der verbrannten Vorgängerbauten rund 200 Jahre jünger sind.

Kloster Faneroménis

Ein Halt lohnt beim Kloster, das der Muttergottes geweiht ist, wegen des blumenreichen Gartens und des herrlichen Ausblicks auf die Küste und die Inselhauptstadt. Die Gläubigen, die es besuchen, kommen wegen einer als wundertätig geltenden Marienikone. Sie ersetzte Ende des 19. Jahrhunderts eine ältere Ikone, der das Kloster auch den Namen Faneroménis, also »die Erschienene«, verdankt. Dem Maler der älteren Ikone soll auf dem Holzbrett das Bildnis der Muttergottes, die Schutzheilige der Insel

Oben: Das Ferienörtchen Ágios Nikítas verspricht unbeschwerte Urlaubstage am Meer.
Unten: Das Kloster Faneroménis liegt eingebettet in schöne Natur.

ist, erschienen sein, sodass er nur noch die Farben hinzufügen musste. An die neue Ikone, die eine Kopie des Vorgängers ist, hängen die Gläubigen Votivtäfelchen. Einen Blick lohnt das angeschlossene Sakralmuseum mit alten Ikonen, Schriften und liturgischen Geräten – auch aus anderen Kirchen der Insel.

Ágios Nikítas

Zentrum des Geschehens ist an der nördlichen Westküste das einstige Fischerdorf Ágios Nikítas, das heute einer der beliebtesten Urlaubsorte der Insel ist. Wer im von grünen Hügeln umrahmten, blumenreichen Örtchen, in dem es zwischen Mitte Juli und Mitte August ziemlich voll werden kann, Urlaub macht, genießt vor allem die Lage. Schnell sind von Ágios Nikítas viele Strände und die Dörfer im Hinterland erreichbar; Lefkáda-Stadt liegt nur 13 Kilometer entfernt. Geprägt wird Ágios Nikítas von der mit Naturstein gepflasterten, autofreien Straße, die zur kleinen Bucht mit dem Kiessandstrand des Örtchens führt. In traditionellen Häusern sind zahlreiche Tavernen, Geschäfte und Bars untergebracht. Kleine Hotels liegen drum herum.

Strände Pefkoúlia und Mílos

Gleich nördlich von Ágios Nikítas schließt sich der lange und recht steil abfallende Kiessandstrand Pefkoúlia an. Schöner ist jedoch der sich hinter dem südlichen Kap erstreckende und mit dem Auto nicht erreichbare Mílos-Strand, zu dem regelmäßig Taxiboote vom kleinen Hafen fahren. Wer lieber ein wenig die Gegend erkunden möchte und festes Schuhwerk trägt, geht zu Fuß. Die etwa 20-minütige Wanderung führt über einen Pfad, beginnend an der Taverne »Milos« in Ágios Nikítas, und verläuft zwischen Olivenhainen mit uraltem Baumbestand über das Kap. Der lange,

»Einfach mal nichts tun« – das Motto am Káthisma-Strand

touristisch unerschlossene Strand gehört mit hellen, kleinen Kieselsteinen und dem in jeglichen Blau- und Grüntönen schimmernden, tiefen Wasser zu den schönsten der Insel, und obwohl er längst kein Geheimtipp mehr ist, hat man ihn außerhalb der Hochsaison noch fast für sich allein.

Strand Káthisma und der Ort Kalamítsi

Etwa 1,7 Kilometer südlich von Ágios Nikítas zweigt eine Stichstraße zu einem der meist besuchten Strände Lefkádas ab. Der etwa zwei Kilometer lange Kiessandstrand Káthisma zieht mit modernen Strandbars, teilweise mit Pools, großem Wassersportangebot, Restaurants, Apartmenthäusern und Campingplätzen besonders viele junge Leute an. Der weitläufige Káthisma-Strand lockt aber nicht nur mit quirligem Strandleben, sondern auch mit faszinierenden Farbkontrasten durch jegliche Blaunuancen und der oft wilden Brandung.

Oben: Um einfach mal die Seele baumeln zu lassen, ist Káthisma ideal.
Mitte: Am Káthisma-Strand gibt es alles, was das Urlauberherz begehrt.
Unten: Zeit für ein Fotoshooting am Pefkoúlia-Strand

Wer es lieber idyllischer mag, fährt etwas weiter südlich, bis Kalamítsi, wo man hoch über der Küste Urlaub in Apartments mit herrlichem Ausblick machen kann und das für den guten Thymianhonig bekannt ist. Von dort führen von Olivenhainen gesäumte, teilweise sehr enge Serpentinen gleich zu drei Stränden hinunter. Außer dem hellblau schimmernden Meer sorgen an den Stränden und im Wasser stehende Felsen für eine grandiose Kulisse.

Infos und Adressen

SEHENSWÜRDIGKEITEN

Kloster Faneroménis. Mit Sakralmuseum. Tgl. zwischen Sonnenaufgang und Sonnenuntergang, 14–16 Uhr geschlossen. An der Straße zwischen Lefkáda-Stadt und Ágios Nikítas, 4 km südlich von Lefkáda-Stadt.

ESSEN UND TRINKEN

Areia. In der stylischen Strandbar mit Pool kann man nicht nur süßes Nichtstun und gute Cocktails genießen, sondern auch Gerichte wie Schweinesteak mit leichter Zitronen-Pfeffersauce oder Linsen aus der Region mit Gemüse und Schafskäse. Káthisma-Strand, Tel. 26 45 09 71 05, www.areia.gr

To Portóni. Leckere *mezédes* und lokale Spezialitäten im hübschen Garten oder gleich an der Hauptgasse mit Blick auf das Meer. Die wechselnde Hausmannskost wie kleine Nudeln mit Oktopus

Kurz innehalten kann man im Kloster Faneroménis.

oder *stifádo* kann man aus der Vitrine auswählen. Ágios Nikítas, Hauptgasse, Tel. 26 45 09 71 20.

ÜBERNACHTEN

Lefkas Petra. Recht neue, ruhig gelegene Anlage mit 12 Doppelzimmern und gepflegtem Poolbereich mit tollem Blick über den Ort auf das Meer. Besitzerin Ioánna kümmert sich sehr hilfsbereit mit ihrem Team um die Gäste. Ágios Nikítas, am südlichen Hang oberhalb des Ortskerns, Tel. 26 45 09 71 65, www.lefkaspetra.gr

Theocháris Bros. Einfache 2- und 3-Bettzimmer mit kleiner Kochnische, Balkon und Meerblick, angeschlossenem Restaurant und Pool direkt am Strand. Im Apartment mit 5 Betten haben auch Familien genügend Platz. Káthisma-Strand, nördliches Strandende, Tel. 26 45 09 70 50, www.kathisma.com

AKTIVITÄTEN

Lefkáda Paragliding. Fallschirmsegeln, z.B. auch für Unerfahrene als Tandemflug für 75 €. Mit erfahrenen Piloten startet man im Dorf Exánthia neben der Taverne »Ráchi« und landet am Káthisma-Strand. Káthisma-Strand, Tel. 69 41 41 58 01, www.lefkadaparagliding.gr

In Kirchen erwartet man angemessene Kleidung.

23 Kariá
Regionale Traditionen

Das große Bergdorf in einem tiefgrünen Hochtal auf etwa 500 Metern Höhe ist als eins der ursprünglichsten und für viele auch eins der schönsten Dörfer von Lefkáda beliebtes Ausflugsziel im Landesinneren. Das von rund tausend Einwohnern bewohnte Bergdorf ist ein idealer Ort, um sich einen guten Eindruck von der traditionellen Dorfarchitektur und der lefkadischen Handarbeitskunst, der Stickerei, zu verschaffen.

Unzählige Zypressen und Olivenhaine säumen das idyllische und gleichzeitig lebendige Bergdorf Kariá, das von Hügeln umgeben in einem Hochtal im Norden Lefkádas liegt. Auf dem Dorfplatz mit dem steinernen Brunnen und den uralten Platanen trifft sich Jung und Alt. Dort sitzen die älteren Herren noch mit dem Dorfpopen Tag für Tag in den traditionellen Kaffeehäusern und sprechen bei einem griechischen Mokka über Gott und die Welt. Die ein oder andere ältere Frau in der traditionellen Tracht kann man freundlich zu einem Foto bitten.

Dorfplatz und Mühlenruinen

Es lohnt ein Blick auf die nahe dem zentralen Dorfplatz gelegene Kirche Ágios Spirídonas mit dem schönen Glockenturm aus dem späten 19. Jahrhundert. Rund um die Platía mit einigen gemütlichen Tavernen werden viele gepflasterte Gassen noch von alten, zweistöckigen Steinhäusern mit roten Ziegeldächern gesäumt. Mit ihren vergitterten Türen und blumenreichen Innenhöfen sind sie ideale Fotomotive. Die verstreut rund um

Oben: Immer wieder eröffnen sich aus der Bergwelt Lefkádas tolle Panoramen aufs Meer.
Unten: Im Museum María Koutsochéro wird von den vielen Traditionen des Bergdorfs berichtet.

das Dorf stehenden Ruinen von Wind- und Wassermühlen zeugen davon, dass in Kariá noch bis Mitte des 20. Jahrhunderts viel Getreide gemahlen wurde – auch von den Einwohnern der umliegenden Dörfer. Während der Wind vorwiegend im Sommer für den Betrieb der Mühlen verwendet wurde, war die Wasserkraft in den regenreichen Wintern von Nutzen. Entlang vieler Pfade können Naturfreunde und Ruhesuchende in und rund um das Dorf spazieren gehen, die Mühlen entdecken und die Stille genießen. Dass Traditionen den Dorfbewohnern sehr wichtig sind, beweist auch die jährlich stattfindende traditionelle Dorfhochzeit Anfang August, die zahlreiche Besucher anlockt.

Traditionelle Handarbeiten

Besonders stolz sind die Einheimischen jedoch auf die landesweit bekannten Handarbeiten. Die Dorffrauen von Kariá sind besonders für ihre außergewöhnlichen Stickarbeiten bekannt und haben in diesem Bereich eine lange Tradition. Die im 19. Jahrhundert selbst entwickelte Technik *karsaniki veloniá*, also der »Stich von Kariá«, führte dazu, dass Anfang des 20. Jahrhunderts eine Schule für Stickarbeiten im Dorf eröffnete, von der sogar das spanische Königshaus Waren bezogen hat. Wer Interesse an den kleinen Kunstwerken hat und bestickte Tischdecken, Taschen oder Vorhänge kaufen will, wird in vielen Läden in Kariá fündig. Außer Textilien mit traditionellen Stickereien bekommt man auch gehäkelte Decken oder Taschen und Webarbeiten. Interessant ist auch ein Blick ins örtliche Volkskundemuseum, das in der ehemaligen Stickerei-Schule untergebracht ist und sich neben dem Dorfalltag im 19. Jahrhundert natürlich auch der Handarbeitskunst von Kariá widmet und vom Ursprung der Stickerei und den speziellen Techniken berichtet.

Geheimtipp

URLAUB FÜR NOSTALGIKER

Wer ein paar Tage in den Bergregionen verbringen möchte und trotzdem die Nähe zur Küste und Lefkáda-Stadt zu schätzen weiß, ist im stillen Dorf Katoúna gut aufgehoben. Der kleine, verwunschene Komplex bestehend aus zehn Unterkünften in restaurierten Steinhäusern aus dem 19. Jahrhundert ist eine kleine Oase für Ruhesuchende, Romantiker, aber auch für Familien. Die unterschiedlich großen Wohneinheiten im Vintage-Stil, teilweise mit Kamin oder Pool, sind mit vielen antiken Möbelstücken aus aller Welt, Himmelbetten und Alltagsgegenständen aus alten Zeiten eingerichtet. In der Maisonette Agioklima gibt es auch einen außergewöhnlichen, in den Felsen eingelassenen Jacuzzi. Die in idyllischen Gärten liegenden Terrassen bieten eine herrliche Aussicht auf die von Olivenbäumen, Kiefern und Zypressen bedeckte Hügellandschaft.

Pavezzo Country Retreat. Katoúna, Tel. 26 45 07 17 83, www.pavezzo.gr

Beliebtes Souvenir: handgemachte Textilien aus Kariá

Bergdörfer in der Umgebung

Wer noch mehr Bergdorfluft schnuppern möchte, kommt bei einer Fahrt durch das Binnenland rund um Kariá voll auf seine Kosten. In Serpentinen schlängeln sich die Straßen durch die Bergland- schaft und sorgen immer wieder für atembe- rabende Aussichten auf die Küste. Südlich von Kariá ist das höchstliegende Dorf der Insel, Eglouví, die bekannteste Adresse für Linsen in Griechenland. Dort trifft man noch auf Landwirte und Dorffrau- en, die die Hülsenfrüchte in den Gassen vor dem Haus reinigen und Steine aussortieren. Rund um das Dorf prägen die terrassenartig angelegten Fel- der die Hochebene. Eglouví reizt aber auch mit den gepflasterten Gassen, den alten Steinhäusern mit den gewölbten Toren und der Ursprünglichkeit.

Nordöstlich von Kariá reizt das idyllische Dorf Ka- toúna Naturfreunde und Wanderer zu einem Be- such. Das Dorf mit den uralten, steinernen Häusern, die teilweise aus venezianischer und aus osmani- scher Zeit stammen, liegt nur drei Kilometer von der Ostküste entfernt. Dennoch verließen die Bewohner es um 1950, um sich in Ligiá an der Küste anzusie- deln. Erst seit wenigen Jahren werden in Katoúna wieder Häuser restauriert, sodass es zumindest im Sommer wieder von ein wenig Leben zeugt.

Oben: Auf der Fahrt durch die Ber- ge lohnt auch ein Halt im Dörfchen Váfkeri und ein Blick ins dortige Folkloremuseum.
Unten: Die Bergdörfer von Lefkáda liegen versteckt mitten im Grünen.

Infos und Adressen

SEHENSWÜRDIGKEITEN

Volkskundemuseum »Maria Koutsochéro«. Tgl. 9–21 Uhr, Kariá, nahe der Platía (ausgeschildert), Tel. 26 45 04 15 90.

ESSEN UND TRINKEN

Kóllokas. Urige, familiäre Dorftaverne mit langer Tradition und typisch griechischer Hausmannskost, in der es keine Speisekarte gibt, sondern Kellner, Wirt oder Koch einfach aufzählen, was es gerade gibt. Katoúna, Ortskern, Tel. 26 45 07 17 87.

Pardaló Katsíki. Passend zum originellen Namen »bunte Ziege« werden in dem hübschen Steinhaus mit schattigem Garten traditionelle, aber auch raffiniert verfeinerte griechische Leckereien serviert. Kariá, Platía, Tel. 26 45 04 17 69, www.pardalo.gr

Tou Gár. Traditionelles *kafenío* seit 1920, in dem man außer griechischem Mokka und dem Tresterschnaps *tsípouro* auch traditionelle Süßspeisen wie den inseltypischen Grieß-Olivenöl-Kuchen (*lefkaditikí ladópita*) genießt. Kariá, Platía, Tel. 69 80 07 04 82.

ÜBERNACHTEN

Lefkáda Villas. Äußerst ruhiges, in den Bergen gelegener Komplex aus 5 Villen mit Platz für je 2–6 Personen, privatem Pool und einer grandiosen Aussicht auf die Küste. Ein Fortbewegungsmittel ist unabdingbar. Vavkerí (ca. 5 km östlich von Eglouví), südlicher Ortsrand, Tel. 26 45 04 12 88, www.lefkada-villas.com

EINKAUFEN

Karsanikó Kéntima. Klassische und moderne Textilien aus Griechenland und dem Ausland, aber natürlich auch vor Ort mit dem »Stich von Kariá« gefertigte Stickarbeiten. Auch Online-Shop. Kariá, Hauptstraße nahe der Kirche, Tel. 69 34 92 45 24, www.karsanikokentima.gr

Alte Fotos und Handarbeiten im Museum »Maria Koutsochéro«

24 Halbinsel Lefkáta
Spektakuläre Natur und Traumstrände

Das in jeglichen Blaunuancen glitzernde Meer, die atemberaubende Felsküste und imposante Strände prägen die Westküste der Halbinsel Lefkáta. Porto Katsíki und Egremní dehnen sich eindrucksvoll vor kreideweißen Kalksteinklippen aus, denen die Insel den älteren Namen Lefkás von *lefkás pétra*, also »weißer Stein«, verdankt. Die Landzunge überwältigt außerdem mit der Natur und dem Kap Doukáto an der Südspitze.

Kurz hinter Chortáta zweigt bei Komilió die kurvige Straße zur hügeligen Halbinsel ab. Über Drágano erreicht man schnell Atháni, dessen Bewohner gleich an der Straße Honig und Olivenöl zum Verkauf anbieten. Nach dem Strandbesuch sollte man am besten am frühen Abend in einer der Taverne einkehren und bestaunen, wie die Sonne am Horizont ins Meer eintaucht.

Strände der Halbinsel

Von Atháni führen Serpentinen hinunter zum langen und breiten Sandstrand Gialós. Die populärsten Strände der Insel, die im Sommer von Ausflugsbooten aus den Küstenorten und der Nachbarinsel Kefaloniá angesteuert werden, liegen weiter südlich. Eine kurvenreiche Stichstraße führt zunächst zum Parkplatz weit über dem Egremní-Strand, zu dem man über 350 Treppenstufen hinab und dann wieder hinaufsteigen muss. Der beschwerliche Weg wird belohnt: Das Meer ist glasklar und brandet am hellen, mit Kieselsteinen bespickten Sand aus Kalkstein. Dahinter sorgen die pinienbewachsenen Fels-

Eindrucksvoll eingebettet zwischen dem Ionischen Meer und hohen Steilküsten: Pórto Katsíki sorgt für unvergessliche Badeerlebnisse.

Am Kap Doukáto den weiten Blick genießen

klippen bis zum Mittag für natürliche Schatten-
plätzchen. Der prominenteste Strand Lefkádas ist
über die nächste Stichstraße erreichbar und nicht
nur als Postkartenmotiv beliebt. Das Idyll von Porto
Katsíki, zu dem es über 50 Stufen hinabgeht, kann
man in der Nebensaison in Ruhe genießen. Im
Hochsommer ist der Strand überlaufen. Kein Wunder, der weiße, grobe Sand und Kies schmiegt sich
an die hoch emporragende, helle Felswand, die mit
dem türkisfarbenen Meer für eine kontrastreiche
Kulisse sorgt.

Kap Doukáto

Im Süden ist die Landzunge bis auf wenige Ferienhäuser weitgehend unverbaut. Im Frühjahr blühen
weiß-violette Blüten der Kapernsträucher inmitten
üppiger Macchia mit gelb leuchtendem Ginster um
die Wette. Die Südspitze markiert das Kap Doukáto
mit dem 14 Meter hohen Leuchtturm, der an der
Stelle eines antiken Apollon-Tempels erbaut wurde.
Heute lässt man vom friedvollen Kap den Blick in
die Ferne schweifen und sieht bei klarer Sicht Kefaloniá und Ithaka (S. 220). In der Antike wurden Ver-
brecher als Opfer für Apollon von den Klippen in die
tosende Brandung gestürzt. Überlebten sie, wurden
sie begnadigt und ins Exil verbannt. Romantischer
ist die Legende um die antike Dichterin Sappho, die
sich hier aus unerfüllter Liebe zum legendären Pha-
on in den Tod gestürzt haben soll.

Infos und Adressen

ESSEN UND TRINKEN

Lefkátas. Beliebter Treffpunkt zum
Sonnenuntergang mit gemütlicher
Terrasse, auf der lokale Spezialitäten
wie Linsenbällchen, Fischsuppe oder
Auberginenpüree serviert werden. Viel
Gemüse und Obst aus dem eigenen
Anbau. Atháni, oberhalb der Haupt-
straße, Tel. 26 45 03 31 49,
www.lefkatas.gr

T'Alóni. Hausmannskost und leckere
Blätterteigspezialitäten wie bei Muttern. Ziegenkäse aus eigener Herstellung, Kaninchen und Hühner aus der
eigenen Zucht. Empfehlenswert sind
die *pastitsáda* und die leckeren
Fleischgerichte. Chortáta, an der
Hauptstraße, Tel. 26 45 03 32 40,
www.t-aloni.gr

ÜBERNACHTEN

Serenity Boutique Hotel. Unschlag-
bares Panorama von den 5 unterschiedlich großen, klassisch und farbenfroh eingerichteten Wohneinheiten, dem Restaurant und natürlich
vom Infinity-Pool. Atháni, südlicher
Ortsrand, Tel. 26 45 03 36 39,
www.serenity-th.com

147

25 Vassilikí und Póndi
Lefkádas' Surfer-Mekka

Im Süden Lefkádas erstreckt sich die Bucht von Vassilikí markant in einem weiten Tal zwischen zwei ins Meer ragenden, grünen Halbinseln. Sowohl Vassilikí, das trotz der Urlauber mit viel Flair und Lokalkolorit überzeugt, als auch die Nachbarsiedlung Póndi, in der sich die Surfstationen angesiedelt haben, werden von unzähligen Surfern besucht.

Die Tage verbringen die Gäste von Póndi und Vassilikí hauptsächlich beim Wellenreiten.

Mit der Lage in der schönen Bucht und der schlichten Atmosphäre hat sich das frühere Fischerdorf Vassilikí zu einem der populärsten Urlaubsorte Lefkádas gewandelt.

Vassilikí und Póndi

Der kleine, alte Ortskern mit traditionellen Häusern, die hier und da noch mit hölzernen Balkonen oder Erkern entzücken, lockt nicht nur Wassersportler an. Vassiliki reizt auch durch das harmonisch miteinander verbundene geschäftige und ursprüngliche Flair. Treffpunkt ist der kleine Hafen, an dem die vielen Tische und Stühle von Cafés und Tavernen unter Schatten spendenden Bäumen stehen. Gemütlich versammelt sich dort Jung und Alt ab dem frühen Abend zum Spaziergang oder genießt von den Lokalen den Blick auf die Fischerboote und die einlaufenden Segeljachten. Geschäfte und kleine Reisebüros, in denen man Tickets für die von hier aus verkehrenden Fähren nach Ithaka und Kefaloniá buchen kann, liegen in der Hauptstraße, die vom Nordostrand des Hafenbeckens gen Norden verläuft.

Der zwei Kilometer lange Hauptstrand mit Surf- und Wassersportstationen erstreckt sich vom westlichen Ortsrand bis zum Nachbarweiler Póndi, vor dem sich tagsüber die Surfer tummeln. Der Kiessandstrand ist auch gut zum Sonnenbaden geeignet. Der schönste Strand der Gegend liegt zwei Kilometer südöstlich von Vassiliki. Der gut besuchte Agiofilli-Strand mit Kantine, Schirm- und Liegenverleih bezaubert mit klarem, türkis schimmerndem Wasser und hellem Kiessand. Wanderer erreichen ihn in gut 45 Minuten Fußmarsch an der Küste entlang.

Magnet für Surfer

Die Windverhältnisse in der Bucht von Vassiliki versprechen im Mai und September mit 15 Tagen und von Juni bis August an 20 Tagen pro Monat ideales Surfwetter. Durch den sanften Seewind ist die Bucht vormittags ein ideales Einsteigerrevier. Mit dem Einsetzen des thermischen Windes zur Mittagszeit lockt Póndi unterhalb der Landzunge im Westen der Bucht am Nachmittag die Könner und Freerider.

Infos und Adressen

ESSEN UND TRINKEN

Batzanákias – The Tavern of the Village. Leckere griechische Hausmannskost wie Hahn in Tomatensauce mit Nudeln mit schönem Blick auf die gesamte Bucht und gutem Preis-Leistungs-Verhältnis. Póndi, außerhalb an der westlichen Zufahrtsstraße, Tel. 26 45 03 18 73.

Ocean's. Frischer Fisch sowohl im Ganzen als auch Steaks vom Thunfisch oder Schwertfisch, leckere Fischsuppe und Meeresfrüchte Vassilikí, Promenade nahe dem Strand, Tel. 26 45 03 15 03.

ÜBERNACHTEN

Odeon. Kleines Hotel am Meer mit gemütlicher Atmosphäre, Pool und Frühstück direkt am Strand. Póndi, am Strand, Tel. 26 45 03 19 18, www.vassiliki.com

Xenia. Kleines, liebevoll geführtes Hotel mit gepflegtem Poolbereich, reichhaltigem Frühstück und geräumigen Zimmern. Póndi, Hauptstraße, Tel. 26 45 03 14 90, www.xenia-lefkada.gr

AKTIVITÄTEN

Surfen. Surfclubs: Nefeli Wind Club: Póndi, Tel. (Deutschland) +49 89/33 88 33, www.nefeliwindclub.com; Sun and Fun: Póndi, Tel. 26 45 03 13 78, www.sunandfun.com

26 Sívota und Mikrós Gialós
Herrliche Naturhäfen

Die kleinen, windgeschützten Buchten im Süden Lefkádas sind vor allem bei Seglern beliebte Ankerplätze. Wer nicht mit dem Boot unterwegs ist, sondern den Urlaub an Land verbringt, kann täglich das Schauspiel der in die Naturhäfen einlaufenden Segelboote und Motorjachten beobachten: im strandlosen Sívota von den Cafés und Tavernen an der Promenade, in Mikrós Gialós auch vom schönen Strand aus.

Etwa neun Kilometer östlich von Vassiliki führt eine Stichstraße hinab in den malerischen Küstenort Sívota, der von den Einheimischen auch der »skandinavische Fjord von Lefkáda« genannt wird. Sívota liegt nämlich in einer tief eingeschnittenen Bucht, die gut 200 Booten Platz bietet und von mit Olivenbäumen bedeckten Hügeln umsäumt wird.

Sívota

Bei Einheimischen und Seglern ist das blumenreiche Sívota vor allem wegen der guten Fischtavernen beliebt. Sie gelten für zahlreiche Einheimische als die besten der Insel. Schließlich werden sie täglich von den ansässigen Fischern, die man am Ufer beim Reinigen ihrer Fischernetze beobachten kann, mit frischem Fang beliefert. Von den vielen idyllisch am Wasser stehenden Tischen von Tavernen und Cafés, die zwischen Souvenirgeschäften die Promenade säumen, kann man hervorragend das Nichtstun genießen und das bunte Treiben in der hübschen Bucht beobachten. Strände bietet Sívota nicht. Wer dort nicht übernachtet, sollte das Küstenörtchen nach 17 Uhr besuchen. Dann wird die Bucht von

Das Wasser in der Bucht von Mikrós Gialós schwappt auch an windigen Tagen nur sanft auf den Kieselstrand.

Weintrauben lieben die griechische Sonne.

Segelbooten und Motorjachten angesteuert und eine fotogene Kulisse entsteht.

Nahe gelegene Strandbuchten

Wer in der Nähe von Sívota baden möchte, kann mit einem gemieteten Boot oder über das östlich gelegene Dorf Marantochóri zu kleinen, idyllischen Stränden fahren. Der gerade mal 50 Meter weite Kieselsteinstrand Ammoússo, der etwa fünf Kilometer südlich von Merantochóri liegt, wird von Pinien gesäumt und gern von einheimischen Familien besucht. Mit kristallklarem Wasser und den umliegenden Felsen ist er gut zum Schnorcheln geeignet. Einen noch kleineren Strand kann man über eine steil bergab führende, enge, 2,3 Kilometer lange Stichstraße vom kleinen Dörfchen Évgiros aus erreichen. Der gerade mal 30 Meter lange Kiesstrand Aftéli liegt in einer winzigen Bucht, in der sich kleine Boote tummeln, und wird malerisch von bis zum Meer üppig grün leuchtenden, hoch emporsteigenden Hügeln und türkisfarbigem Wasser gesäumt.

Póros

Über die Inselrundstraße geht es weiter gen Norden zum stillen und ursprünglichen Bergdörfchen

Nicht verpassen

LEFKÁDAS BESTER WEIN

Die junge, erst im Jahr 2000 eröffnete Weinkellerei »Lefkadítiki Gi«, also die »Erde von Lefkáda«, lohnt nicht nur für Weinliebhaber einen Halt. Bei der interessanten, kurzen Führung durch die Weinkellerei, in der auch die traditionelle Art des Weinkelterns thematisiert wird, erfährt man viel über die Herstellung der edlen Tropfen. Verkosten kann man hinterher die äußerst guten Weine. Während der trockene Weißwein des Guts aus der heimischen Sorte Vardéa gekeltert wird, verwendet man für den Roten, der acht bis zwölf Monate reift, die ebenfalls heimische Sorte Vertzami, aus der auch der äußerst gute Roséwein gekeltert wird. Glücklich werden mit dem Wein Melídonos auch Liebhaber von Dessertweinen.

Lefkadítiki Gi. Mai, Juni, Mitte Sept.–Mitte Okt. Mo–Sa 10–15 Uhr, Juli–Mitte Sept. tgl. 10–20 Uhr. An der Inselrundstraße 500 m südlich der Abzweigung nach Sívros von Norden kommend, Tel. 26 45 03 91 39, www.lefkaditikigi.gr

Oben: Herrlich ist der Blick von Póros auf die Südspitze der Insel.
Mitte: Grüne Hänge säumen die Bucht von Mikrós Gialós.
Unten: Vom Meer aus nicht sichtbar: das Bergdörfchen Póros

Póros, das aus Angst vor Piratenangriffen hoch an einem steilen Hang erbaut wurde, sodass es vom Meer aus nicht sichtbar ist. Im von Olivenhainen umgebenen Dörfchen scheint die Zeit stehen geblieben zu sein. Wer Interesse an archäologischen Ruinen hat und das in fruchtbarer Umgebung gelegene Dörfchen passiert, kann knapp 800 Meter südlich des oberen Ortsrands die Überreste eines antiken Turms besichtigen. Der Turm, der wohl im 4. Jahrhundert v. Chr. erbaut wurde, diente einst zum Schutz der Region. Freunde herrlicher Ausblicke sollten am Ende der Straße, die zur Kirche führt, links in den Schotterweg abbiegen, der an den weithin sichtbaren Telefonmasten vorbeiführt. Vom Ende der etwa 4,5 Kilometer langen Piste eröffnet sich eine fantastische Aussicht auf die Vlicha-Bucht, Nidrí und die traumhafte vorgelagerte Inselwelt.

Mikrós Gialós

Fündig werden in der Nähe von Póros außerdem Strandliebhaber. Der einstige Fischerhafen von Póros, der kleine Küstenweiler Mikrós Gialós, begeistert mit einem 200 Meter langen und bis zu 30 Meter breiten Kieselsteinstrand. Zahlreiche Stammgäste wissen in der beschaulichen Bucht, in der sich mittlerweile Villen, einige neue Hotels und wenige Tavernen angesiedelt haben, vor allem die Ruhe zu schätzen. Auch ein Campingplatz lockt seit Jahren viele Gäste in die von grünen, recht hohen Hügeln gesäumte Bucht an, die vor allem an windigen Tagen sehr beliebt ist. Das in jeglichen Blaunuancen schimmernde, kristallklare Wasser plätschert nämlich immer sanft auf die hellen Kieselsteine des Strandes, sodass sich auch Familien mit Kindern dort wohlfühlen. Viel los ist am Mikrós Gialós nur in der Hauptsaison, also im Juli und August. Abends gehen hier wie in Sívota viele Segel- und Motorjachten vor Anker.

Infos und Adressen

ESSEN UND TRINKEN

Sívota Bakery Café. Das Café ist wegen der leckeren Croissants und der Blätterteigtaschen zum Frühstücken sehr beliebt. Schmecken lassen kann man sich auch Burger, Pizza oder einfach nur ein Eis. Tgl. ab 8 Uhr. Sívota, Uferstraße, Tel. 26 45 03 15 48.

Stávros. Seit über 40 Jahren gehört die Taverne zu den beliebtesten Adressen, wenn es um frischen Fisch geht. Frisches aus dem Meer stammt vom eigenen Fischerboot und schmeckt gegrillt besonders gut. Hoch im Kurs stehen auch verschiedene Pastagerichte mit Meeresfrüchten und Spaghetti mit Hummer. Sívota, Uferstraße, Tel. 26 45 03 11 81.

Zólithros. In der gemütlichen Taverne mit Blick auf die hübsche Bucht kommt täglich der frische Fang zu einem guten Preis-Leistungs-Verhältnis auf den Tisch. Ideal ist die schattige Terrasse der Taverne auch zum Mittagessen während des Strandbesuchs. Mikrós Gialós, am Strand, Tel. 26 45 09 51 11, www.zolithros.gr

ÜBERNACHTEN

Galíni Studios. Die 6 einfachen, aber gemütlichen Studios und Apartments bieten Platz für bis zu 4 Personen und von den Balkonen eine herrliche Aussicht auf die Bucht. Sívota, am Hang hinter der Uferstraße, Tel. 26 45 03 13 47, www.galinistudiossivotalefkada.gr

Ionian View Villas. Kleine, besonders ruhige Anlage mit 5 Ferienhäusern, Gemeinschaftspool und atemberaubendem Ausblick aufs Meer und die vorgelagerten Inseln. Aufgrund der abgelegenen Lage ist ein Mietwagen unumgänglich. Sívota, am Kap Ráchi zwischen Sívota und Mikrós Gialós, Tel. 69 79 98 24 03, www.ionianview-lefkada.gr

San Nicolas Resort. Modernes Hotel mit 17 Zimmern und Suiten, teils mit eigenem Pool, am östlichen Hang der Bucht von Mikrós Gialós. Ein Pool mit Bar und das angeschlossene Restaurant Mikrós Gialós, Tel. 26 45 09 50 50, www.sannicolas.gr

Das »San Nicolas Resort« bietet pure Entspannung.

27 Sívros
Bergdorf in schöner Natur

Das friedvolle 400-Seelen-Örtchen Sívros, das sich uralte Bausubstanz erhalten hat, liegt in einer wasserreichen Region inmitten von Wäldern und Olivenhainen. Das Bergdorf auf 230 Metern Höhe ist gut geeignet, um im Süden Lefkádas einen Ausflug in die Berge zu unternehmen. Ein Spaziergang durch das Dorf und die unberührte Natur führt zu einem Olivenöl-Museum, Wassermühlen und einem kleinen Wasserfall.

Auch wenn in Sívros mittlerweile mehrere neue Bauten stehen, entdeckt man in dem ursprünglichen Dorf bei genauem Hinsehen viele interessante Bauten, die einen in alte Zeiten versetzen.

Wassermühlen entdecken

Das Dörfchen, dessen Bewohner bis heute von der Landwirtschaft leben, zählte einst 24 Wassermühlen, was auf den Wasserreichtum der Region zurückzuführen ist. Eine der historischen Wassermühlen wurde samt altem Mechanismus restauriert und zum Café umgewandelt. Im »Nerómylos« (griech. für Wassermühle) kann man heute nicht nur einen Blick in die alte Mühle werfen, sondern auch traditionelle lefkadische Leckereien erstehen und auf einer idyllischen Terrasse vor Ort genießen. Außerdem erfährt man etwas über das Mahlverfahren mit dem alten Mühlstein und kann auch dabei zusehen, wie das Getreide durch die Wasserkraft gemahlen wird.

Kerasia Springs

Wo das Wasser herkommt, sieht man bei einem Spaziergang oder einer Fahrt von der Wassermüh-

Prächtige Portale zeugen am alten Komplex der Olivenpresse bis heute von den guten alten Zeiten.

Tolle Ausblicke von den umliegenden Hängen

le zu den gut mit »Kerasia Springs« ausgeschilderten Quellen am östlichen Ortsrand. Die etwa 500 Meter lange Strecke, von der sich Ausblicke auf die Bucht von Vassiliki eröffnen, verläuft durch reizvolle Natur mit farbenprächtigen Blumen, Feigenkakteen und Palmen sowie einer fotogenen Natursteinkirche aus dem 19. Jahrhundert. Am Ende des Weges trifft man auf einen hübsch gepflasterten Platz, wo die Quellen einen kleinen Wasserfall bilden. Schattige Platanen laden zu einer Rast oder einem Picknick ein.

Oliven-Museum Fabbrica

Unbedingt lohnt beim Besuch von Sívros der Besuch des Oliven-Museums Fabbrica im Ortskern. In der Anfang des 19. Jahrhunderts von den Vorfahren der heutigen Besitzer eröffneten Olivenpresse des Dorfes, die bis 1978 in Betrieb war, erfährt man einiges über die Herstellung des Olivenöls in alten Zeiten. Die einst mit Pferdekraft angetriebene Presse wurde in den folgenden Jahrhunderten mit Diesel und dann elektrisch betrieben. Im denkmalgeschützten, weitläufigen Gebäudekomplex, der aus Wohnhäusern, Ställen, Lagerräumen und einem Raum mit Holzofen bestand, wird man nicht nur in die Geheimnisse des Olivenöls eingeweiht, sondern kann außer Olivenöl auch regionale Produkte aus der Region wie Marmeladen, Wein oder Likör verkosten.

Infos und Adressen

SEHENSWÜRDIGKEITEN

Olivenmuseum Fabbrica. Man kann diverse Produkte wie extra natives Olivenöl, Olivenpaste, Oliven und Seife sowie weitere regionale Leckereien und Andenken kaufen. Tgl. 10–14 und 18–22 Uhr. Sívros, Ortskern (ausgeschildert), Tel. 26 45 03 94 47.

ESSEN UND TRINKEN

Nerómylos. Auf der schattigen Terrasse der alten Wassermühle werden leckere *mezédes* serviert, zu denen man am besten ein kühles Bier, Wein oder Ouzo trinkt. Genießen kann man aber auch ein Eis oder leckere Süßspeisen. Sívros, östlicher Ortsrand, Tel. 69 72 35 57 57 (mobil), www.watermill-lefkadas.com

Ntomáta. In der gemütlichen Taverne kann man sich köstliche regionale Gerichte, teils nach alten Rezepten, schmecken lassen, für die nur Olivenöl aus der eigenen Herstellung verwendet wird. Sívros, Hauptstraße, Tel. 26 45 03 91 22.

Wer Griechenland kennt, weiß, dass Urlaub auf den Ionischen Inseln viel mehr bedeutet als azurblaues Meer, herrliche Strände und viel Sonnenschein. Die Uhren auf dem Archipel ticken anders als bei uns und die außergewöhnliche Atmosphäre wird eigentlich erst durch die Griechen und ihre Lebensart etwas Besonderes. Eine Kultur, die es für einen gelungenen Urlaub zu entdecken gilt!

Doch wie lebt man eigentlich dort, wo andere Urlaub machen? Und was ist typisch für den Alltag der Griechen? Stark beeinflusst wird das Leben auf dem Archipel natürlich vom mediterranen Klima, dass nicht nur die griechischen Essgewohnheiten (S. 98) bestimmt, sondern auch den Tagesablauf. Je nachdem in welchem Berufsfeld man tätig ist, beginnen die Tage vor allem im Sommerhalbjahr relativ früh. Nach dem Frühstück, das bei vielen Griechen nur aus einem Kaffee besteht, geht es in die Firma, ins Büro oder zur Landarbeit. Geschäfte, Banken und Postämter schließen meist zwischen 14 und 15 Uhr. Das Mittagessen wird meist danach, also vergleichsweise spät, eingenommen. Dann folgt für diejenigen, die nicht bis 17 Uhr oder später im Büro sitzen (im Privatsektor und im Tourismus arbeitet man meist noch länger (!)), die Siesta, an die man sich an heißen Sommertagen auch als Urlauber gut gewöhnen kann. Griechische Freunde sollte man zwischen 15 und 17 Uhr also eher nicht anrufen.

Ihre Freizeit verbringen die Griechen gern stundenlang in vielen mit Liebe zum Detail eingerichteten Cafés.

Die meisten Geschäfte in den Städten öffnen wie auch Arztpraxen, Anwaltskanzleien oder Reisebüros oft nur dienstags, donnerstags und freitags wieder am Nachmittag zwischen 17 und 18 Uhr. Supermärkte und Souvenirgeschäfte haben durchgehend geöffnet. Diese Kernarbeitszeiten rund um die Mittagszeit sind übrigens auch im Winter üblich. Nach 18 Uhr fällt in Städten bereits bei der Parkplatzsuche auf, dass in Einkaufsstraßen, Cafés und Geschäften wieder etwas los ist. Bis zur Dämmerung wird es voller. Denn Familien und Freunde treffen sich zur *vólta*, dem Flanieren entlang der Promenaden und Straßen. Tavernen und Restaurants werden von den Griechen meist nach 21 Uhr besucht. Wer sich auf einen Drink trifft, macht dies nur selten vor 23 Uhr. Viele Bars füllen sich erst gegen Mitternacht, Clubs und Diskotheken erst nach 1 Uhr.

Übrigens: Wenn sich die Hellenen verabreden, machen sie zunächst oft nur ein Zeitfenster aus, also vormittags (*proí*), mittags (*messiméri*), nachmittags (*apógevma*) oder abends (*vrádi*). Die genaue

Zeit spricht man erst kurz vorher ab. Wissen sollte man, dass die Zeit zwischen 12 und 17 Uhr als Mittag gilt. Verabredet man sich für den »Abend«, ist zumindest im Sommer die Zeit nach Sonnenuntergang gemeint. Wird zu Hause ein Fest wie der Namenstag gefeiert, was in Griechenland üblicher als Geburtstagsfeiern ist, fällt auf, dass der Gastgeber eine Uhrzeit nennt, nach der man sich richten sollte. Exakte Pünktlichkeit wird aber meist nicht erwartet. Man wünscht sich zu allen Feierlichkeiten *chrónia pollá*, also »viele Jahre«. Am ersten jeden Monats sagt man *kaló mína* (guten Monat), am Montag kann man den Griechen beim Verabschieden eine gute Woche, *kalí evdomáda*, wünschen.

Zwischen zwei Jahreszeiten

Besonders auffällig sind auf dem Archipel die Gegensätze zwischen Sommer- und Winterhalbjahr. Wer Griechenland kennt und im Winter schon mal dort war, weiß, dass die Unterschiede schon an den Flughäfen zu spüren sind. Während man im Sommer mit Pech viel zu lange am Gepäckband steht und sich durch überfüllte Wartehallen quälen muss, herrscht vor den Check-in-Schaltern im Winter gähnende Leere. Auch wirken dann die Ferienorte wie ausgestorben. Kleine Inseln wie Páxos oder die Diapontischen Inseln werden im Winter, vorausgesetzt das Wetter spielt mit, nur ein paar Mal in der Woche angesteuert. Ansonsten sind die Inseln in der kalten Jahreszeit weitgehend von der Außenwelt abgeschottet. Deutlich spiegeln sich die Unterschiede auch im Alltag der Insulaner wider. Zwischen Mai und Oktober spielt sich das Leben nicht nur wegen der hohen Temperaturen, sondern auch aufgrund der besseren finanziellen Lage der Menschen, die nur saisonal im Tourismus tätig sind, hauptsächlich draußen ab. Im Winter bleibt man oft zu Hause. Etwas los ist dann nur in den Inselhauptstädten und vor allem in Korfu-Stadt.

Intensive Sommerzeit

Obwohl es im Sommer auf den Inseln voll ist, auf den Straßen viel mehr Verkehr herrscht und ausgesprochen viel und lange gearbeitet wird, erleben die Hellenen die Sommerzeit besonders intensiv. Zwischen Mitte Juni und Mitte September, wenn griechische Lehrer und Schüler die Sommerferien genießen, zieht es die Insulaner in ihrer Freizeit, vor allem an den Wochenenden und am Nachmittag, an den Strand. Gerne trifft man sich auf dem Archipel auch zum Bootsausflug oder zum Angeln. Höhepunkt des Sommers ist die Zeit zwischen dem 1. und dem 20. August, wenn über 90 Prozent der Griechen vom Festland Urlaub machen. Zu dieser Zeit kommen jedoch nicht nur Festlands- und viele Auslandsgriechen auf den Archipel, sondern auch viele Italiener. Die Preise in den Hotels steigen und die Strände sind voll. Mit Freunden und Verwandten gehen die Griechen dann auch einigen ihrer liebsten Freizeitbeschäftigungen wie Essengehen und Kaffeetrinken nach. Einen Großteil der abgewanderten Verwandtschaft trifft man schließlich nur im Sommer. Da gibt es viel zu erzählen!

Der Besuch von Tavernen ist vor allem im Sommer fest in den griechischen Alltag integriert.

Tradition und Moderne im Einklang

Welch wichtige Rolle die Familie im griechischen Alltag spielt, kann man besonders gut an Wochenenden oder wichtigen Feiertagen wie dem 15. August in den Dörfern sehen. Selbst junge Leute halten in Griechenland mehr oder weniger stark an den Werten der Familie sowie an alten Traditionen fest, ohne dabei die Moderne zu verpassen. Mit Freunden, der sogenannten *paréa*, oder mit der ganzen Familie fährt man an Wochenenden anstatt in eine Diskothek gern auch zum Dorffest, besucht die Großeltern oder hilft sogar bei der Land-arbeit. Deutlich wird die Bindung der Familienmitglieder untereinander auch durch die vielen Familienbetriebe. So ziehen viele Insulaner nach dem Studium wieder zurück in den Heimatort und unterstützen den Betrieb, der die finanzielle Zukunft und die soziale Absicherung aller Familienmitglieder, meist mehrerer Generationen, gewährleisten soll. Und obwohl das Arbeiten mit der Verwandtschaft nicht immer einfach ist, da die Griechen auch einen starken Hang zu Individualismus haben, zeugt diese Arbeitsweise von einem starken Zusammenhalt – vor allem nach außen.

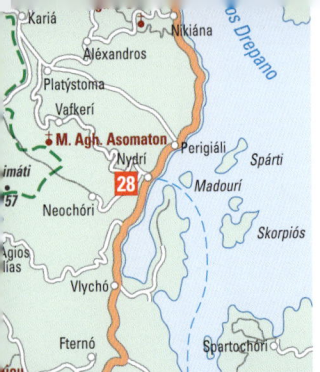

28 Nidrí und Umgebung
Lefkádas lebhaftester Ferienort

Der wichtigste Urlaubsort der Insel hat sich längst vom kleinen Fischerdorf in eine lebendige Urlaubsmeile verwandelt. Nidrí begeistert Rundreisende hauptsächlich mit der Lage an einer fjordartigen Bucht mit vielen vorgelagerten Inselchen, die täglich Ziel zahlreicher Ausflügler sind. Rund um den auffällig lang gestreckten, touristischen Ort mit Kiesstrand lockt die reizvolle Natur zur Erkundung.

Wer Nidrí von Süden her anfährt, wird mit einem grandiosen Panorama belohnt. Der Blick schweift über die markante Bucht von Vlichó mit unzähligen vor Anker liegenden Segeljachten und über den »Prinzeninseln« genannten Mini-Archipel bis zur dahinter aufragenden Festlandküste. Den quirligen Küstenort mit seinen neuen, leider überwiegend gesichtslosen Betonbauten erreicht man über die lange Hauptstraße, an der sich unzählige Cafés, Bars, Geschäfte, Autovermietungen, Hotels und Pensionen aneinanderreihen. Viel schöner ist die Promenade von Nidrí mit dem schmalen Kiesstrand, Wassersportmöglichkeiten, Cafés, Tavernen und dem Hafen, an dem nicht nur Segeljachten und Motorboote, sondern auch Ausflugsboote und die Fähre zur Insel Meganísi festmachen.

Statue von Aristoteles Onassis

Herrlich ist aber vor allem der Blick auf die sich gegenüber gruppierenden, grünen Eilande Spárti, Chelonáki, Madourí, Skorpiós und Skorpídi, die sich fast alle in Privatbesitz befinden. Gleich am Hafen fällt die Statue des verstorbenen Reeders und Multimilliardärs Aristoteles Onassis auf. Die

Oben: Die lebhafte Promenade von Nidrí lädt zum Flanieren und Verweilen ein.
Unten: Dem Reeder Aristoteles Onassis verdanken die Einheimischen den ersten Aufschwung des Küstenortes.

Boote warten im Hafen von Nidrí auf Gäste.

Bewohner von Nidrí und Umgebung ließen das Denkmal aus Dank an Onassis errichten, da er mit dem Kauf der Insel Skorpiós ab 1963 für viele Arbeitsplätze in der Region sorgte. Auf der nicht zugänglichen Insel, die 2013 von Onassis' einziger Enkelin und Alleinerbin Athina an einen russischen Milliardär »verkauft« bzw. für 100 Jahre verpachtet wurde, um eine Klausel im Testament des Großvaters über den Verkauf der Insel zu umgehen, wurden Onassis und seine verstorbenen Kinder Alexander und Christina begraben.

Zeugnisse aus der Bronzezeit

Nur wenige Hundert Meter südlich von Nidrí können Interessierte rechts und links der Inselrundstraße Gräber aus der frühen Bronzezeit (2600–2200 v. Chr.) frei einsehen. Die Nekropole, bestehend aus 33 Hügelgräbern, wurde zwischen 1901 und 1913 vom deutschen Archäologen Wilhelm Dörpfeld freigelegt. Die kreisrunden Grabstätten aus Kalksteinplatten haben einen Umfang von 2,70 bis 9,60 Meter. In den Gräbern wurden zahlreiche kostbare Funde gemacht. Zu den Grabbeigaben zählten goldener und silberner Schmuck, zahlreiche bronzene Werkzeuge und Waffen sowie Keramikobjekte.

Nicht verpassen

DIE INSELWELT ERKUNDEN

Viele Urlauber mieten sich (auch ohne Führerschein) ein Boot, um die Inselwelt mit den versteckten Buchten zu erkunden. Entdecken kann man die grünen Inseln, herrliche, nur vom Wasser aus erreichbare Buchten und schöne Grotten. Wo man aufgrund der privaten Inseln entlangfahren oder aussteigen darf, erfährt man bei den Vermietern. Wer lieber gefahren wird, anstatt selbst Kapitän zu spielen, kann die Tour auch mit einem Ausflugsboot, z.B. mit dem auffälligen roten Schiff »Odysseia« von Kapitän Gerásimos unternehmen, der mit seiner Crew für ausgelassene Stimmung sorgt. Er passiert die kleinen Eilande und fährt in die Höhle Papanikolis und zum Dorf Spartochóri auf Meganísi. Zum Lunch legt das Schiff in einer schönen Bucht an.

Odysseia. Abfahrt tgl. um 9.30 Uhr, Rückkehr um 17.30 Uhr, Nidrí, am Hafen, Tel. 69 32 31 09 75, www.odysseia-lefkada.eu

Wanderung zu Wasserfällen

Etwa drei Kilometer westlich von Nidrí lockt die reizvolle Natur mit Wasserfällen hinter Ráchi zu einer gemütlichen Wanderung. Die Strecke führt von der Hauptstraße von Nidrí (gut ausgeschildert) durch das Dörfchen Ráchi sowie durch Felder, Olivenhaine und Obstgärten bis zu einer kurzen Schlucht, deren Anfang das Café »Platanos« markiert. Dort endet auch der befahrbare Teil der Strecke. Der sich anschließende etwa 400 Meter lange, teilweise gepflasterte Pfad mit einigen Stufen führt durch die mit Platanen bewachsene Dimosári-Schlucht, die von einem Gebirgsbach durchlaufen wird und an einer reizvollen, wasserreichen Felslandschaft endet. Die aus und über den Felsen sprudelnden Wasserfälle bilden bis zum Sommer ein natürliches Badebecken, das an heißen Tagen zu einem Erfrischungsbad lockt.

Halbinsel Agía Kiriakí

Entweder mit dem Fahrrad oder mit einem Mietwagen kann man südlich von Nidrí auch die sich auf der Ostseite der Vlichó-Bucht erstreckende Halbinsel Agía Kiriakí (auch: Geni) besuchen. Vom Ansatz der Halbinsel, wo die dem offenen Meer zugewandte Dessími-Bucht gern von Campern besucht wird, führt die Straße durch Oliven, Zypressen und die Streusiedlung Geni bis fast zur Nordspitze der Halbinsel. Zum Spazierengehen eignet sich hingegen der von Mastix gesäumte Pfad an der Westseite der Landzunge. Vom Ende der Straße muss man die letzten Meter bis zur malerisch gelegenen, weiß gekalkten Kirche Agía Kiriakí aber auf jeden Fall laufen. In der Nähe ist über Stufen das zwischen Myrten und Steineichen gelegene Grab des Archäologen Wilhelm Dörpfeld zu sehen, der seine letzten Lebensjahre auf Lefkáda damit verbrachte, zu beweisen, dass Homers Odysseus nicht auf Ithaka, sondern auf Lefkáda beheimatet war. Bestätigen konnte er seine Theorie jedoch nicht.

Oben: Auf der Suche nach einem alternativen Badeplatz wird man bei den Wasserfällen von Ráchi fündig.
Unten: Die Vlichó-Bucht ist ein gutes Ziel für Hobby-Ornithologen.

Infos und Adressen

SEHENSWÜRDIGKEITEN

Nekropole. Bronzezeitgräber. Nidrí, Inselrundstraße südlich des Orts, von der Straße aus einsehbar.

ESSEN UND TRINKEN

Ergon Greek Deli + Cuisine. Im gemütlichen Garten des *mezedopolío* werden aus ausgewählten Produkten kleine kreative Köstlichkeiten gekocht. Die verwendeten Zutaten wie Öl, Gewürze, Käse, Dips und vieles mehr werden unter der Marke Ergon hübsch verpackt auch verkauft. Nidrí, Promenade auf Höhe des Hafens, Tel. 26 45 09 20 20, www.ergonfoods.com

Plátanos. Relaxen nahe den Wasserfällen im Schatten einer uralten Platane bei einem Smoothie, Cocktail oder Bier. Ráchi, kurz vor den Wasserfällen.

Im »Plátanos« kann man dem Trubel entfliehen.

ÜBERNACHTEN

George Studios. 7 familiär geführte Apartments mit Blick auf die Vlichó-Bucht, gut geeignet für Ruhesuchende, wenn man vor Ort mobil ist. Gení (4 km südlich von Nidrí), Tel. 26 45 09 51 43, www.george-studios.gr

Nydri Beach. Besonders wegen der Meerblick-Zimmer beliebtes, einfaches Hotel gleich am Strand mit freundlichen Besitzern und gutem Preis-Leistungs-Verhältnis. Nidrí, am Strand nördlich des Hafens, Tel. 26 45 09 24 00, www.nydrionbeach.gr

AUSGEHEN

NV Beach Bar. Moderne Strandbar im Lounge-Stil mit Puffs, Sonnenbetten und internationaler Küche; abends romantisch beleuchtet und ab und zu Livemusik. Nikianá, Inselrundstraße, bereits tagsüber geöffnet, Tel. 26 45 02 53 63.

AKTIVITÄTEN

Get Active. Geführte Mountainbike-Touren, auch nach Meganísi oder für die ganze Familie, mit unterschiedlichen Schwierigkeitsgraden, Fahrradverleih und Radurlaub. Die Fahrräder werden ins Hotel gebracht. Buchbar über das Internet: www.getactivelefkas.com oder Tel. 69 89 45 64 45 (mobil).

Boote starten täglich zur Erkundung der Inselwelt.

Der Blick von Spartochóri auf den Hafen Spiliá und das gegenüberliegende Lefkáda ist einfach herrlich.

29 Meganísi
Seglerinsel zum Entspannen

Eine bizarre, im Norden stark zerklüftete Küste, in die Kliffs im Westen genagte Meeresgrotten und eine verglichen zur Fläche äußerst lange Küstenlinie mit einsamen Stränden machen aus der kleinen »Großen Insel« ein außergewöhnliches Revier – ideal für Segler, Strandfans und Taucher. Ruhesuchende und Wanderer fühlen sich auf stillen Pfaden im grünen Landesinneren und in drei verträumten Dörfern wohl.

Meganísi liegt nur einen Katzensprung von der großen Schwester Lefkáda (S. 146) entfernt und erweckt schon beim Blick auf die Landkarte Neu-

Meganísi

gier beim Betrachter. Die etwa 20 Quadratkilometer große Insel hat eine eigenartige Form: Der lang gestreckte, äußerst schmale Süden wölbt sich wie ein Stiel sichelförmig gen Norden und öffnet sich dort wie eine Blume mit vielen Blütenblättern. Zwischen ihnen bilden sich mehrere fjordartige, windstille Buchten, die Booten Schutz gewähren, sodass Meganísi jeden Sommer von vielen Seglern und Jachturlaubern angesteuert wird. Da sie lieber auf ihren Booten als an Land übernachten, gibt es auf Meganísi, das sich tagsüber relativ ruhig präsentiert, keine riesigen Hotels. Außerdem gibt es keine speziellen Sehenswürdigkeiten.

Anfahrt

Urlauber, die in den gemächlichen Alltag der Einheimischen eintauchen wollen oder die sanft hügelige Landschaft erkunden möchten, können Meganísi, das zum Mini-Archipel Tilevoídes zwischen Lefkádas Ostküste, dem griechischen Festland und Ithaka (S. 220) gehört, gut von Lefkáda aus erreichen. Mehrmals täglich fährt eine Autofähre entlang der kleinen Inseln Madoúri und dem bekannteren Inselchen Skorpiós in einer halben Stunde von Nidrí (S. 160) nach Spiliá und Vathí auf Meganísi. Da die Entfernungen zwischen den Orten, die mehrmals täglich durch einen Bus miteinander verbunden werden, und zu Stränden recht gering sind, kann man Meganísi gut zu Fuß oder mit einem Roller und einem Mountainbike erkunden. Ein Auto braucht man nicht unbedingt.

Auf Meganísi unterwegs

Anders als die meisten Inselchen und Felseilande des kleinen Archipels, die bis auf Kálamos und Kastós unbewohnt sind oder Multimilliardären aus aller Welt gehören, wird Meganísi im Sommer von

Einfach gut!

MEDITERRAN GENIESSEN AM MEER

Am schönsten taucht man in die Atmosphäre von Meganísi in Vathí ein. Von den Tavernen in der Hafenbucht kann man ab dem Nachmittag beobachten, wie die Segelboote einlaufen und eine traumhafte Kulisse für ein romantisches Essen schaffen. Am besten setzt man sich in die Tavernen mit Blick auf den Eingang der Bucht. Dann genießt man zur Zeit des Sonnenuntergangs auch die Aussicht auf die sich gegenüber erhebenden Berge von Lefkáda. Am Himmel entsteht durch die dahinter versinkende Sonne ein zauberhaftes Farbenspiel. Genießen kann man dazu auf der in den Landesfarben Blau und Weiß und trotzdem modern mit einigen kreativen Möbeln geschmückten Terrasse des Restaurants »Marináta« griechische und mediterrane Gerichte. Fisch, Meeresfrüchte, Fleisch und Vegetarisches versprechen teilweise kreative Überraschungen.

Marináta. Vathí, am Hafen, Tel. 26 45 05 16 37.

gut tausend Menschen bewohnt. Die Häuser der Einheimischen, die ihren Lebensunterhalt vorwiegend mit der Fischerei und dem Tourismus verdienen, und die kleinen Hotels der Insel verteilen sich auf drei Dörfer im Norden. Landschaftsabschnitte im Süden sind Privatbesitz internationaler Größen. So ist der südliche Teil der Insel, deren Landschaft sich typisch mediterran mit Macchia und Olivenbäumen zeigt, einsamer als der breite Norden.

Vathí, Spartochóri und Katoméri

Die drei Dörfer sind schlicht und ursprünglich. Vathí ist das einzige am Meer liegende Dorf und ist Anlaufhafen der Fähre und mit der modernen Marina wichtig für Segler und Jachtbesitzer, die am Abend zum quirligen Flair beitragen. Spartochóri, das westlichste Dorf, liegt oberhalb des zweiten Hafens Spiliá und wird aufgrund der fantastischen Aussicht auf Lefkáda und die anderen Inselchen der »Balkon der Insel« genannt. Sowohl Spartochóri als auch der Inselhauptort Katoméri, der mitten im Grünen im Landesinneren liegt, strahlen mit vielen einfachen, traditionellen Häusern typisch griechische Gemütlichkeit und Ursprünglichkeit aus.

Oben: Der Fanári-Strand ist windstill und nicht nur über den Wasserweg erreichbar.
Unten: Im Hafen von Vathí flicken griechische Fischer und ihre meist ausländische Besatzung die Netze.

Ein Rundgang
entlang grandioser Küstenabschnitte

Start: Vathí

Länge und Dauer: 8 km, 2 h

Wegbeschaffenheit: gut begehbare Pfade und Hauptstraßen

Ausrüstung und Verpflegung: Badekleidung, Sonnenschutz und genügend Wasser

STATIONEN

Ⓐ Kirche Ágios Vissárion in Vathí – Um die außergewöhnliche Nordküste vom Meganísi zu entdecken, wählt man als Anlaufhafen Vathí. Die Wanderung beginnt bei der kleinen, dem Inselheiligen geweihten Kirche Ágios Vissárion vom Anfang des 20. Jh. Ein paar Meter weiter südlich wählt man bei den 2 Brunnen rechts den Schotterweg. Dort nimmt man die erste Gabelung links. Nach etwa 20 m geht es zunächst über einen mit Steinen gepflasterten Pfad durch Olivenhaine bis zum nächsten Brunnen, von wo es über einen Zementweg weiter bis zum nächsten Steinpfad hinaufgeht. Zwei Stufen führen nach ein paar Minuten auf die Hauptstraße.

Ⓑ Katoméri – Auf der Asphaltstraße in Katoméri geht es zunächst links wieder ein Stückchen hinab und nach etwa 100 m rechts in einen Zementweg. Die Straße verläuft hangabwärts mit Blick auf die Atherinós-Bucht. Nach etwa 100 m geht es an der Kreuzung an der Hauptstraße links durch Olivenhaine hinunter zum Hafen von Atherinós.

Ⓒ Atherinós-Bucht – Unten angekommen, geht es links am Hafen entlang zum Ende der Bucht, wo rechts ein Pfad den Hang hinaufführt. Der Pfad führt entlang der Küste rund um die Landzunge, die einen atemberaubenden Blick auf die Bucht und die umliegenden Inseln verspricht. Auf der Strecke hat man in mehreren Buchten Gelegenheit für einen Sprung ins kühle Nass.

Ⓓ Ambeláki-Bucht – Nach etwa 1 Stunde reiner Gehzeit ist die Halbinsel umrundet und der kleine Hafen der Ambeláki-Bucht erreicht. Von hier geht es landeinwärts in knapp 10 Minuten zurück nach Vathí.

Granatapfelbäume zieren viele Gärten.

MEGANÍSI PER BOOT ERKUNDEN

Nicht ohne Grund verbringen Segler und Jachtbesitzer den Urlaub in der Region auf dem Wasser und nicht an Land: Von der Meerseite entdeckt man Meganísis schönste Seite, besucht einsame Strände und fährt in Meeresgrotten hinein. Kleine Motorboote bis zu 30 PS kann man auf Lefkáda und auf Meganísi ohne Führerschein mieten. Interessant ist im Hafen von Vathí ein genauer Blick ins Wasser, wo ein abgestürztes Flugzeug am Meeresboden liegt. Unbedingt sollte man die Fjorde im Norden ansteuern. Im Südwesten begeistern die Meeresgrotten Papanikolí, in der sich im Zweiten Weltkrieg ein griechisches U-Boot versteckt haben soll, und etwas weiter nördlich die Grotte Giováni.

Trident Boats. Nidrí (Lefkáda), am Hafen, Tel. 26 45 09 22 55, www.tridentboats.eu
Exclusive Meganisi. Vathí (Meganísi), am Hafen, Tel. 26 45 05 13 48, www.exclusivemeganisi.com

Einfach gut!

Einige Strände von Meganísi

Wer sich auf Meganísi einquartiert, kann viele Strände entdecken: zu Fuß, mit dem Fahrzeug oder mit Taxibooten. Im Westen lohnt der von Olivenbäumen und Eichen gesäumte, weiße Kieselstrand Ágios Ioánnis einen Besuch. Wer es unorganisierter mag, läuft von hier etwa anderthalb Kilometer über einen Pfad am Meer entlang gen Norden zu einer kleinen, kieseligen Landzunge, auf deren Spitze fotogen ein einsamer Baum steht. Sie schiebt sich gleich gegenüber dem winzigen, waldigen Inselchen Thiliá ins hellblaue Meer. Nur wenige Hundert Meter dahinter erhebt sich schon Lefkáda.

Tolle Strände hat Meganísi gewiss auch im Norden und im Osten zu bieten. Mit dem Auto kann man in der idyllischen, von unzähligen Olivenbäumen gesäumten Lieblingsbucht der Segler, dem windstillen und fjordähnlichen Atherinós, den Fanári-Strand erreichen. Auf der Ostseite der Landzunge lohnt der nur wenig besuchte Strand Loutrolímni einen Besuch. Südlich von Katoméri begeistert schließlich der mit dem Auto erreichbare, weiße Kieselstrand Limonári mit kontrastreichen Farben und glasklarem Wasser.

Infos und Adressen

ESSEN UND TRINKEN

Lákis. Eine der beliebtesten Tavernen der Insel. Es gibt traditionelle griechische Kost wie Hühnchen aus eigener Zucht, gegrillte Zucchini- und Auberginenscheiben oder die in Tomatensauce geschmorten weißen Bohnen *gígantes*. Do griechische Livemusik. Spartochóri, Ortskern, Tel. 26 45 05 12 28.

Stávros. Bei Seglern beliebte Taverne – typisch griechisch und familiär geführt. Die landestypischen Speisen schmecken wie bei Muttern. Fleisch und Fisch sind gut gegrillt. Vathí, am Hafen, Tel. 26 45 05 11 11.

Tilevóes. Hübsches, auch innen sehr geschmackvoll eingerichtetes Restaurant mit griechischer und italienischer Küche: köstliche Pasta, Risotto und Pizza sowie vielfältige Salate und große Weinkarte. Vathí, Tel. 26 45 05 10 55, www.tilevoes.gr

ÜBERNACHTEN

Esperides Resort. Das schickste Hotel der Insel begeistert insbesondere mit der grandiosen Aussicht von Zimmern und Pool auf die Meerenge zwischen Meganísi und Lefkáda. Nördlich von Spartochóri, Tel. 26 45 05 17 61, www.esperides-resort.gr

Meganísi. Familiär geführtes Hotel, das von langer Tradition mit vielen Stammgästen zeugt. Katoméri, Ortsrand, Tel. 26 45 05 12 40, www.hotelmeganisi.gr

INFORMATION

Anreise. Ganzjährig verbinden mehrmals täglich die Autofähre Meganísi II und die kleine Personenfähre Anchíalos Nidrí auf Lefkáda mit den beiden Häfen Spília und Vathí auf Meganísi. Infos und Tickets für beide Schiffe gibt es am Hafen von Nidrí.

Meganísi II (Borsalino Travel): Tel. 26 45 09 25 28, www.ferryboatmeganisi.gr

Anchialos: Tel. 26 45 02 21 77, www.meganisi.gr

In der Taverne »Stávros« steht Gemütlichkeit ganz oben.

KEFALONIÁ UND ITHAKA

30 Argostóli
Griechisches Kleinstadtflair

Argostóli galt bis Mitte des 20. Jahrhunderts als eine der schönsten Städte des Landes und reizt besonders mit Einblicken ins einheimische Leben. Nur selten verbringen Fremde den Urlaub in der Stadt selbst. Kefaloniás Hauptstadt lohnt jedoch zumindest im Rahmen eines Tagesausflugs einen Besuch – nicht nur, um etwas vom Lebensstil der Einheimischen zu erhaschen, sondern auch, um ein paar Sehenswürdigkeiten zu besichtigen.

Argostóli erstreckt sich am Ostufer der kleinen Lássi-Halbinsel (S. 180), die sich im Süden in den tief

Vorangehende Doppelseite: Stimmungsvolle Abende zwischen Seglern in Fiskárdo
Oben: Die gepflegte Fußgängerzone Lithóstroto und stimmungsvollen Plätze schaffen lässig-schicke Atmosphäre.

eingeschnittenen Golf von Argostóli schiebt, und begeistert mit der Lage in der einstigen Hafenbucht der Venezianer ohne Blick auf das offene Meer. Die schmale, lang gestreckte Bucht zwischen der Lássi-Halbinsel und dem Rumpf von Kefaloniá, das stark zerklüftet ist, erscheint nicht nur auf den ersten Blick wie ein See. Gegründet wurde Argostóli, an dessen Stelle vorher der Hafen der einstigen Hauptstadt Ágios Geórgios, das heutige Kástro (S. 114), lag, erst 1757. Im gleichen Jahr wurde die heute größte Stadt von Kefaloniá zur Inselhauptstadt ernannt, galt mit den zahlreichen prächtigen Herrenhäusern im 18. Jahrhundert als äußerst elegant und florierte nach 1800, als Kefaloniá Teil der unabhängigen Republik der Sieben Inseln wurde. Das schwere Erdbeben, das am 12. August 1953 zahlreiche Orte auf der Insel Zákynthos (S. 228) sowie Teile von Lefkáda und Ithaka verwüstete, richtete auch auf Kefaloniá verheerende Schäden an. Die Häuser von Argostóli wurden fast gänzlich zerstört, sodass die heutige Bausubstanz überwiegend aus der zweiten Hälfte des 20. Jahrhunderts stammt. Die im neuen ionischen Stil erbauten Häuser gemischt mit einigen gesichtslosen Betonbauten erstrecken sich am Meer und klettern den niedrigen Hügel im Hinterland hinauf. Im Sommer gesellen sich zu den etwa 9750 Einwohnern, die gut ein Viertel aller Inselbewohner ausmachen, auch zahlreiche, in die USA ausgewanderte Kefalonier und Griechen vom Festland hinzu.

Flaniermeilen und Treffpunkte

Wichtigster Treffpunkt der Einheimischen ist tagsüber die Hafenpromenade Ioánnou Metaxá, die sich mit dem Flair der 1960er-Jahre urig und stimmungsvoll zugleich zeigt. Mit Blick zu den sich auf der anderen Seite der Bucht erhebenden Bergen treffen sich die Einheimischen in den sich aneinanderreihenden Tavernen und Cafés auf der Land-

Geheimtipp

TREFFPUNKT ZUM MITTAGESSEN

Das alteingesessene, unauffällige Speiselokal in einer kleinen Gasse nahe der Promenade ist für die Einheimischen die Top-Adresse, wenn es um Mittagessen wie bei Muttern geht. In der urigen Taverne der Familie Tzivrás gibt es schon seit 1933 hervorragende griechische und inseltypische Hausmannskost – sowohl, um vor Ort zu essen, als auch zum Mitnehmen. Die zu äußerst guten Preisen angebotenen Speisen sind saisonal abhängig und wechseln teilweise täglich. Welche geschmorten Fleischgerichte oder vegetarischen Speisen es am jeweiligen Tag gibt, kann man im Schautresen sehen. Außer Gerichten wie *kokkinistó* (in Tomatensauce geschmortes Fleisch) oder vegetarischen Gerichten wie *briám* (eine Art Gemüseauflauf) gibt es bei Familie Tzivrás auch verschiedene Salate und Leckeres vom Grill.

Tzivrás. Tgl. 12–17 Uhr, Odós B. Vandórou 1, Argostóli, Tel. 26 74 02 42 59.

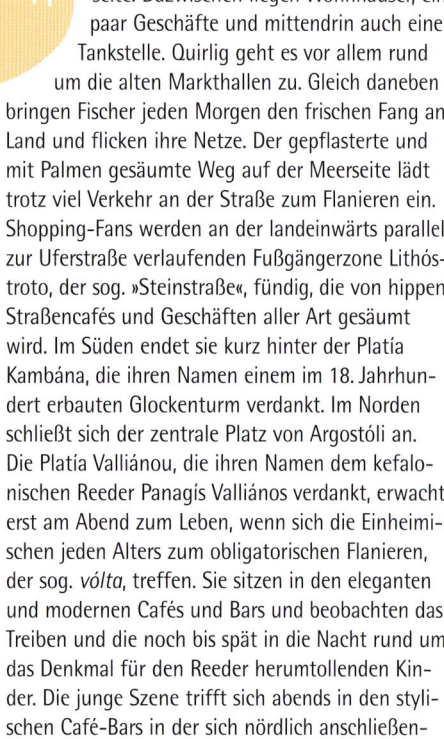

RUINEN MIT AUS-SICHT

Geheimtipp

Nur gut zehn Kilometer trennen Argostóli vom Dörfchen Fársa, das am Osthang der Bucht von Argostóli liegt. Oberhalb des heutigen Ortes versteckt sich hoch am Hang das recht unbekannte »alte Dorf« Fársa, dessen Häuser beim Erdbeben 1953 gewaltige Schäden erlitten, aber nicht zerstört wurden. Die Einwohner von Fársa, das schon im 16. Jahrhundert gegründet wurde, verließen das alte Dorf und bauten hangabwärts neue Häuser. Die verwunschenen Hausruinen, die zu den besterhaltenen der Insel gehören, wirken wie ein Freilichtmuseum. Außer der uralten Bausubstanz und teils zurückgelassenen Gebrauchsgegenständen zwischen Sträuchern und Bäumen begeistert in Fársa auch der herrliche Blick auf die Bucht. Besonders gut kann man von dort außerdem die hinter der Halbinsel Palikí untergehende Sonne beobachten. Hinauf kommt man mit dem Auto über die von der Hauptstraße abzweigende Odós Martséla (auf das Schild achten!).

seite. Dazwischen liegen Wohnhäuser, ein paar Geschäfte und mittendrin auch eine Tankstelle. Quirlig geht es vor allem rund um die alten Markthallen zu. Gleich daneben bringen Fischer jeden Morgen den frischen Fang an Land und flicken ihre Netze. Der gepflasterte und mit Palmen gesäumte Weg auf der Meerseite lädt trotz viel Verkehr an der Straße zum Flanieren ein. Shopping-Fans werden an der landeinwärts parallel zur Uferstraße verlaufenden Fußgängerzone Lithóstroto, der sog. »Steinstraße«, fündig, die von hippen Straßencafés und Geschäften aller Art gesäumt wird. Im Süden endet sie kurz hinter der Platía Kambána, die ihren Namen einem im 18. Jahrhundert erbauten Glockenturm verdankt. Im Norden schließt sich der zentrale Platz von Argostóli an. Die Platía Valliánou, die ihren Namen dem kefalonischen Reeder Panagís Valliános verdankt, erwacht erst am Abend zum Leben, wenn sich die Einheimischen jeden Alters zum obligatorischen Flanieren, der sog. *vólta*, treffen. Sie sitzen in den eleganten und modernen Cafés und Bars und beobachten das Treiben und die noch bis spät in die Nacht rund um das Denkmal für den Reeder herumtollenden Kinder. Die junge Szene trifft sich abends in den stylischen Café-Bars in der sich nördlich anschließenden Odós Rizospáston.

Brücke de Bosset

Eine weitere beliebte Flaniermeile ist besonders zur Abenddämmerung, wenn Schritt für Schritt die Lichter der Stadt erleuchten, die Fußgängerbrücke de Bosset. Die etwa einen Kilometer lange Brücke, die Argostóli mit dem Inselkern verbindet und nur von Radfahrern, Fußgängern und Anglern genutzt werden darf, wurde 1813 zunächst als Holzbrücke erbaut. Den Namen verdankt sie ihrem Erbauer, dem Gouverneur Charles Philipp de Bosset. An ihn und seinen Nachfolger Charles Napier, der die

Die Inselhauptstadt entdecken

Wer nur die Sehenswürdigkeiten besuchen will, kann Argostóli gut an einem Vormittag erkunden. Möchte man hingegen Zeit zwischen Einheimischen verbringen und kann auch mehrmals in die Stadt fahren, sollte man am frühen Abend nach Argostóli fahren. Dann mischt man sich zum Flanieren zwischen die Einheimischen, isst dort zu Abend und lässt den Tag bei einem Drink ausklingen.

Ⓐ Brücke de Bosset – Die Steinbrücke verspricht eine tolle Aussicht auf die Bucht und die Stadt. Odós Ioánnou Metaxá, Argostóli.

Ⓑ Markthallen – Buntes Markttreiben mit regionalen Produkten wie Obst, Gemüse, Honig, Wein und vielem mehr. Mo–Fr 6–22 Uhr. Die meisten Händler sind bis 14 Uhr vor Ort. Odós Ioánnou Metaxá, Argostóli.

Ⓒ Platía Kambánas – Der quirlige Platz vor dem derzeit nicht zugänglichen Glockenturm wird von vier über 150 Jahre alten Palmen geschmückt.

Ⓓ Kirche Ágios Spirídonas – Die vergoldete Altarwand stammt aus einem beim Erdbeben 1953 zerstörten älteren Gotteshaus. Tagsüber geöffnet, Lithóstroto, Argostóli.

Ⓔ Archäologisches Museum – Die Funde aus der Melissáni-Höhle bezeugen, dass dort der Hirtengott Pan verehrt wurde. Derzeit geschlossen, sonst Di–So 8.30–15 Uhr, Odós P. Valliánou, Argostóli, Tel. 26 71 02 83 00.

Ⓕ Focas-Cosmetatos-Stiftung – Im Garten finden Wechselausstellungen statt. Kombi-Ticket mit Cephalonia Botanica. Mai–Okt. Mo–Fr 10–14 Uhr, Odós P. Valliánou 1, Argostóli, Tel. 26 71 02 65 95, www.focas-cosmetatos.gr

Ⓖ Korgialénios-Bibliothek (Museum für Geschichte und Volkskunde) – Thematisiert wird u.a. die Tradition des Theaters auf der Insel. Mo–Sa 9–15 Uhr, Odós Ilía Zervoú 12, Argostóli, Tel. 26 71 02 88 35, www.corgialenios.gr

Ⓗ Platía Valliánou – Der von Cafés gesäumte Hauptplatz ist Treffpunkt jeder Altersklasse.

Ⓘ Cephalonia Botanica – In einem Freilufttheater finden sporadisch Veranstaltungen statt. Mai–Okt. Mo–Sa 9–14 Uhr, vom südlichen Ende der Odós G. Vergóti ausgeschildert (nahe der Polizeistation), Argostóli, Tel. 26 71 02 65 95, www.focas-cosmetatos.gr

Die Korgialénios-Bibliothek zählt etwa 62 000 Werke.

TRADITIONELLES PARADIES FÜR NASCHKATZEN

Die Aromen von Anis, Zimt, Honig und Karamell liegen in der Luft – manchmal auch schon vor Betreten der urigen Konditorei Sésoulas-Polátos. Aber auch, wenn die kleine traditionelle Konditorei von außen eher unscheinbar wirkt, lohnt das Betreten für alle, die auf der Suche nach süßen Snacks für Zwischendurch sind oder inseltypische, kulinarische Souvenirs suchen. Nach gut gehüteten Familienrezepten werden in dem schon 1890 gegründeten Laden nicht nur die inseltypischen Süßigkeiten *pastéli* (Sesam-Mandel-Honig-Riegel) oder *mándoles* (geröstete Mandeln) angeboten, sondern je nach Saison auch andere Köstlichkeiten wie die veganen *moustokoúloura* (Traubenmostkringel) zur Fastenzeit oder der typisch griechische Hefezopf *tsouréki* zu Ostern.

Sésoulas-Polátos. Odós Sotíros 11, Argostóli, Tel. 26 71 02 22 63.

Holzkonstruktion durch die heutige Steinbogenbrücke ersetzte, erinnert ein Obelisk auf etwa halber Höhe.

Archäologisches Museum

Nahe der Platía Valliánou kommen Geschichtsfans auf ihre Kosten. Im kleinen Archäologischen Museum von Argostóli werden die bedeutendsten Funde aus den vier antiken Stadtstaaten, Nekropolen und Heiligtümern der Insel ausgestellt. In drei Sälen kann man, wenn das seit 2014 geschlossene Museum wiedereröffnet, unter anderem mehrere Objekte aus spätmykenischer Zeit, also aus dem 12. Jahrhundert v. Chr. anschauen. Man sieht Gebrauchsgegenstände wie Vasen, aber auch Schmuck, Waffen und Grabbeigaben. Jünger sind die römischen Grabbeigaben und Münzen sowie das Fußbodenmosaik aus einer Villa derselben Zeit. Aus der hellenistischen Epoche stammen hingegen die Exponate, die man in der Melissáni-Höhle gefunden hat.

Korgialénios-Bibliothek und Kirche Ágios Spirídonas

Ein weiteres Museum liegt nur wenige Schritte weiter südwestlich. Im Erdgeschoss der von der vermögenden Familie Korgialénios gestifteten Bibliothek können sich Interessierte durch mehrere Schwarz-Weiß-Fotos einen Eindruck davon verschaffen, wie es auf Kefaloniá vor 1953 ausgesehen hat. Ausgestellt werden im Museum auch zahlreiche Trachten. Außerdem werden Uniformen und Abendkleider, kunstvolle Web- und Stickarbeiten sowie Schmuck aus dem 15. bis zum 19. Jahrhundert ausgestellt. Uralte Möbel und Ölgemälde zeugen vom eleganten Lebensraum der wohlhabenden Kefalonier. Auch Haushaltsobjekte, landwirtschaftliche Geräte, Werkzeuge und Ikonen vom 17. bis zum 19. Jahrhundert sind zu sehen.

Die dem heiligen Spirídonas geweihte Hauptkirche von Argostóli liegt an der Fußgängerzone Lithóstroto und ist innen vollständig im traditionellen Stil ausgemalt. Außer den Fresken mit Heiligen und biblischen Szenen sind über dem Eingang die Stifter abgebildet. Das Ehepaar, das die Kirche gestiftet hat, überreicht gemeinsam mit einem Priester dem heiligen Spirídonas ein Kirchenmodell.

Focas-Cosmetatos-Stiftung und Cephalonia Botanica

Nur wenige Meter trennen die Platía Valliánou von der Focas-Cosmetatos-Stiftung. Die Dauerausstellung im Erdgeschoss des nach dem Erdbeben wiederaufgebauten Hauses der wohlhabenden Familie Fokás-Kosmetátos zeigt Möbel vom Beginn des 20. Jahrhunderts, Lithografien und Geldsammlungen mit uralten Münzen und Geldscheinen der Ionischen Inseln. Zur selben Stiftung gehört der Botanische Garten im Süden der Stadt. Die Besucher spazieren auf Pfaden zwischen gut auf Griechisch und Englisch beschrifteten Pflanzen, die zwischen Steingärten, Teichen und einem Bach wachsen.

Oben: Wenn die Lichter den Abend einleuchten, erstrahlt Argostóli in voller Pracht.
Unten: Wertvolle Ikonen werden oft mit einem Oklad abgedeckt, sodass nur das Gesicht der Heiligen sichtbar ist.

Infos und Adressen

In den Cafés trifft man auf viele Einheimische.

ESSEN UND TRINKEN

Ambeláki. Restaurant mit leckeren, teilweise etwas kreativ verfeinerten griechischen Gerichten und kefalonischen Spezialitäten aus vielen regionalen Produkten. Eigener Hauswein. Odós I. Metaxá 26, Argostóli, Tel. 26 71 08 43 16, www.ampelaki.gr

Casa Grec. Elegantes, hübsch eingerichtetes Restaurant mit Innenhof und vielfältigen griechischen und mediterranen Gerichten und guten Weinen, versteckt hinter einem schlichten Eingang. Reservierung empfehlenswert. Odós St. Metaxá 10, Argostóli, Tel. 26 71 02 40 91.

Chocolatata. Beliebtes im Vintage-Stil eingerichtetes, kleines Café mit köstlichen Leckereien für Naschkatzen wie Zitronenkuchen, Muffins und hervorragendem Schokokuchen, aber auch Quiche Lorraine und hausgemachte Limonade. Odós Vergóti 4, Argostóli, Tel. 26 71 40 01 09.

Kyaní Aktí. Auf der Terrasse aus Holzplanken werden direkt über dem Wasser hervorragender Fisch und Meeresfrüchte serviert. Lecker aber nicht nur die Köstlichkeiten aus dem Meer, sondern auch die inseltypischen Fleischgerichte. Odós I. Metaxá (nahe dem Kreuzfahrtterminal), Argostóli, Tel. 26 71 02 66 80.

Paliá Pláka. Gemütliche Taverne mit Blick auf den Hafen und hervorragenden regionalen Spezialitäten wie mit Fisch oder Fleisch gefüllte Blätterteigtaschen, Zicklein in Tomatensauce und viele köstliche vegetarische Gerichte. Gutes Preis-Leistungs-Verhältnis. Odós Agnís Metaxá 2, Argostóli, Tel. 26 71 02 48 49, www.paliaplaka.gr

ÜBERNACHTEN

Aenos. Das 2-Sterne-Haus am Hauptplatz wurde bereits 1845 als erstes Hotel der Stadt eröffnet. Heute zeugt das nach dem Erdbeben aufwendig restaurierte Haus mit 33 Zimmern vom Flair des 19. Jh. Platía Valliánou, Argostóli, Tel 26 71 02 8013, www.aenos.com

Casa di Sonia. Hoch am Hang gelegene Studios und Apartments mit Kochnische und gemütlicher Garten mit Olivenbäumen, der einen herrlichen Ausblick auf die Stadt und die Bucht von Argostóli verspricht. Hilfsbereite Gastgeberin und gutes Preis-Leistungs-Verhältnis. Mietwagen empfehlenswert. Nikoláou Karvoúni, Argostóli, Tel. 26 71 02 23 24, www.casadisonia.gr

Mouikis. Modernes und geschmackvoll eingerichtetes City-Hotel mit aufmerksamem Service, ausgiebigem Frühstücksbuffet und geräumigen Zimmern, teilweise mit Meerblick. Zentral und dennoch ruhig gelegen. Odós Víronos 3, Argostóli, Tel. 26 71 02 30 32, www.mouikis.com.gr

EINKAUFEN

Gül Bahar. Diverse regionale, aber auch exotische Gewürze, Tees und Honig aus der Region sowie die auf Kefaloniá handgefertigten Seifen, z.B. mit Kamille und Honig, Orange und Zimt oder Zitrone. Odós Víronos 6, Argostóli, Tel. 26 71 02 01 10, www.gulbahar.gr

Sur Real. Auf Kefaloniá handgefertigter, origineller Lederschmuck, Gürtel und andere Accessoires – teilweise mit Halbedelsteinen. Lithóstroto 34, Argostóli, Tel. 26 71 02 30 63, www.surreal.gr

Workshop. Hübsche Deko-Artikel aus Glas und Silber sowie ausgefallener handgefertigter Mode- und Silberschmuck von griechischen Designern. Lithóstroto 50, Argostóli, Tel. 26 71 02 44 15.

AUSGEHEN

Bass Club. Gleichermaßen bei jungen Einheimischen und Urlaubern beliebter Club, in dem bei House, Mainstream und griechischer Pop-Musik bis in die Morgenstunden gefeiert wird. Tgl. ab 23.30 Uhr, Platía Valliánou/ Ecke Odós Vergóti, Argostóli, Tel. 26 71 02 50 20, www.bassclub.gr

Bees Knees. In der Cocktailbar trifft sich die einheimische Szene zu einem oder eher mehreren guten Drinks und hervorragenden Cocktails bei ausgelassener und herzlicher Atmosphäre. Gehört wird Jazz, Swing, Soul und Rock. Tgl. ab 17 Uhr, Odós Rizospáston 8, Argostóli, Tel. 26 71 02 80 59, www.beeskneesthebar.com

Pub Old House. Bei Einheimischen und Fremden, die es gern etwas rockiger mögen, beliebter Pub, in dem auch Ausstellungen und Events wie Bookcrossing stattfinden. Tgl. ab 19 Uhr, St. Metaxá 22, Argostóli, Tel. 26 71 02 35 32.

AKTIVITÄTEN

Glasbodenboot. Zwischen Mitte Mai und Ende Sept. fährt Kapitän Mákis mit dem Glasbodenboot Sun Cruises und seinen Gästen zur Erkundung der Meereswelt die Küste entlang und zu vorgelagerten Inseln. Bade- und Schnorchelstopp sowie Barbecue während der Ganztagestouren inklusive. Mi, Do, Sa, So 9–17.30 Uhr, Fr 10–14 Uhr, am Hafen, Argostóli, Tel. 26 71 02 57 75, www.captainmakis.gr

Tret- und Elektrobootverleih. Eine Spazierfahrt mit dem Tretboot, Hydro Bike oder einem kleinen Elektroboot in der Koutávos-Lagune südlich der De-Bosset-Brücke in der Bucht vor Argostóli ist ein schönes Erlebnis für Groß und Klein – besonders, wenn man mit Glück auf die dort lebenden Meeresschildkröten *Caretta caretta* trifft. Tgl. 9–21 Uhr, südlich der De-Bosset-Brücke, Argostóli, www.kefalonia-activities.com

INFORMATION

Tourist-Info der Gemeinde. Am Anleger der Kreuzfahrtschiffe, Odós I. Metaxá, Argostóli, Tel. 26 71 02 73 44.

Die Focas-Cosmetatos-Stiftung zeugt vom (einstigen) Wohlstand vieler Kefalonier.

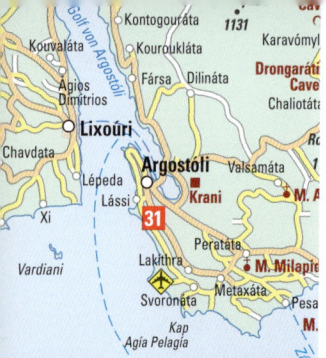

31 Lássi-Halbinsel
Spaziergang, Strände, Urlaubsorte

Auf der kleinen Lássi-Halbinsel, die sich im Süden in den tief eingeschnittenen Golf von Argostóli schiebt, liegt nicht nur die Inselhauptstadt. An der Nordspitze lohnt der Weg zu zwei Meerwassermühlen und einem der meistfotografierten Leuchttürme des Archipels. Im Westen erstreckt sich zwischen Lássi und dem Flughafen rund um die Strände Makrís Gialós und Platís Gialós das wichtigste Urlaubszentrum der Insel.

Eine kurze Fahrt mit dem Auto oder Motorroller oder ein etwa einstündiger Rundgang (reine Gehzeit) führt vom nördlichen Ortsrand Argostólis (S. 172) immer die Küste entlang zur gut einen Kilometer entfernten Nordspitze der Lássi-Halbinsel. Ein erster kurzer Halt lohnt beim Club-Restaurant »Katavóthres« (S. 181), das seinen Namen den davor im Gestein an der Küste auftretenden Schlucklöchern verdankt. Die in der Fachsprache Katavothren genannten natürlichen Rinden nehmen das Meerwasser auf, das nach 14 Tagen an der Ostküste bei Sámi (S. 200) und in dem über dem Meeresspiegel gelegenen Höhlensee Melissáni (S. 201) austritt. Erforscht hat man das geologische Phänomen, das wohl mit dem Druck und der Strömung zusammenhängt, im 19. und 20. Jahrhundert. 1963 bewiesen die Geologen Viktor Maurin und Josef Zetl von der Universität Graz mit 160 Kilogramm Farbe, die sie in die Schlucklöcher kippten und die in der Melissáni-Höhle und bei Sámi (S. 200) zum Vorschein kam, die Existenz der unterirdischen Kanäle. Das fotogene, alte Meerwasserrad ist nicht mehr in Betrieb.

Oben: Am Makrís-Gialós-Strand ist viel Platz für Spaß und Spiel.
Unten: Der acht Meter hohe Leuchtturm mit 20 Säulen und einem Türmchen in der Mitte ähnelt einem antiken Rundtempel.

Leuchtturm Agíon Theodóron

Entlang eines schmalen, felsigen Sandstrands erreicht man nach 700 Meter die nordwestlichste Ecke der Landzunge. Der dort stehende schlichte Leuchtturm Agíon Theodóron ist eins der Wahrzeichen von Kefaloniá. Der Vorgängerbau des nach dem Erdbeben neu errichteten Leuchtturms wurde 1829 vom britischen Gouverneur Charles Napier gestiftet und verdankt ihm auch den Beinamen Napier. Der 1964 erbaute Bau ist ein beliebtes Ziel zum Spazierengehen während des Sonnenuntergangs. Die untergehende Sonne taucht den Leuchtturm in ein stimmungsvolles Licht.

Monumento Caduti

Etwa zwanzig Minuten läuft man vom Leuchtturm entlang der Westküste der Halbinsel und folgt einem Schild nach links, das zum Monumento Caduti führt. Das Denkmal mit einem weißen Kreuz und Inschriften auf Griechisch und Italienisch erinnert an die Italiener, die im Zweiten Weltkrieg auf Kefaloniá gefallen sind. Nach der Kapitulation Italiens wurden 1943 nahe der Abzweigung von der Küstenstraße zum Denkmal 117 italienische Offiziere von den deutschen Truppen ermordet. Das

Nicht verpassen

DEN SONNENUNTERGANG GENIESSEN

Besonders schön ist ein Spaziergang entlang der Küste der Lássi-Halbinsel vor der Abenddämmerung. Einkehren kann man zur Zeit des Sonnenuntergangs äußerst gut im stylischen Café-Restaurant-Club »Katavóthres Rest Area« an der Nordspitze der Halbinsel, das einen hervorragenden Ausblick verspricht und auch bei Hochzeitsgesellschaften sehr beliebt ist. Rund um die modern gestaltete Terrasse, auf der an windreichen Tagen bodentiefe Fenster vor der kühlen Brise schützen, bilden die Meerwassermühlen mit den angelegten Kanälen und die Schluklöcher einen schönen Kontrast zwischen Alt und Neu. In der schönen Atmosphäre kann man bei einem Cocktail oder beim Abendessen die hinter der Halbinsel Palíki untergehende Sonne beobachten. Gekocht wird mediterran. Freitags und samstags nachts wandelt sich das Lokal zum Club.

Katavóthres Rest Area. 1,2 km nördlich von Argostóli, an der Küstenstraße, Tel. 26 71 02 22 21.

Monumento Caduti erinnert aber nicht nur an diese Offiziere, sondern auch an die insgesamt über 6000 italienischen Opfer des deutschen Massakers, das auch Thema des Hollywoodfilms *Corellis Mandoline* mit Nicolas Cage und Penelope Cruz war. Viele Szenen des Films wurden im Jahr 2000 übrigens in verschiedenen Inseldörfern wie Sámi (S. 200) und am Antíssamos-Strand (S. 203) gedreht. Vom Monument kann man in knapp zehn Minuten Richtung Südosten zum Nordrand von Argostóli (S. 172) zurücklaufen.

Lássi, Makrís Gialós und Platís Gialós

Die beiden stadtnahen Sandstrände Makrís Gialós und Platís Gialós machen das Gebiet südlich von Argostóli zur Urlauberhochburg und mit den ansässigen Strandbars zum Sommertreffpunkt der jungen Szene. Verlässt man Argostóli (S. 172) über die Straße gen Südwesten, erreicht man zunächst die Streusiedlung Lássi. Wie bei Makrís Gialós und Platís Gialós wird die Durchgangsstraße von Supermärkten, Cafés, Restaurants und Unterkünften gesäumt. Nach einem Ortskern sucht man vergeblich. Einige Hotels liegen zwischen der Hauptstraße und dem Meer. Wer hier wohnt oder in der Gegend unterwegs ist, ein großes Wassersportangebot sucht und es quirlig mag, kann die hübsch von Felsen und Bäumen eingerahmten Strände mit den unzähligen Liegestühlen besuchen. Die jungen Kefalonier in Partystimmung zieht es vor allem an den gut 500 Meter langen Makrís Gialós, der auch von den meisten Strandbars gesäumt wird. Im Südosten schließt sich, durch einen Felsen getrennt, der Strand Platís Gialós an. Der nur gut 100 Meter lange, aber sehr breite (griech. *platís*) und im Süden von zahlreichen Pinien gesäumte Strand ist ebenso gut besucht und bietet für die Kleinen viel Platz zum Spielen und Rumtoben. Erreichbar sind die flach abfallenden Strände mit dem glasklaren Wasser über Stichstraßen.

Oben: Felsen sorgen im Sand in der Nebensaison für etwas Privatsphäre.
Mitte: Langschläfer-Frühstück im Café »Mel's«
Unten: Das Meerwasserrad diente von 1835 bis 1953 zum Mahlen von Getreide.

Infos und Adressen

SEHENSWÜRDIGKEITEN

Meerwassermühlen. Frei zugänglich, 1,2 km nördlich von Argostóli, an der Küstenstraße.

Leuchtturm. Nicht zugänglich, 700 m westlich der Meerwassermühlen, an der Küstenstraße.

Monumento Caduti. Von der Küstenstraße südlich des Leuchtturms ausgeschildert.

ESSEN UND TRINKEN

Costa Costa. In einer der hippsten Strandbars der Insel gibt sich die einheimische Szene im Sommer ein Stelldichein. Sonnenbetten, Beach-Partys und die große Wassersportstation lassen junge Herzen höher schlagen. Makrís Gialós, südliches Strandende, Tel. 26 71 02 41 82, www.costacostabeach.gr

Mel's. Das kleine, moderne Café mit den knallroten Stühlen ist beliebter Treffpunkt zum Frühstücken und für einen herzhaften oder süßen Snack zwischendurch. Lássi, Hauptstraße, Tel. 26 71 10 08 44.

Phaedra. Gutes griechisches Essen, serviert in stimmungsvoller und gastfreundlicher Atmosphäre. Lássi, Hauptstraße, Tel. 26 71 02 66 31, www.phaedra-restaurant.gr

ÜBERNACHTEN

White Rocks. Großes, modernes Strandhotel mit eleganten Nichtraucher-Zimmern und -Bungalows sowie einem Pool mit Meerblick mitten im Kiefernwald auf einem Kap an einem nur über das Hotel zugänglichen Strand. Südlich des Platís-Gialós-Strands, Tel. 26 71 02 31 67, www.whiterocks.gr

EINKAUFEN

Weingut Gentilini. Auf dem stilvollen Weingut der Familie Kosmetátos wird seit 1978 Wein angebaut. Besucher können an einer Führung teilnehmen, die qualitativen Weine aus heimischen und ausländischen Rebsorten verkosten und natürlich kaufen. Mai–Sept. Mo–Sa 10.30–14.30 und 17.30–20.30 Uhr, Küstenstraße zwischen Miniés und Platís Gialós, Tel. 26 71 04 16 18, www.gentilini.gr

Das »Costa Costa« ist eine der beliebtesten Strandbars der Insel.

32 Livathós-Tal
Feine Dörfer in schönem Landstrich

In der fruchtbaren Hügellandschaft von Livathós, die sich südlich und südwestlich des Énos erstreckt, verteilen sich rund 25 Dörfer. Die blumenreichen Orte entzücken mit repräsentativen Wohn- und Ferienhäusern der Einheimischen und Villen von in die USA ausgewanderten Kefaloniern. Von den meist landeinwärts liegenden Dörfern führen immer wieder Stichstraßen zu naturbelassenen, oft einsamen Stränden.

Die südlichste Gegend der Insel begeistert schon bei der Durchfahrt mit der hübschen Landschaft. Der höchste Inselberg Énos fällt in dieser Gegend harmonisch zum Meer ab. Die Hauptstraße, die von Argostóli (S. 172) gen Osten verläuft, führt stellenweise durch üppige Weinberge. Lange Sandstrände, die teils Brutgebiete der vom Aussterben bedrohten Meeresschildkröten *Caretta caretta* sind, erreicht man hier und da über steile, nicht selten halsbrecherisch anmutende Stichstraßen oder Schotterpisten. Einzige Sehenswürdigkeit der Gegend ist das Kloster Ágios Andréas Milapidiás nahe dem Dorf Peratáta.

Kloster Ágios Andréas Milapidiás

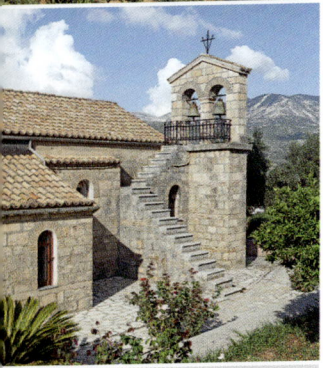

Das von Weinreben umgebene Nonnenkloster südlich unterhalb des Hügels, auf dem die Festung von Kástro (S. 190) thront, ist ein beliebtes Wallfahrtsziel, das seinen Beinamen Milapidiás den besonderen Bäumen verdankt, die hier wachsen. Sie sind eine Kreuzung aus Apfel- (*mílo*) und Birnenbäumen (*apídi*). Gegründet wurde das Kloster in byzantinischer Zeit. Urkundlich wurde es erstmals 1264 erwähnt. Die Gläubigen kommen wegen der Fußreli-

Oben: Die hübschen Dörfer des Livathós liegen eingebettet in der fruchtbaren Hügellandschaft.
Unten: Das Kloster Milapidiás ist für Kulturfans und Naturfreunde gleichermaßen interessant.

quie des Apostels Andreas in den Konvent, den eine rumänische Prinzessin, die sich 1639 hier niederließ, mit in das Kloster brachte. Sie verhalf dem Konvent durch großzügige Schenkungen auch zu Wohlstand. Der Fuß wird heute in einem silbernen Schrein in der modernen Klosterkirche aufbewahrt.

Besonders interessant ist ein Blick in das schöne Sakralmuseum, das in der alten, um 1600 erbauten Kirche untergebracht ist. Bestaunen kann man dort wertvolle, sakrale Schätze sowie erhaltene Fresken aus dem 13. Jahrhundert. Weitere Fresken aus dem 16. und 17. Jahrhundert, die während der britischen Besatzungszeit verputzt wurden, da die Kirche als protestantische Schule diente, sind erst nach dem Erdbeben 1953 zum Vorschein gekommen. Auf zwei Etagen werden außerdem liturgische Geräte, Schriften, Gemälde und uralte Gewänder von Priestern, Bischöfen und Heiligen ausgestellt. Eindrucksvoll sind die kunstvoll geschnitzten, vergoldeten Altarwände, auf deren Ikonen die wichtigsten Kirchenfeste abgebildet sind.

Mykenische Gräber

Nur 1,3 Kilometer südwestlich des Klosters lohnt für Archäologie-Interessierte ein kurzer Abstecher

Nicht verpassen

KEFALONIÁ MIT DEM KAJAK ENTDECKEN

Seit über zehn Jahren kann man bei Yvonne Walser und Pávlos Georgilás mit dem Kajak die einzigartige Küstenszenerie von Kefaloniá entdecken. Vor allem im Juni und September bietet sich eine Tour mit dem Kajak auf dem ruhigen Meer an. Dann genießt man am besten eine Tour entlang der teils nur vom Wasser aus erreichbaren Küstenabschnitte, die mit eindrucksvollen Klippen und einsamen Buchten begeistern. Besonders imposant sind auch die bis ans Meer reichenden Wälder. Mit Glück wird man im glasklaren Wasser von Delfinen begleitet. Je nach Wunsch kann man an diversen Tages- oder Mehrtagestouren, auch zu Nachbarinseln, teilnehmen oder Kurse und Pakete mit Übernachtungen buchen. Ausrüstung gibt es natürlich vor Ort.

Sea Kayaking Kefaloniá. Afráto (nahe dem Trapezáki-Strand), Hauptstraße, Tel. 69 34 01 04 00, www.seakayakingkefalonia-greece.com

zu den im 19. Jahrhundert entdeckten mykenischen Gräbern von Mazarakáta. Die größte Grabstätte der Insel aus der Zeit um 1400 und 1050 v. Chr. besteht aus mehreren in den Felsen gehauenen Grabkammern. Die Gräber bestehen jeweils aus einem Korridor, dem sogenannten *drómos*, dem Eingang und der Grabkammer.

Kourkoumeláta

Etwas weiter südlich kann man sich im fotogenen Kourkoumeláta ein gutes Bild von einem der schönsten und eindrucksvollsten Dörfer der Insel machen. Das nach dem Erdbeben 1953 in neuem Glanz erstrahlende, sehr gepflegte und wohlhabende Dorf besteht aus stattlichen Villen und üppigen Gärten. Die von hier stammende griechische Reederfamilie Vergótis half damals mit großzügi-

Oben: Die unterschiedlich großen Gräber von Mazarakáta verteilen sich auf einem Gelände zwischen Oliven und Zypressen.
Unten: Oft führen Stichstraßen im Livathós-Tal zu idyllischen Fischerhäfen.

Einfach gut!

gen Spenden dabei, ein Vorzeigedorf zu schaffen, wie es in Griechenland nur selten zu finden ist. So wurden damals zwischen neuen Straßen 55 Häuser gebaut, die drei verschiedenen Größen und Typen entsprachen. Harmonisch ins Bild setzte man die öffentlichen Gebäude wie den repräsentativen, neoklassizistischen Bau des Kulturzentrums oder das Café mit toller Aussicht in Form eines Schiffes, aber auch ein Stadion, Spielplätze, Rasenflächen und Parkanlagen mit Palmen. Auffällig sind auch die äußerst gepflegten, farbenfrohen Gärten mit ihren prächtigen Blumen und hier und da auch die ein oder andere Holzskulptur.

Strände Ái Chélis, Ávithos und Paliolinós

Südlich von Kourkouméláta erreicht man – am besten über das Dorf Svoronáta – einige Strände, die besonders bei Einheimischen sehr beliebt sind. Ausgeschildert ist von Svoronáta zunächst der breite Strand Ái Chélis mit dem grauen, flach abfallenden Sand. Außer Liegestühlen und Sonnenschirmen gibt es an diesem Strand auch ein großes Wassersportangebot. Weiter östlich gilt der Strand Ávithos unter den Kefaloniern als einer der schönsten Strände der Insel. Der gut anderthalb Kilometer lange Strand mit dem goldgelb schimmernden Sand geht im Nordwesten in den Strand Megáli Pétra über, der seinen Namen einem großen Felsen im Sand verdankt. Das glasklare Wasser, das an diesem Strandabschnitt sanft auf den Sand schwappt, ist auch gut für Kinder geeignet. Völlig unerschlossen ist der südöstlich von Ávithos liegende malerische Sandstrand Paliolinós, an dem Felsen im türkisgrün schimmernden Wasser ein tolles Bild schaffen. Ruhesuchende finden an diesem Strandabschnitt auch kleine, durch Felsen gebildete Buchten.

PREISWERT ÜBERNACHTEN

Wer für den Urlaub im Süden von Kefaloniá eine einfache und günstige Unterkunft sucht, nicht unbedingt Kontakt zu den Vermietern braucht und einen Mietwagen hat, um die Gegend zu erkunden, ist in den Vrisída Studios gut aufgehoben. Für kleines Geld wohnt man dort in einem Haus, das von einem schönen Garten umgeben ist. Die zwölf mit einer Kochnische ausgestatteten, recht geräumigen und ordentlichen Studios liegen mitten im Grünen. Von den kleinen Balkonen kann man teilweise den seitlichen Blick über den grünen Hang auf das Meer genießen. Auch Ruhe ist in dem einfachen Häuschen und seinem Garten garantiert. Den schönen Lourdás-Strand erreicht man nach etwa 300 Meter über die steil hinabführende Stichstraße, die vor der Apartmentanlage entlangführt.

Vrisída Studios. Lourdáta, Hauptstraße, Tel. 69 72 01 04 60 (mobil), www.vrisida.com

Lourdáta

Ein weiteres hübsches Dorf mit beliebtem Strand liegt gut über die Hauptstraße erreichbar einige Kilometer weiter östlich. Lourdáta ist idyllisch in Olivenhaine und Weinberge eingebettet und wird von einigen Wochenenddomizilen der Kefalonier geprägt. Diese verstecken sich wie auch mehrere neu entstandene Unterkünfte für Urlauber in der üppig grünen Landschaft und haben meist einen fantastischen Blick über das Meer zur Nachbarinsel Zákynthos. Eine steile, kurvenreiche Straße führt vom Ort hinab zum sehr beliebten Ortsstrand Lourdás, an dem man ebenfalls Unterkünfte findet. Der gut anderthalb Kilometer lange Strand ist feinsandig und an einigen Stellen mit hellen Kieselsteinen durchsetzt. Die Uferstraße, die gleich hinter dem Strand verläuft, wird von Tavernen und Cafés gesäumt. Gern wird am Strand schon mal die eine oder andere Beach-Party gefeiert. Gen Nordwesten erreicht man hinter dem künstlich angelegten Hafen von Lourdás den Nachbarstrand Trapezáki. Der etwa drei Kilometer lange Sandstrand ist nicht touristisch erschlossen und fällt flach ab.

Oben: Häuser von Lourdáta in der grünen Landschaft begeistern oft mit Meerblick.
Unten: Bei Wanderungen trifft man manchmal auf vergessene Landwirtschaftsgeräte wie diese Olivenpresse.

Infos und Adressen

SEHENSWÜRDIGKEITEN

Kloster Ágios Andréas Milapidiás. Kloster tgl. 8–14 und 17–20.30 Uhr, Museum Mo–Sa 8–14 Uhr, 600 m südlich von Mazarakáta (ausgeschildert).

Mykenische Gräber von Mazarakáta. Unregelmäßig geöffnet, Hauptstraße Argostíli–Pessáda, 250 m nordwestlich der Abzweigung nach Mazarakáta (ausgeschildert).

ESSEN UND TRINKEN

Marína. Einen tollen Blick auf das Tal und das Meer verspricht das hübsche Café, in dem es kleine Snacks sowie hausgemachte süße Leckereien wie Walnusskuchen (*karidópita*) gibt. Kourkoumeláta, Hauptstraße, Tel. 26 71 04 21 20.

Denis. Geschmackvolles Strandrestaurant gleich über dem Strand, in dem man morgens auch frühstücken kann. Mittags sind die Speisen traditionell griechisch, abends wie der Oktopus mit dem Erbsenpüree (*fáva*) pfiffig abgewandelt. Trapezáki-Strand, Tel. 26 71 03 14 54, www.deniskefalonia.gr

ÜBERNACHTEN

Stella Vineyard. Vom kanadisch-griechischen Paar Colette und Leftéris Miliaréssis geführte Unterkunft in einem Landhaus mit viel Charme. Von den Zimmern hat man eine schöne Aussicht über die Weinreben aufs Meer. Lourdáta, Tel. 26 71 03 15 82, www.stellavineyard.gr

EINKAUFEN

Weingut Metaxás. In der Weinkellerei der Familie Metaxás, die schon seit dem 18. Jh. Wein anbaut, werden seit den 1990er-Jahren 6 verschiedene Weine aus heimischen Trauben produziert. Mai–Okt. Mo–Fr 10.30–14.30 Uhr, Mavráta, Tel. 26 71 08 12 92.

Weingut Divino. In dem ländlich anmutenden Hauptgebäude aus dem 17. Jh. erfährt man etwas über die Familiengeschichte und kann liebliche und halbtrockene Weine sowie den typisch griechischen Harzwein Retsína probieren und kaufen. Juni–Okt. tgl. 10–20 Uhr, Pessáda, an der Straße zum Hafen, Tel. 26 71 06 91 90.

Der Lourdás-Strand wird gern von Auslandsgriechen besucht, die hier Ferienhäuser haben.

33 Kástro und Umgebung
Stilles Dorf, beliebtes Kloster

Das charmante und stille Dorf Kástro, das einst oberhalb des alten Inselhauptorts thronte, ist vor allem wegen der venezianischen Festung Agíos Geórgios ein sehr beliebtes Ausflugsziel. Nicht missen sollte man im Hochtal Omalá in der Nähe den Besuch des Klosters Ágios Gerássimos und der Winzerkooperative Róbola. Außerdem bietet sich ein Ausflug auf den höchsten Inselberg, den 1627 Meter hohen Énos an.

Das Dörfchen Kástro, das sich auf einem Hügelrücken oberhalb des Livathós-Tals erstreckt, kennen Urlauber vor allem wegen der gleichnamigen Burg vom Anfang des 16. Jahrhundert. Lohnenswert ist der Besuch des hübschen Ortes mit den gepflegten Häuschen und den blumenreichen Gärten aber nicht nur aufgrund der Festung. Zwischen einigen neuen, meist im traditionellen Stil erbauten Häusern, in denen heute gerade mal 44 Einwohner leben, trifft man auf mittelalterliche Ruinen, Mauern und Brücken. Von den wenigen Restaurants an der Hauptstraße unterhalb der Burgmauern hat man eine schöne Aussicht auf das Tal und das Meer. Vor allem genießt man in Kástro aber die friedvolle Stille und den Streifzug durch die teilweise uralte Bausubstanz zwischen farbenprächtigen Blumen.

Ágios Geórgios

Die Festung Ágios Geórgios, die auf 320 Metern Höhe thront, war bis 1757, als Argostóli (S. 172) zur Inselhauptstadt ernannt wurde, Sitz der venezianischen Verwaltung. Auf dem Hügel konnten sich die Einheimischen und die venezianischen

Oben: Bis heute scheint die Festung Ágios Geórgios über Kástro und das umliegende Land zu wachen.
Unten: Einkehren kann man gleich unterhalb der Festung, z.B. im »Il Borgo«.

Kástro und Umgebung

Statthalter gut drei Jahrhunderte vor Überfällen schützen. Errichtet wurde die Festung jedoch vermutlich schon von den Byzantinern im 12. Jahrhundert, die sie ebenfalls als Inselhauptstadt nutzten. Im Jahr 1504 erhielt sie von den Venezianern ihre heutige Form. Wie groß die Festung wirklich ist, erkennt man erst innerhalb der insgesamt gut 600 Meter langen, zinnenbekrönten Mauern. Dort, wo heute im Frühling unzählige Wildblumen wachsen, lagen einst mehrere öffentliche Gebäude und private Wohnhäuser. Die Ruinen lassen auch auf dort ehemals stehende Kirchen, ein Hospital, ein Gefängnis und Brunnen schließen. Am anderen Ende des Orts kommen Architekturfans auf ihre Kosten.

Ein kurzer Spaziergang führt von der Burg zur restaurierten Kirche Evangelístria, dem einstigen Bischofsitz der Insel. Die 1580 erbaute, einschiffige und meist verschlossene Kirche zeugt vom typischen barocken Stil der Ionischen Inseln. Vor dem Gebäude ist noch der alte Glockenturm erhalten, der ebenso wie die Fassade der Kirche von einfachen Reliefs zeugt. Am Glockenturm wurden zwei Engel in den Stein gemeißelt. Über dem Hauptportal ist eine in den Stein gehauene Uhr mit römischen Zahlen zu sehen. Zwei aus der Mauer herausgreifende, steinerne Hände darüber dienten vermutlich einst als Fahnenmast.

Ágios Gerássimos

Neun Kilometer nordöstlich von Kástro markiert das dem Inselheiligen Ágios Gerássimos geweihte Nonnenkloster am Rand des fruchtbaren Omalá-Hochtals das religiöse Zentrum der Insel. Das im Hauptanbaugebiet der heimischen Rebsorte Róbola stehende Kloster wurde im Jahr 1560 vom Inselheiligen selbst gegründet und ist eins der wichtigsten Wallfahrtsziele der Ionischen Inseln. Von

Einfach gut!

DER HÖCHSTE BERG DES ARCHIPELS

Wanderer und Freunde einsamer Bergregionen können nördlich des Klosters Ágios Gerássimos von der Straße zwischen Argostóli (S. 172) und Sámi (S. 200) auf den 1627 Meter hohen Énos fahren. Die Venezianer nannten den üppig mit endemischen Pflanzen und dunklen Kefaloniá-Tannen bewachsenen Berg auch *Monte Negro*, »schwarzer Berg«. Schon 1962 wurde die Bergregion, in der man mit viel Glück auch auf die wenigen, dort noch lebenden Wildpferde trifft, zum Nationalpark erklärt, um die seltene Baumart zu schützen. Die asphaltierte Straße, die im weiteren Verlauf zu einem mit Jeeps befahrbaren Schotterweg wird, führt durch die Bergwälder und hinauf auf den Gipfel Mégas Sorós. Oben angekommen fasziniert die Aussicht über Kefaloniá und das Meer auf die Nachbarinsel Ithaka (S. 220). An bewölkten Tagen sollten Wanderer sich nicht auf den Weg machen. Einkehrmöglichkeiten gibt es nicht.

Kástro aus kommend passiert man zunächst die in den 1980er-Jahren neu erbaute, weithin sichtbare Kirche. Das monumentale Gotteshaus gleich neben dem alten Klosterkomplex ist jedoch nicht das erste Ziel der Pilger. So ist die neue Kirche, deren Bau nur durch Spendengelder vieler wohlhabender Einheimischer und in die USA ausgewanderter Insulaner finanziert wurde, meist nur zu Gottesdiensten und an Festtagen wie dem 16. August, dem Todestag des Heiligen, und dem 20. Oktober, dem Tag seiner Heiligsprechung, geöffnet. Wer dann vor Ort ist, kann im prachtvollen Gotteshaus die marmorne Altarwand und die eindrucksvollen Malereien im byzantinischen Stil bestaunen.

An anderen Tagen besucht man die alten Klostergebäude. Der Heilige, der sich 1555 zunächst als Asket auf Kefaloniá niederließ, gründete das Kloster etwa fünf Jahre später. Auf dem Klosterhof steht bis heute eine mächtige Platane, die der Inselpatron selbst pflanzte. Außerdem liegen dort zahlreiche uralte Kapitelle und Säulenreste, vermutlich von Vorgängerbauten verstreut. Tägliches Ziel unzähliger Pilger ist die bescheidene alte Kirche, die mit Wandmalereien geschmückt ist und in der in einem Silberschrein der Sarkophag des Heiligen liegt. Die Pilger, die zur Kirche fahren, können die Reliquie durch eine regelmäßig vom Priester geöffnete Klappe küssen und dadurch ehren. Auch nimmt der Priester die auf Zetteln geschriebenen Gebete und Wünsche der Gläubigen an. Sie werden beim Öffnen der Klappen auch laut von ihm verlesen. An der Wand gegenüber dem Eingang zeugt ein Fresko von der Entschlafung des Heiligen. Die Decke ist mit Fresken bemalt, die Szenen aus dem Neuen Testament abbilden. Eine geöffnete Klappe im Kirchenboden weist den Weg über eine schmale, drei Meter hohe Leiter hinab zur kleinen Höhle unter der Kirche. Dort ließ sich der Heilige zunächst nieder.

Oben: Wehrhaft muten die massiven Mauern der Festung Ágios Geórgios an.
Mitte: Guter Service und Gastfreundlichkeit haben auch in den Lokalen von Kástro hohe Priorität.
Unten: Pilger ehren im Kloster Ágios Gerássimos den Heiligen.

Infos und Adressen

SEHENSWÜRDIGKEITEN

Festung Agíos Geórgios. Juni–Sept. Di–So 8.30–15.30 Uhr, Kástro, westlicher Ortsrand.

Kirche Evangelístria. Meist verschlossen, Kástro, östlicher Ortsrand.

Kloster Ágios Gerássimos. Tgl. 4–13 und 15.30–21 Uhr, 1,2 km südlich von Valsamáta, Tel. 26 71 08 63 85.

ESSEN UND TRINKEN

Il Borgo. Im Schatten der Festung sitzt man auf der weinüberrankten Terrasse des Restaurants mit herrlichem Blick über das Livathós-Tal auf das Meer. Gekocht wird mediterran. Hauptstraße, Kástro, Tel. 26 71 06 98 00, www.ilborgo.gr

To Kástro. Auf der blumenreichen Terrasse des kleinen, familiären Cafés kann man sich mit Blick auf den Énos schnell wohlfühlen und kleine Snacks, aber auch Süßes wie frische Waffeln oder Kuchen genießen. Hauptstraße, Kástro, Tel. 26 71 06 93 67.

Der Inselwein schmeckt zum Essen besonders gut.

Originelle Deko vor dem »Volente Voltera«

EINKAUFEN

Polytropon Art Gallery. Handgefertigte Kunstobjekte, Malereien und Fotos sind eine gute Wahl für alle, die mediterranes Flair mit nach Hause nehmen möchten. Über der Galerie werden 2 hübsch eingerichtete Apartments mit Balkon und Blick auf den Énos vermietet. Mai–Okt. tgl. 10–23 Uhr, Kástro, westlicher Ortsrand (ausgeschildert), Tel. 26 71 06 99 44, www.polytroponart.com.gr

Volente Voltera. In dem originell und stilvoll eingerichteten Geschäft von Natása Voltéra gibt es handgefertigten Schmuck und Kleidung griechischer Designer. Kástro, Hauptstraße, Tel. 26 71 06 84 50.

Winzerkooperative Róbola. Bei der 1982 gegründeten Kooperative kann man Weine aus der heimischen Traube Róbola verkosten und natürlich kaufen. Mai–Okt. tgl. 7–20 Uhr, Nov.–April Mo–Fr 7–15 Uhr, 500 m südlich des Klosters Ágios Gerássimos, Tel. 26 71 08 63 01, www.robola.gr

EDLE TROPFEN
Die Weine von Kefaloniá

Die edlen Tropfen der Insel können Weinliebhaber in mehreren Kellereien gleich vor Ort probieren.

Besonders im Süden von Kefaloniá trifft man immer wieder auf endlos erscheinende Weinberge. Das vorteilhafte Klima und der ergiebige Boden sind gut für den Anbau heimischer, aber auch anderer Weinsorten geeignet. Den Besuch des einen oder anderen Weinguts und der Winzerkooperative Róbola sollten nicht nur Weinliebhaber auf der To-do-Liste haben. Interessante Geschmackserlebnisse sind garantiert.

Lange hatten griechische Weine auf internationalen Märkten trotz jahrhundertelanger Tradition nicht den besten Ruf. Vor allem früher dachten die meisten, wenn es um griechische Weine ging, hauptsächlich an den auch über die Landesgrenzen hinaus bekannten Harzwein Retsína, der auch auf Kefaloniá im Weingut Divíno produziert wird. Mit vielen interessanten Weinen und guter Qualität schaffen es in den letzten Jahren jedoch immer mehr griechische Winzer, das Interesse internationaler Weinexperten zu wecken und sie mit edlen Tropfen zu überzeugen.

Kefaloniá ist besonders für die Weine aus der heimischen Sorte Róbola bekannt, die von den Venezianern eingeführt worden sein soll und mittlerweile nur noch auf Kefaloniá auf kiesigem Boden an den Hängen rund um das Hochtal Omalá kultiviert wird. Wer mehr über die Róbola-Weine erfahren, sie probieren oder kaufen will, besucht am besten die Winzerkooperative Róbola (S. 193) am Kloster Ágios Gerássimos. Bei der 1982 gegründeten Kooperative, der 300 Winzer angehören, gibt es verschiedene Variationen des säurebetonten Weißweins mit dem leichten Aroma von Zitrusfrüchten. Außer dem trockenen, jungen Róbola Kefaloniás und einer Bio-Variante gibt es auch Weine aus mehreren heimischen Rebsorten wie den fruchtigen Plagiés Énou (20 % Róbola, 20 % Tsaoússi, 20 % Mothoniós, 20 % Vostilídi, 20 % Zakynthinó) und den halbtrockenen Brillante (40 % Róbola, 30 % Muskat, 30 % Tsaoússi).

Ebenso lohnenswert wie der Besuch der Winzerkooperative ist für alle, die es gerne stilvoll und überschaubar mögen, das Weingut Gentilini in Miniés. Im hübschen Weingut der Familie Kosmetátos wird seit 1978 Wein angebaut. Verkosten kann man dort nicht nur die qualitativen Weine aus Róbola-Trauben, sondern auch hervorragende Weine, die heimische, griechische und internationale Varietäten kombinieren wie den fruchtigen Rotwein mit Aromen von Vanille, Pfeffer und Wildkirschen Gentilini Red, den Premiumwein Gentilini Syrah, für den auch die heimischen Trauben Mavrodáfni verwendet werden, oder den Eclipse Limited Release, von dem jährlich nur 2000 Flaschen produziert werden.

Gut schmecken die Weine zu regionalen Gerichten.

34 Skála
Beliebter Ferienort

Die bedeutenden Überreste einer römischen Villa zeugen im beliebten Ferienort Skála von antiker Besiedelung. Unterkünfte findet man nach jedem Geschmack und Geldbeutel. Der Urlaubsort mit dem beschaulichen Flair und dem weitläufigen, recht rasch abfallenden Sandstrand hält ein großes Wassersportangebot bereit und entzückt die vorwiegend britischen Gäste auch mit einem Kiefernwäldchen nah am Wasser.

Skála, das drei Jahre nach dem Erdbeben von 1953 wiederaufgebaut wurde, zählt mit unzähligen Fremdenbetten zu einem der wichtigsten Ferienorte von Kefaloniá. Einige Dünen am grobsandigen, breiten Strand, an dem jeder ein passendes Plätzchen findet, und ein bis fast ans Ufer reichendes Kiefernwäldchen mit Spielplatz und Schachbrettboden machen das prunklose Flair des lang gestreckten Urlaubsorts aus. Das kaum besiedelte Hinterland ist von Kiefern und Zypressen bespickt.

Römisches Erbe

Für Rundreisende lohnt ein Halt in Skála sowohl für einen Sprung ins kühle Nass, aber auch wegen der Überreste einer römischen Villa. Datiert wird sie ins zweite Jahrhundert. Das Landhaus mit sechs Bereichen gilt als bedeutendste Ausgrabung der Insel aus der römischen Epoche. Eindrucksvoll liegen zwischen den Grundmauern der 1956 freigelegten Villa teils recht gut erhaltene Mosaikböden mit mehrfarbigen Motiven. Umgeben von geometrischen Figuren wird auf einem Mosaik ein Jüngling gezeigt, der den Neid personifiziert und von vier wilden Tieren angefallen wird. Ein anderes Mosaik

Oben: Am Strand von Skála ist viel los. Urlauberwünsche bleiben nur selten unerfüllt.
Unten: Die römische Villa in Skála gehört zu den wenigen jahrtausendealten Zeugnissen auf dem Archipel.

thematisiert die Opferung von Tieren. Dazu bildete der Bildhauer Kráteros zwei Männer ab, die einen Opferstein flankieren. Die Tiere, die geopfert werden sollen, werden darunter abgebildet.

Etwa zwei Kilometer nördlich von Skála können Archäologie-Fans einen kurzen Halt an der Straße Richtung Póros (S. 198) bei der Kirche Ágios Geórgios machen. Dort sind die bisher nur teilweise freigelegten Reste eines dorischen Tempels aus dem 6. Jahrhundert v. Chr. zu sehen. Vermutlich war der Tempel am Meer Zwischenstation für Seefahrer. Einige antike Bauteile des Tempels wurden im Mauerwerk der Kirche und im Altar eingearbeitet.

Ratzaklí und Káto Kateliós

Auch die westlich von Skála liegenden Orte Ratzaklí und Káto Kateliós haben weitläufige, allerdings meist ruhigere Strände als der bekanntere Ferienort. Aufgrund der reizvollen Landschaft haben sich zwischen Dörfern und Stränden auch einige Hotels angesiedelt. Von Ratzaklí erreicht man den gut zwei Kilometer langen, breiten und feinen Strand Kamínia, von dem man über das Meer zur Nachbarinsel Zákynthos blickt. Am südöstlichen Teil des Strandes, der Moúnda genannt wird, werden die Meeresschildkröten *Caretta caretta* geschützt, die hier in den Sommernächten ihre Eier ablegen. Besonders beliebt ist weiter westlich der Strand des ehemaligen Fischerdorfs Káto Kateliós. Südlich des von Kiefern und Eukalyptusbäumen gesäumten Strands sorgen einige vor Anker liegende Fischerboote für eine idyllische Kulisse. Gern baden im seichten Wasser Familien mit Kindern. Die Tavernen hinter dem Strand sind wegen ihres frischen Fisches sehr beliebt. Etwa neun Kilometer westlich lockt der Strand Koróni hingegen mit feinem Sand, kristallklarem Wasser und Tonerde, die gern für natürliche Gesichtsmasken genutzt wird.

Infos und Adressen

SEHENSWÜRDIGKEITEN

Römische Villa. Mai–Sept. Di–So 9–15 Uhr, Skála, südlicher Ortsrand (ausgeschildert).

Reste des dorischen Tempels. Frei zugänglich, 2 km nördlich von Skála Richtung Póros.

ESSEN UND TRINKEN

Apostólis. In der Familientaverne gibt es abseits des Trubels leckere *mezédes* und traditionelle Hausmannskost wie gefüllte Tomaten und Paprika *gemistá*. Tgl. ab 17 Uhr, Skála, Tel. 26 71 08 31 19, www.apostolistaverna.com

Old Times. Gepflegte Taverne mit Meerblick und guter griechischer Küche, egal ob Fleisch, Fisch oder vegetarisch. Probierenswert ist die inseltypische *kreatópita* (Fleisch im Strudelteig). Tgl. 13–23.30 Uhr, Skála, Straße Richtung Póros, Tel. 26 71 08 35 75, www.oldtimestavern.com

ÜBERNACHTEN

Moúnda Beach. Ruhig am Hang gelegenes Hotel mit elf Apartments. Das griechische Frühstück gibt es im angeschlossenen Restaurant. Oberhalb des Moúnda-Strands, Tel. 26 71 08 31 51, www.moundabeach.gr

In feinster Handarbeit wurden die Mosaike in der römischen Villa gefertigt.

35 Póros und das Hinterland
Beschauliches Hafenörtchen

Das anspruchslose Póros ist Ziel der Reisenden, die Kefaloniá mit der Fähre vom griechischen Festland aus ansteuern, wird aber auch als Quartier von Urlaubern gewählt, die auf der Suche nach einem nicht ganz so überlaufenen Ziel wie Skála sind. Für Rundreisende ist vor allem das Hinterland einen Ausflug wert. Dort warten ein Kloster, ein mykenisches Grab und ein reizvoll gelegener See auf Erkundung.

Obwohl das sich über ein paar Kilometer an der Küste erstreckende Póros einen langen Strand aufweist, ist es noch lange nicht so überlaufen wie Skála (S. 196). Das beschauliche Póros ist nicht nur Badeort, sondern auch wichtiger Hafen, von dem Fähren nach Kyllíni auf dem griechischen Festland und Zákynthos übersetzen. Eine Straße trennt im über eine kurze Brücke erreichbaren Norden des Orts einen grünen Hang vom etwa zwei Kilometer langen und recht schmalen Kiessandstrand Arágia mit dem kristallklaren Wasser. Den Hang klettern einige Häuser und Hotels empor. Südlich des Strands erstreckt sich der architektonisch uninteressante Ortskern. Wer hier den Urlaub verbringt, trifft südlich des Orts auf ein paar einsamere Buchten.

Kloster Átrou

Oben: Der Küstenabschnitt südlich von Póros präsentiert sich an vielen Stellen recht einsam und unberührt.
Unten: Póros reizt Urlauber hauptsächlich mit Beschaulichkeit.

Etwa 1,3 Kilometer landeinwärts zweigt hinter der Schlucht von Póros die Piste zum ältesten Kloster der Insel ab. Das hoch über dem Meer thronende Kloster ist nach weiteren 4,4 Kilometern erreichbar und beliebtes Wanderziel. Es soll schon im 8. Jahr-

Póros und das Hinterland

hundert gegründet worden sein. Urkundlich erwähnt wurde es erstmals im 13. Jahrhundert. Neben den modernen Gebäuden sind der mittelalterliche, quadratische und etwa zehn Meter hohe Wachturm und eine alte Empfangshalle erhalten. Der einst von Mönchen bewohnte Klosterkomplex, dessen Kirche der Geburt der Muttergottes geweiht ist, ist heute unbewohnt und begeistert vor allem mit der Stille. Eindrucksvoll ist jedoch auch die Aussicht auf Póros, das Umland und das Meer.

Mykenisches Grab

Dass die Gegend schon vor Jahrtausenden besiedelt war, bezeugen die in den 1990er-Jahren freigelegten Gräber aus der Zeit zwischen 1400 und 1050 v. Chr., die ebenfalls über die Straße zwischen Póros und Sámi (S. 200) erreichbar sind. Der Wegweiser führt durch Steineichen und Erdbeerbäume zum bedeutendsten der Gräber aus mykenischer Zeit. Die Grabkammer des Kuppelgrabs aus der Zeit um 1350 v. Chr., dessen Kuppel eingebrochen ist, mit einem Durchmesser von 6,9 Meter und einer Höhe von vier Metern ist begehbar. Grabbeigaben, die im Archäologischen Museum von Argostóli (S. 172) ausgestellt werden, lassen darauf schließen, dass das Grab einer wohlhabenden Familie gehörte.

See von Ávythos

Folgt man der Straße ab Tzanáta gut fünf Kilometer weiter Richtung Sámi (S. 200), kann man vom Dorf Ágios Nikólaos zu einem kleinen See fahren. Schilder weisen den Weg zum von Schilf und hohen Bäumen gesäumten idyllischen See. Reizvoll ist eine Fahrt zum umzäunten See, der das Tal bis Póros bewässert, vor allem wegen der eindrucksvollen Landschaft. Er liegt umgeben von tiefem Grün, hohen Zypressen und Hügeln, die sich im Wasser des Sees eindrucksvoll spiegeln.

Infos und Adressen

SEHENSWÜRDIGKEITEN

Kloster Ártou. Klosterhof zugänglich, 1,3 km westlich von Póros (an der Straße Richtung Sámi rechts ausgeschildert), dann weitere 4,4 km den Hügel hinauf.

Mykenisches Grab. Di–So 8–15 Uhr, 2,4 km südwestlich von Póros (an der Straße Richtung Sámi links nach 2 km ausgeschildert).

ESSEN UND TRINKEN

Agrapídos. Der recht steile Aufstieg zu der hoch über der Hafenbucht gelegenen Familientaverne wird mit einer grandiosen Aussicht und köstlichen landestypischen Gerichten belohnt. Originell ist die in Schulhefte handgeschriebene Speisekarte. Oberhalb des Hafens, Póros, Tel. 26 74 07 24 80.

M'anáveis. Gemütliche Taverne gleich am Strand mit hervorragenden *mezédes* wie Zucchinipuffer (*kolokithokeftédes*), Fleisch aus der Region und frischem Fisch zu guten Preisen. Sa Livemusik. Póros, am Arágia-Strand, Tel. 26 74 07 27 37.

Den Hintergrund von Póros bildet eine Hügellandschaft.

36 Sámi und Umgebung
Interessantes rund um einen Hafenort

Antike Überreste, Klosterruinen und außergewöhnliche Naturerlebnisse machen die Region rund um Sámi, Kefaloniás wichtigstem Hafenort, zum beliebten Ausflugsziel: Der Höhlensee Melissáni ist über die Insel hinaus bekannt und in der Nachbarbucht Antíssamos wurden Szenen für den Hollywoodstreifen *Corellis Mandoline* gedreht. Schöner übernachten kann man im bei Seglern beliebten Nachbarort Agía Effimía.

Der größte Ort an Kefaloniás Ostküste ist zugleich einer der wichtigsten Häfen der Insel. Fähren verbinden Sámi täglich mit der Nachbarinsel Ithaka (S. 220), Vassilikí auf Lefkáda und Pátras auf der Peloponnes. Der von grünen Hängen umgebene Ort wird außerdem von vielen Seglern angesteuert, die abends in den Tavernen und Cafés an der Uferstraße einkehren. Dort liegen auch Reisebüros, in denen man Fährtickets und Ausflüge buchen kann. Aufgrund des Campingplatzes, der sich am westli-

GUT ZU WISSEN

MIETWAGEN ODER NICHT?!
Wer den Urlaub nicht nur am Strand vor dem gebuchten Hotel verbringen möchte, sollte auf Kefaloniá wie auch auf den anderen Inseln am besten ein Auto mieten. Die größte der Ionischen Inseln ist weitläufig und Attraktionen verstecken sich oft – wie in Sámi – verstreut rund um die Orte. So ist ein Mietwagen nicht nur für die Gegend rund um Sámi und Agía Effimía für ein paar Tage empfehlenswert. Auch wer Ithaka (S. 220) auf eigene Faust mit der Fähre ansteuert, sollte das Auto mitnehmen.

Oben: Trotz reger Betriebsamkeit sorgt der Blick auf die Fischerboote in Sámi für ein nettes Flair.
Unten: Markant erhebt sich im Hof des Klosters Theotókou Agrilíon der alte Wachturm.

chen Ortsrand vor dem langen Kiessandstrand erstreckt, quartieren sich besonders gern junge Leute ein.

Wer in der Gegend von Sámi unterwegs ist,
sollte unbedingt den drei Kilometer nordwestlich
liegenden Höhlensee Melissáni und die im Nordosten den Ort begrenzende Halbinsel besuchen –
entweder mit dem Mietwagen oder im Rahmen
einer Wanderung. Wer mit dem Auto unterwegs
ist, steuert die Halbinsel von der Uferstraße aus
an, wo Schilder am nordöstlichen Ortsrand den
Weg entlang einer Straße, die sich hinter dem Ort
den Höhenzug hinaufschlängelt, nach Antíssamos
(S. 203) und später zum Kloster Agrilíon und zum
Kástro (S. 190) weisen.

Kloster Theotókou Agrilíon

Erstes Ziel auf der Tour im Nordosten von Sámi ist
das im 18. Jahrhundert gegründete Kloster Theotókou Agrilíon, das nach dem Erdbeben 1953 neu
errichtet wurde. Das Kloster, dessen Gründung auf
den Fund einer als wundersam geltenden Marienikone zurückgehen soll, wird noch von Mönchen
bewohnt. Aus der Zeit vor dem Erdbeben ist ein
Wachtturm erhalten. Die drei Kirchenglocken hängen fotogen an einer Stange an einem Baum, in

Nicht verpassen

LICHTSPIELE IM HÖHLENSEE

Der teilweise eingestürz-
ten Decke des Höhlensees
Melissáni verdankt Kefaloniá seine bekannteste Attraktion. Ein kurzer
Tunnel führt hinab zu dem 160 Meter
langen, bis zu 40 Meter weiten und
39 Meter tiefen See, über den man
mit einem Boot gerudert wird und
der mit beachtlichen Lichtspielen
fasziniert. Das Sonnenlicht fällt zu jeder Tageszeit anders durch die Öffnung ein und lässt das Wasser und
die Felswände in den unterschiedlichsten Farben schimmern. Recht
amüsant erzählen die Ruderer von
der Geschichte der Höhle, deren See
unterirdisch mit den Wassermühlen
von Argostóli (S. 172) verbunden ist.
Funde aus dem 3./4. Jahrhundert
v. Chr. bezeugen, dass er in der Antike als Pan-Heiligtum diente. Es soll
auf der kleinen Insel im überdachten
Teil des Sees mit den Tropfsteinfor-
mationen gestanden haben.

Melissáni-Höhle. Tgl. 9–16.45 Uhr,
Karavómilos, nördlicher Ortsrand,
Tel. 26 74 02 29 97.

dessen Schatten sich die auf dem Klostergelände lebenden Katzen wohlfühlen. Besonders eindrucksvoll ist das Panorama, das sich vom Klostergelände über Sámi, der Antíssamos-Bucht und auf das gegenüberliegende Ithaka (S. 220) eröffnet.

Antikes Same

Schilder mit der Aufschrift »Kástro« und »Ágii Fanéntes« führen von der Straße unterhalb des Klosters links nach anderthalb Kilometern zu den Überresten der antiken Stadt Same, die vom 5. bis zum 2. Jahrhundert v. Chr. einer der vier Stadtstaaten der Insel war. 188 v. Chr. wurde Same nach viermonatiger Belagerung von den Römern eingenommen. Schon vor der Markierung »Kástro«, wo sich spärliche Reste antiker Ruinen unter uralten Olivenbäumen verteilen, genießt man den herrlich einsamen Landstrich. Etwas weiter südlich stellt man das Auto dann beim Schild »Acropolis of Ancient Same« am Straßenrand ab. Rechts der Straße führt ein schmaler Pfad durch Felsbrocken und Olivenbäume in knapp zehn Minuten auf den Hügel, wo Steinblöcke der antiken Stadtmauer erhalten sind. In klassischer und hellenistischer Zeit war die Stadtmauer 3,4 Kilometer lang und umfasste ein 38 Hektar großes Areal. Gut erhalten ist bis heute ein 14 Meter langer und etwa einen Meter breiter Korridor, der einst in das Innere des Mauerrings, also auf das Zentrum der Akropolis, führte.

Über die Asphaltstraße, von der man rechterhand die Reste der antiken Stadtmauer zwischen den Hügeln sieht, erreicht man gen Süden nach weiteren 1,3 Kilometer am Ende der Straße weitere alte Ruinen. Dort steht das neue Kirchlein Ágii Fanéntes direkt neben den Resten einer Klosterkirche aus dem Mittelalter und den teils erhaltenen Mauern eines antiken Wachturms. Sehen kann man dort auch die Überbleibsel der Klosterzellen,

Oben: Die Küste rund um Sámi ist ausgesprochen grün.
Mitte: Zweckmäßige Konstruktion: Kirchenglocke beim Kloster Agíi Fanéntes
Unten: Spuren aus der Antike liegen verstreut auf den Hügeln über Sámi.

Die Drogaráti-Höhle wird hübsch ausgestrahlt.

Nicht verpassen

einer Zisterne und die spärlichen, für
Laien schlecht erkennbaren Reste von
Werkstätten. Die idyllisch zwischen Kie-
fern, Pinien und Olivenbäumen stehenden
Ruinen sind gut zum Picknicken geeignet. Für die
Fahrt zurück nach Sámi oder zum traumhaft gele-
genen Strand Antíssamos nimmt man die gleiche
Strecke wie für die Anfahrt.

Drogaráti-Höhle

Etwa 3,5 Kilometer südlich von Sámi lohnt die
Tropfsteinhöhle Drogaráti einen Besuch. Erreichen
kann man sie nach etwa drei Kilometern über die
Straße nach Argostóli (S. 172), von der die Zufahrt
zur Höhle ausgeschildert ist. Die bis zu 95 Meter
tiefe Höhle, in die viele Stufen hinabführen, wird
wirkungsvoll angestrahlt und begeistert mit unzähligen in diversen Farben und Formen schimmernden Stalagmiten und Stalaktiten. Die 65 mal
45 Meter große und 20 Meter hohe Tropfsteinhöhle wurde wegen der guten Akustik früher
auch für Konzerte genutzt. Entdeckt hat man die
Höhle vermutlich vor etwa 300 Jahren, als ein
Erdbeben einen Teil des Daches zum Einsturz
brachte. Heute ist an dieser Stelle der Eingang.

BADEN IM FILMSET
Nicht grundlos wählten
die Macher des Holly-
woodstreifens *Corellis
Mandoline* im Jahr 2000 den
Antíssamos-Strand nordöstlich von
Sámi als Kulisse für ihren Film. Er
gehört zu den schönsten der Insel.
Die Bucht mit den großen, hellen
Kieseln ist etwa 700 Meter lang,
ziemlich breit und lockt schon bei
der Anfahrt über die Landzunge
östlich von Sámi zum Halt für ein
Fotoshooting. Atemberaubend
schmiegt sich der weiße Strand an
die Hänge, deren tiefgrüne Farbe
sich je nach Tageszeit im kristallklaren, ansonsten türkis bis dunkelblau leuchtenden Meer spiegelt.
Die Zypressen und Kermeseichen,
die das Hinterland und die Hügel
bedecken, scheinen sich den Weg
zum Meer zu suchen. Segelboote
machen als weiße Farbtupfer das
Bild perfekt. Gleich gegenüber
scheint die Nachbarinsel Ithaka
(S. 220) zum Greifen nah. Für das
leibliche Wohl sorgen die wenigen
Strandbars.

Agía Effimía

Etwa acht Kilometer nordwestlich von Sámi lohnt Agía Effimía, das über die Straße entlang der Melissáni-Höhle bei Karavómilos erreichbar ist, nicht nur zum Übernachten, sondern auch zum Fischessen einen Besuch. Die familiären Tavernen am Hafen sind sowohl bei Einheimischen als auch bei Urlaubern sehr beliebt. Davon, dass Agía Effimía früher bedeutendes Handelszentrum war, spürt man seit dem Erdbeben 1953 nichts mehr. Heute ist der charmante, auf drei Seiten von grünen Hügeln umschlossene Küstenort beliebte Anlaufstelle vieler Flottillen und Jachten und ein gut geeigneter Standort für alle, die zentral wohnen möchten, um die gesamte Insel zu erkunden – egal, ob es einen zu Ausflügen in den Süden oder in den Norden verschlägt. Rund um den quirligen Urlaubsort locken vier kleine Kiesstrände zum Baden. Weitere Buchten findet man auf dem Weg Richtung Sámi.

Drakopouláta und Makriótika

Nordwestlich von Agía Effimía führt die Straße zwischen den Bergen Agía Dynáti und Kalón Óros an die Westküste. Südlich davon kommen Freunde ursprünglicher Dörfer in Drakopouláta, Makriótika und der Umgebung – auch über ausgeschilderte Wanderwege von Agía Effimía aus – auf ihre Kosten. Lohnenswert ist der Besuch des südlich von Drakopouláta gelegenen und von schattigen Eichen umgebenen Klosters Themáton, das Gläubige und durch die tolle Aussicht auf Ithaka (S. 220) und das Meer auch Urlauber anzieht. Im Inneren der Kirche ist die prächtige Ikonostase aus der alten Kirche des schon im 10. Jahrhundert gegründeten Klosters zu sehen. In Makriótika können Interessierte ein kleines Olivenöl-Museum besuchen. Dort wird mit einem Video, der alten Olivenpresse, Mühlsteinen und anderen Geräten die traditionelle Herstellung des Öls präsentiert.

Oben: Markante, tiefgrüne Hügel säumen das Küstenörtchen Agía Effimía.
Unten: Segelboote, die abends im Hafen von Sámi Schutz suchen, prägen vor allem im Sommer das Bild.

Infos und Adressen

SEHENSWÜRDIGKEITEN

Antikes Same. Alle Ruinen frei zugänglich, 4,5 km nordöstlich von Sámi.

Drogaráti-Höhle. Tgl. 9–17 Uhr, Chaliotáta, 3,5 km südlich von Sámi (ausgeschildert).

Kloster Agrilíon. Winter 8–13 und 16–18.30 Uhr, Sommer 8–13 und 18–20 Uhr, 3 km nordöstlich von Sámi.

Kloster Themáton. Tagsüber frei zugänglich, 6 km südlich von Drakopouláta.

Olivenöl-Museum Pylárou. Tgl. 11–13 und 18.30–20 Uhr, Makriótika, nördlicher Ortsrand, Tel. 26 74 36 02 11.

ESSEN UND TRINKEN

Il familia. Moderne, gemütliche Taverne gleich am Wasser. Gekocht wird mediterran – auch ausgefallener. Lecker sind z.B. der gefüllte Calamari und das Risotto mit Krebsfleisch. Sámi, am Hafen, Tel. 26 74 02 33 17.

Sea Rock WS. Entspanntes Flair auf der weinüberrankten Terrasse mit Meerblick. Köstliche griechische Gerichte, egal, ob Schweinekoteletts

Bergziegen kraxeln auf den Hügeln im Hinterland.

oder der auf den Punkt gegrillte Fisch. Agía Effimía, 800 m nördlich des Ortskerns, Tel. 69 09 91 95 34 (mobil).

ÜBERNACHTEN

Olive Bay Hotel. 12 gepflegte, helle und sehr freundlich geführte Apartments mit Balkonen und herrlichem Meerblick in ruhiger Lage. Agía Effimía, Nordwestecke der Bucht, Tel. 69 76 73 07 60, www.olivebay.gr

AUSGEHEN

Carena. Einer der beliebtesten Spots des Orts – morgens bereits zum Frühstücken, abends für einen Drink. Gelegentlich Livemusik. Agía Effimía, am Hafen, Tel. 26 74 06 13 61.

AKTIVITÄTEN

Aquatic. Sehr professionell geführte Tauchbasis, in der man an Tauchgängen, PADI-Kursen oder Schnupperkursen teilnehmen kann. Odós Marínou Antípa 1, Agía Effimía, Tel. 26 74 06 20 06, www.aquatic.gr

Bavarian Horse Riding Stables. Beim kompetenten Team der Deutschen Cornelia Schimpfky gibt es Reitstunden und herrliche Ausritte. Bei Koulouráta (ausgeschildert), Tel. 26 74 02 31 43, www.kephalonia.com

Auch in Hollywood sehr geschätzt: Antíssamos Beach

37 Lixoúri und die Halbinsel Palikí
Kleinstadtflair und herrliche Strände

Die Halbinsel Palikí, auf der Kefaloniás zweitgrößte Stadt Lixoúri liegt, ist ein gutes Ziel für Erkundungsfreudige. Finden kann man dort nicht nur das geschichtsträchtige Kleinstädtchen, sondern auch einsame Dörfer, reizvolle Landschaften und vielfältige Strände abseits der üblichen Touristenpfade. Romantiker sollten keinesfalls den Sonnenuntergang am Kloster Kipouréon über der steilen Westküste verpassen.

Der tief eingeschnittene Golf von Argostóli wird im Westen von der Landzunge Palikí begrenzt. Durch die vorteilhafte Lage am Eingang der Bucht spielte Lixoúri, das älter als die Inselhauptstadt Argostóli (S. 172) ist, in venezianischer Zeit eine bedeutende Rolle. Lixoúri war damals wichtiger Hafen, Umschlagplatz und Sitz der Venezianer. Den letzten kulturellen und wirtschaftlichen Hö-

Andréas Laskarátos ist der berühmteste Sohn Lixoúris. Kein Wunder, dass seine Statue gleich am Anleger aufgestellt wurde.

GUT ZU WISSEN

ANFAHRT VON SÜDEN HER
Am besten erreicht man die Halbinsel mit der Autofähre, die von 7 Uhr morgens bis 22.30 Uhr mindestens stündlich zwischen Argostóli und Lixoúri pendelt und vor allem den Einheimischen die etwa 33 Kilometer lange Strecke rund um den Golf von Argostóli ersparen soll. Wer die Halbinsel von Norden her ansteuert, braucht die Fähre natürlich nicht in Anspruch zu nehmen. Von Süden her bietet sich für Erkundungsfreudige an, die eine Strecke mit der Fähre und die andere mit dem Mietwagen entlang des Golfs zu fahren.

Das Kloster Kipouréon über der Steilküste

henpunkt erlebte das Städtchen im 19. Jahrhundert, als dort viele Intellektuelle lebten und die Philharmonische Schule der Stadt gegründet wurde. An die Bedeutung der Schifffahrt und an Andréas Laskarátos (1811–1901), den bekanntesten Schriftsteller dieser Zeit, erinnern gleich am Anleger zwei Bronzedenkmale. Der Dichter satirischer Schriften wurde wegen Kritik an der Gesellschaft aus der griechisch-orthodoxen Kirche verbannt und kam ins Gefängnis. Auffällig ist, dass das errichtete Denkmal nicht auf das Meer schaut, sondern auf Lixoúri und somit der gegenüberliegenden Hauptstadt den Rücken kehrt. Es scheint, als zeuge diese Stellung symbolisch von der lang anhaltenden Kontroverse der Insulaner, welche der beiden Städte denn eigentlich den Hauptstadt-Titel verdient hat. Argostóli (S. 172) hat Lixoúri schließlich die Vormachtstellung genommen, sodass viele Einheimische täglich zum Arbeiten in die Inselhauptstadt fahren und Lixoúri sich zumindest tagsüber als verschlafenes Nest präsentiert.

Lixoúri

Mittelpunkt der Stadt, die von neuen Häusern geprägt wird, ist der moderne Hauptplatz gleich hinter dem Hafen. Sowohl in den dortigen Cafés

Nicht verpassen

HOCH ÜBER DEM MEER

Schon seit 1759 thront das Kloster Kipouréon, das auch Kipoúria genannt wird, friedlich und atemberaubend zugleich am Rand des hohen Steilufers über dem Meer. Da der Klosterkomplex 1953 stark durch das Erdbeben beschädigt wurde, stammen jedoch die meisten Klostergebäude aus den 1990er-Jahren. Heute wird das Kloster nur noch von einem etwas scheuen Mönch bewohnt, den man beim Besuch der Klosterkirche mit der massiven, vergoldeten Altarwand nur selten zu Gesicht bekommt. Besonders lohnenswert ist der Besuch des Konvents vor allem wegen der einzigartigen Aussicht. Unter Einheimischen ist das Kloster zum Sonnenuntergang ein beliebter Platz. Noch vor den Klostermauern stehen Bänke und Baumstümpfe unter Olivenbäumen. Ein überdachter Tisch mit Bänken lädt bei grandioser Aussicht auch tagsüber zum Picknicken ein.

Kloster Kipouréon. Tgl. 10–13 und 17.30–19.30 Uhr, Westküste der Paliki-Halbinsel.

Einfach gut!

SÜSSES SCHLEMMERPARADIES

Wer in Lixoúri unterwegs ist oder auf die Fähre warten muss, kann sich die Zeit in einer der beliebtesten Eisdielen der Insel vertreiben. Das »I Scream – for a fresh ice cream« hält das, was der Name verspricht. Die hausgemachten Eissorten sind nicht nur für Naschkatzen ein hervorragendes, sommerliches Geschmackserlebnis. Außer Klassikern wie Schokolade, Vanille oder Kokosnuss gibt es in der farbenfrohen Eisdiele mit dem freundlichen Personal auch wechselnde Geschmacksrichtungen, die saisonabhängig das Angebot erweitern wie Mojito oder Rakí (Tresterschnaps) mit Rosinen. Erfrischend und fruchtig sind die Sorbets aus verschiedenen Früchten wie Wassermelone, Zitrone oder Banane. Leckere Kuchen, etwa Cheesecake, Muffins oder Zitronenkuchen, runden das Angebot ab.

I Scream. Platía Ethnikís Antistáseos 6 (Hauptplatz), Lixoúri, Tel. 26 71 09 31 30.

und Tavernen als auch an der Uferstraße ist jedoch erst abends etwas los, wenn die Einwohner zurückkommen. Einzige Sehenswürdigkeit der Stadt ist das Museum Iakovátos, das im einstigen Wohnhaus der gleichnamigen Stifterfamilie untergebracht ist. In der neoklassizistischen Villa aus dem 19. Jahrhundert kann man sich ein gutes Bild davon machen, wie die Wohlhabenden dort lebten. Ausgestellt sind alte Wandmalereien und die Holzbalkendecke sowie eine Bibliothek mit zahlreichen Werken. Präsentiert werden außerdem alte Handschriften, Ikonen und liturgische Geräte.

Strände im Süden

Wer die typisch rötlichen Sandstrände der Halbinsel erkunden möchte, findet schon zwei Kilometer südlich von Lixoúri bei Lépeda den nächsten Strand. Der sanft abfallende Strand ist ideal für Familien mit kleinen Kindern und wird von den Einheimischen auch gern zum Beachvolleyballspielen und für Strandpartys genutzt. Ein Strandspaziergang bietet sich zur Höhlenkirche Agía Paraskeví an. Die seit dem 16. Jahrhundert als Kirche genutzte, mittlerweile vereinsamte Höhle wurde früher von Gläubigen besucht, die an Augenkrankheiten litten. Die Tropfen an den Wänden sollten laut Volksmund heilende Kräfte haben.

Ebenfalls beliebt und schöner als der Lépeda-Strand sind die Strände Mégas Lákos und Xi, die beide, wie alle Strände der Halbinsel, über Stichstraßen zu erreichen sind. Am 1,5 Kilometer langen und schmalen Mégas Lákos finden Einsamkeitsfans ein ruhiges Plätzchen und mit etwas Glück auch die ein oder andere dort wachsende Strandlilie. Im Westen geht Mégas Lákos in den bekannten Xi-Strand über, in dessen Hinterland sich Großhotels angesiedelt haben. Mit dem Auto erreicht man den

Lixoúri und die Halbinsel Palikí

Strand am besten über das Dorf Mantzavináta. Der außergewöhnliche Xi-Strand begeistert mit dem kupferroten, feinen Sand und an seinem westlichen Ende mit den grauen, gleich dahinter emporragenden Klippen, deren Ton von vielen als Gesichts- und Körpermasken genutzt wird.

Ebenfalls über Mantzavináta sind die Strände an der südlichsten Spitze der Halbinsel erreichbar. Östlich des kleinen Kaps ist Kounópetra (»wackelnder Stein«) einen Abstecher wert. Die idyllische Bucht mit dem Strand und dem winzigen Fischerhafen verdankt ihren Namen einem Felsen gleich vor der Küste, der nicht nur den Kefaloniern, sondern auch Geologen vor dem Erdbeben 1953 ein Rätsel aufgab. Die ständige Bewegung ist heute leider nicht mehr zu sehen. Nicht weniger idyllisch ist es auf der anderen Seite des Kaps beim sandigen Strand Vátsa, an dem ein kleiner Fluss ins Meer mündet.

Strände im Westen und Norden

Über das Dörfchen Havriáta kann man die Fahrt gen Norden entlang der imposanten Steilküste im Westen starten. Nördlich des Orts zweigt links eine Straße zum Kloster Kipouréon (S. 207) ab. Die Landschaft über dem rund 100 Meter hohen Steilufer ist hier karger als auf der Ostseite der Halbinsel und wird anstatt von Olivenbäumen und Gemüsefeldern von Macchia, Thymian, Oregano und Lavendel dominiert. Etwas weiter nördlich führen gut 400 Treppenstufen hinab zum weniger bekannten Strand Platiá Ámmos, der sich atemberaubend unterhalb der hohen Klippen erstreckt. Wer den mühsamen Auf- und Abstieg auf sich nimmt oder den knapp 700 Meter langen Kieselstrand mit dem Boot ansteuert, muss Verpflegung und Sonnenschirm selbst mitbringen.

Oben: Einer der schönsten Strände der Insel ist der Xi Beach.
Mitte: Schattige Plätzchen auf der Platía wissen die streunenden Vierbeiner zu schätzen.
Unten: Terrasse der Taverne »Captain Nikólas«

Oben: Auch die Fischerei gehört in Griechenland gelegentlich zu der Kategorie »Familienbetrieb«.
Unten: Rote Ziegel bedecken viele Häuser auf den Ionischen Inseln.

Einfacher erreichbar ist der gut besuchte Kiesstrand Petaní weiter nördlich. Der fast einen Kilometer lange Strand mit Beachbars, Sonnenschirm- und Liegenverleih gehört mit dem glasklaren und in jeglichen Blautönen schimmernden Wasser, gesäumt von grünen Hängen, zu den schönsten der Insel.

Wer es lieber etwas ruhiger und individueller mag, besucht den besonders bei einheimischen Familien beliebten Pórto Athéras im Norden der Palikí-Halbinsel. Die von grünen Hügeln umgebene, windstille Bucht mit dem winzigen Fischerhafen und einem kleinen vorgelagerten Felsinselchen ist über das Binnendorf Athéras erreichbar. Das glasklare, hellblaue Wasser plätschert hier sanft auf den schmalen, flach abfallenden, etwa 500 Meter langen Kiessandstrand. In einer Taverne oberhalb der Bucht ist für Verpflegung gesorgt. Sonnenschirme gibt es nicht.

Infos und Adressen

SEHENSWÜRDIGKEITEN

Museum Iakovátos. Di–Fr 8.30–13.30 Uhr, Sa 9.30–12.30 Uhr, Odós Toúl Ekaterínis 1, Tel. 26 71 09 13 25.

ESSEN UND TRINKEN

Captain Nikólas. Familiäre Taverne mit leckerer Hausmannskost. Viele Zutaten stammen aus dem eigenen Anbau. An der Stichstraße zum Vátsa-Strand, Tel. 26 71 09 27 22, www.captain-nikolas.gr

Erasmía's. Die Taverne am Strand ist nicht nur während des Sonnenbadens eine gute Option, um mittags Fisch, Salat und einen Ouzo zu genießen, sondern auch kurz bevor die Sonne untergeht. Petáni-Strand, Tel. 26 71 09 73 72.

Ladókolla. Von der Familie der Zwillinge Spíros und Chrístos geführte Taverne mit hervorragenden traditionellen griechischen Gerichten und einer

Helfende Hände bei der Reinigung der Netze

Speisekarte, die sich täglich ändert. Genießen kann man die leckeren Speisen besonders gut zum Sonnenuntergang. Damoulianáta (zwischen Kloster Kipouréon und Petaní-Strand), Tel. 26 71 09 74 93.

Tsibibo Kitchen & Bar. Gemütliches und modernes Flair an Tischen unter Weinreben und Granatapfelbäumen. Gekocht wird griechisch und mediterran. Im Lounge-Bereich kann man die leckeren Cocktails genießen. 25is Martíou 4, Lixoúri, Tel. 26 71 09 22 01.

ÜBERNACHTEN

Agnánti. 6 ruhig gelegene, gut ausgestattete und geräumige Apartments unter zuvorkommender familiärer Leitung mit Meerblick und Platz für je bis zu 4 Pers. Westlich des Xi-Strands, Tel. 69 72 71 56 10, www.agnanti-xi.gr

Aura. Modern eingerichtetes, aufmerksam geführtes Boutique-Hotel südlich des Anlegers am Strand mit 11 geschmackvollen Zimmern und Blick auf das Meer. Odós Grigoríou Lambráki 35, Lixoúri, Tel. 26 71 02 95 15, www.auraboutiquehotel.gr

Ältere Damen nach der Sonntagsmesse

38 Ássos
Ein Hauch Postkartenidyll

Nicht grundlos gilt das winzige Ássos als eins der schönsten Dörfer von Kefaloniá und des gesamten Archipels. Bunte, traditionelle Häuschen, überall farbenprächtige Blumen, eine kleine, in jeglichen Blau- und Grünnuancen schimmernde, kristallklare Bucht, die von ein paar Tavernen gesäumt wird, und der Blick auf die tiefgrüne Halbinsel mit einer venezianischen Zitadelle machen das Mittelmeeridyll perfekt.

Rund vier kurvenreiche und atemberaubende Kilometer führen von der westlichen Küstenstraße am Nordwesthang des Kalón Óros auf der Érissos-Halbinsel tief hinab ans Meer. Die sich am Ende der Stichstraße bildende malerische Bucht und die Halbinsel von Ássos hat man während der Fahrt ständig vor Augen. Unten angekommen, stellt man das Auto am besten am Parkplatz am Ende der Straße ab. Dort beginnt für die meisten gleich der Bummel entlang der pittoresken, farbenfrohen Häuschen und einigen äußerst fotogenen, wildro-

Oben: Bei der Anfahrt eröffnen sich hinter jeder Kurve neue Perspektiven auf Ássos und die Bucht vor der Halbinsel.
Unten: Keine Seltenheit auf dem Weg: ein Ziegenbock am Straßenrand.

GUT ZU WISSEN

STRASSENARBEITEN AN DER SÜDWESTKÜSTE

Schon seit 2014 ist die entlang der Küste verlaufende Straße zwischen Divaráta und Ássos, die durch Erdbeben starke Schäden erlitt, gesperrt. Alle, die von Südwesten her Ássos oder Fiskárdo (S. 216) ansteuern, müssen Umwege über das Binnenland oder entlang der Ostküste in Kauf nehmen. Am schnellsten ist die Umleitung über das Binnenland. In der einsamen Bergwelt des Kalón Óros sollte man allerdings auf frei herumlaufende Ziegen und Schafe achten. Ob die Strecke im Sommer 2016 wieder eröffnet, bleibt abzuwarten.

mantisch anmutenden Hausruinen.
Hobbyfotografen kommen in dem hübschen Dorf mit zahlreichen architektonischen Details wie bunten Fensterläden und
Türrahmen, den im kristallklaren Wasser zu
schweben scheinenden Segel- und Fischerbooten
und der farbenprächtigen Blumenpracht voll auf
ihre Kosten.

Malerische Kulisse

Das verträumte Örtchen am Ende der schmalen
Bucht überzeugt aufgrund der zwei kleinen, kiesi-
gen Strände zwar nicht als Badeparadies, begeistert aber mit der malerischen Kulisse gegenüber
der von Pinien und Olivenbäumen bedeckten
Halbinsel, auf der die Venezianer im 16. Jahrhundert eine Festung bauten. Wer mehrere Tage in
Ássos verbringt und weitere Strände in der Nähe
erkunden möchte, kann die sich gen Osten wei-
tende Bucht von Ássos mit einem gemieteten Motorboot genauer unter die Lupe nehmen. Unter
der steilen Felsküste finden Einsamkeitsfans mehrere kleine und einsame Buchten, die nur über
den Wasserweg erreichbar sind. Das besondere
Flair des Örtchens selbst erlebt man in den kleinen
Tavernen und Cafés gleich am grün-türkis schimmernden Wasser und rund um den kleinen Haupt-

Nicht verpassen

KEFALONIÁS BE-RÜHMTESTER STRAND

Der populärste Strand von
Kefaloniá ist zugleich einer der
meistfotografierten des Archipels.
Der knapp einen Kilometer lange
Mirtos-Strand ist bis auf einige
Holzbuden, die für Speis und Trank
sorgen, unverbaut. Betrachtet man
den Grobsand-Kies-Strand vom
Aussichtspunkt an der Inselrundstraße, gut einen Kilometer westlich von Divaráta, ist kaum zu glauben, dass vom Dorf aus eine gut
asphaltierte Stichstraße hinabführt.
Belohnt wird man für die kurvige
Anfahrt mit einem Badetag vor einzigartiger Kulisse: ein heller Strand,
der sich zwischen hell- bis tiefblau
glitzerndes Wasser und steil empor-
steigende, tiefgrüne Felsklippen
schmiegt – ein beeindruckendes
Farbenspiel. Achten sollte man auf
das schnell tief werdende Wasser
und die Strömungen. Auch bei der
Erkundung der Höhle in der linken
Felswand ist wegen Steinschlagge-
fahr Vorsicht geboten.

platz, dem »Pariser Platz«. Er verdankt seinen Namen der Stadt Paris, die den Kefaloniern beim Wiederaufbau des Dorfes nach dem Erdbeben 1953 geholfen hat. Wer sich in Ássos einquartieren möchte, hat die Wahl zwischen Apartments und kleinen Pensionen, die zum Teil den Hang hinter dem Dörfchen emporklettern. Da der kleine Ort bei Urlaubern immer beliebter wird, sollte man sich frühzeitig um eine Unterkunft kümmern. Den schönsten Blick auf die auch von Seglern gern besuchte Bucht hat man übrigens von der Halbinsel aus.

Burg von Ássos

Die vorgelagerte Halbinsel, auf der zwischen 1953 und 1955 die Festung gebaut wurde, ist über die schmale Landzunge, wo sich auch der Parkplatz befindet, mit Ássos verbunden. Am Ansatz des Kaps beginnt der teilweise von Pinien, Ölbäumen und Zypressen gesäumte und inzwischen für Autos gesperrte, gepflasterte Weg. Wer den 1,8 Kilometer langen Aufstieg zur Festung auf sich nimmt, sollte an Sonnenschutz und genügend Wasser denken. Da das Innere der weitläufigen Festung recht stark verwildert ist, begeistert die meisten Besucher der Ausblick über Ássos und die Küste mehr als die Überreste der venezianischen Zitadelle.

Gebaut wurde die mächtige Festung mit den etwa zwei Kilometer langen Mauern, um den Norden von Kefaloniá vor Piraten und den Osmanen zu schützen. Neben der heute einfacher erreichbaren und sehenswerten Burg Ágios Geórgios in Kástro (S. 190) war die Burg von Ássos die wichtigste Befestigungsanlage der Insel und bis 1797 Sitz des venezianischen Statthalters. Danach wurde die abgelegene Festung nur noch von wenigen Menschen bewohnt. Anfang des 20. Jahrhunderts diente sie schließlich als Gefängnis.

Oben: Spektakulär erstreckt sich der Mírtos Beach vor den schroffen Klippen.
Mitte: Bunte Häuschen zieren den kleinen Weiler Ássos.
Unten: Bunte Fischerboote sind in der Bucht nicht selten.

Infos und Adressen

SEHENSWÜRDIGKEITEN

Festung von Ássos. Frei zugänglich, Ássos, auf der Halbinsel.

ESSEN UND TRINKEN

Plátanos. In der ältesten Taverne des Dorfs sitzt man zwar nicht direkt am Wasser, genießt aber die griechischen und regionalen Spezialitäten wie *kreatópita* (Strudelteig mit Fleischfüllung) in familiärer Atmosphäre. Ássos, Platía, Tel. 26 74 05 11 43.

ÜBERNACHTEN

Kanakis. 6 gemütliche Apartments, von deren Balkonen man über den Pool und die Sonnenterrasse auf das Meer südlich der Landzunge blickt. Frühstück wird auf der Terrasse oder nach Anfrage auf den Zimmern serviert. Ássos, Zufahrtsstraße (250 m vor dem Parkplatz), Tel. 26 74 05 16 31, www.kanakisapartments.gr

Vormittags trifft man auf Fischer bei der Arbeit.

Romanza Studios. Die 5 kleinen, liebevoll eingerichteten und gepflegten Apartments bieten eine herrliche Aussicht auf die Bucht und halten das, was der Name verspricht. Ássos, nördlicher Ortsrand, Tel. 26 74 05 11 77, www.romanza-assos.com

AUSGEHEN

Blue Café. Auch schon tagsüber geöffnetes Café gleich am Meer, auf deren schöner Terrasse man Cocktails, Bier, Wein und Snacks genießen kann. Ássos, am Strand.

AKTIVITÄTEN

Ássos Rent a Boat. Auf den Motorbooten mit 15 PS, die man ohne Führerschein bekommt, haben bis zu 5 Pers. Platz. Mieten kann man sie beim Café »Sea Side«, das auch für ein Getränk oder Snack einen Besuch lohnt. Ássos, am Strand, Tel. 26 74 05 18 83 oder 69 77 70 83 42 (mobil).

EINKAUFEN

The Lemon Tree. Im kleinen Geschäft gibt es hübsche Andenken und Mitbringsel wie Kosmetik oder Objekte aus Olivenholz sowie Accessoires wie Schmuck, Keramik, Schals oder Taschen. Ássos, Platía.

Farbenprächtige Blumen und Türen begeistern in Ássos.

39 Fiskárdo
Idyllischer Mittelmeer-Schick

Bunt gestrichene, herausgeputzte Häuschen und prächtige Blumen zwischen ein paar verträumten Ruinen machen aus Fiskárdo ein Bilderbuchdorf par excellence. Kein Wunder, dass der Küstenort im äußersten Norden der Insel beliebtes Ziel schnittiger Motor- und Segeljachten ist. Reizvoll ist das Flair an der Promenade vor allem ab dem späten Nachmittag, wenn die Jachten einlaufen und die Segler von Bord gehen.

Das kleine Fiskárdo, das gerade mal 190 Einwohner zählt, lockt Besucher nicht nur mit mediterranem Schick, sondern auch mit der typischen Architektur der Ionischen Inseln. Als einziger Ort von Kefaloniá blieb das einstige Fischerörtchen fast gänzlich vom Erdbeben 1953 verschont. So steht der Ortskern seit den 1970er-Jahren unter Denkmalschutz, ist wie die Uferpromenade autofrei und lockt zum Flanieren in idyllischer Urlaubskulisse. Das Auto stellt man am großen Parkplatz oberhalb des Orts ab.

Ein Hauch Dolce Vita

Dass Fiskárdo mit den vielen Häusern aus dem 18. und 19. Jahrhundert sich das tolle Flair erhalten konnte und zu Wohlstand gekommen ist, verdankt es heute nicht nur den unbeschädigten Häusern, sondern auch den unzähligen Jachten, die den Ort, dessen Promenade in einer windstillen Bucht ohne Blick auf das offene Meer liegt, Jahr für Jahr ansteuern. So sind die Geschäftsleute von Fiskárdo an eine zahlungsfreudige Klientel gewöhnt, was spätestens an den Preisen in der hiesigen Gastronomie

Oben: Im Sommer sind die Anlegeplätze am Kai von Fiskárdo äußerst beliebt und rar.
Unten: Fiskárdo überzeugt nicht nur mit Seglerflair, sondern ist auch für Archäologie-Fans interessant.

Fiskárdo

zu sehen ist. Ein Bummel durch den Vorzeigeort, der von Zypressen, Pinien und Olivenbäumen gesäumt wird, lohnt in jedem Fall auch für alle, die nicht mit dem eigenen oder gecharterten Boot unterwegs sind – besonders für Hobby-Fotografen. Die Gassen mit den pastellfarben gestrichenen Häusern und ihren roten Dächern bilden tolle Farbkontraste zu der grünen Umgebung und dem in verschiedenen Blaunuancen schimmernden Meer. An den Häusern begeistern winzige, uralte Balkone; kleine Geschäfte, Boutiquen, Cafés, Restaurants, Tavernen und Gärten sind mit farbenprächtigen Blumen geschmückt. Wichtigste Flaniermeile und beliebtester Ort für einen Hauch Dolce Vita bei frischem Fisch, Hummer und ausgewählten Weinen ist der von Cafés, Restaurants und Tavernen gesäumte Kai, vor dem die Jachten festmachen.

Römische Nekropole und Museum

Archäologie-Interessierte sollten der Uferpromenade gen Süden folgen. Auf dem Kap, das den Ort im Südosten begrenzt, lag einst die antike Stadt Pánormos. Heute kann man gleich am Meer die in den 1990er-Jahren ausgegrabenen Reste einer römischen Nekropole sehen. Gefunden wurden dort insgesamt 51 Gräber aus dem 2. bis zum 4. Jahrhundert. Erhalten sind rechteckige über dem Boden liegende und unterirdische Gräber sowie Sarkophage mit schönen Reliefs. Die Grabbeigaben, die in den Gräbern gefunden wurden, werden im Archäologischen Museum von Argostóli ausgestellt. Auf einem Sarkophag ist der Raub der Toten- und Fruchtbarkeitsgöttin Persephone durch Hades, den Herrscher über die Unterwelt, aus der griechischen Mythologie abgebildet. Nur wenige Schritte trennen die Nekropole von dem kleinen, einfachen Marine- und Umwelt-Museum, das in der alten Grundschule des Örtchens untergebracht ist.

Einfach gut !

ZWISCHEN PROMIS SPEISEN

Bereits 1972 eröffnete die Familie der Kochbuchautorin Tassía Dendrinoú das in den Landesfarben Blau und Weiß gehaltene Restaurant an der Promenade von Fiskárdo. Später wurde die Besitzerin, die ihre Gäste manchmal auch selbst bei der Auswahl der Speisen berät, durch ihr Kochbuch für kefalonitische Spezialitäten bekannt. Seitdem steuern immer mehr nationale und internationale Größen, egal, ob Popsänger oder Multimilliardäre, mit ihren Jachten das wohl bekannteste Restaurant der Insel an. Da es heute an den Tischen am Kai nicht mehr nur ums Hummer- und-Langustenessen, sondern vor allem ums Sehen und Gesehenwerden geht, wird man dem guten Ruf, für die normalerweise vorzüglichen Meerestiere und regionalen Spezialitäten wie dem inseltypischen Fleischkuchen *kreatópita* leider nicht immer gerecht.

Tassía. Fiskárdo, Promenade, Tel. 26 74 04 12 05, www.tassia.gr

An der Promenade fällt die Wahl zwischen den vielen Tavernen oft schwer.

Zu sehen sind neben Skeletten von Schildkröten und Robben auch das eines Wals, der in der Nachbarbucht Émblissi an den Strand gespült wurde.

Strände in der Umgebung

Wer in der Gegend nach Stränden sucht, wird nördlich des Orts fündig. Außerdem lohnt der etwa 15-minütige Spaziergang zur Halbinsel im Norden der Bucht, wo die recht gut erhaltene Ruine eines Leuchtturms aus dem 16. Jahrhundert und der neuere steinerne Leuchtturm von 1892 stehen. Auch findet man auf dem Kap die Reste einer Kirche aus dem 12. Jahrhundert. Beliebtester Strand der Gegend ist der 1,2 Kilometer nördlich liegende Émblissi-Strand. Der gerade mal 50 Meter lange Kieselstrand liegt in einer schmalen Bucht, die mit den sie umrahmenden Felsplatten und den bis an den Strand wachsenden Bäumen begeistert.

Nicht minder schön ist der etwa vier Kilometer nordwestlich von Fiskárdo liegende Dafnoúdi-Strand, der über das Dorf Antipáta erreichbar ist. Vom Ende der Asphaltstraße führt ein etwa 500 Meter langer Pfad durch Zypressen, Kiefern und Olivenbäume den Hang hinab zu den hellen Kieseln und dem glasklaren, in hellem Blau leuchtenden Wasser.

Oben: Der Dafnoúdi-Strand liegt abseits des Trubels.
Unten: Zur Mittagszeit ist es in Fiskárdo recht ruhig. Dann haben auch die Einheimischen Zeit für eine kurze Pause.

Infos und Adressen

SEHENSWÜRDIGKEITEN

Römische Nekropole. Frei zugänglich, Promenade südöstlicher Ortsrand, Fiskárdo.

Marine- und Umwelt-Museum. Mo–Fr 10–17 Uhr, Parallelstraße zur Nekropole, Fiskárdo.

ESSEN UND TRINKEN

Etc. Originelles Konzept aus modernem Café, Klamotten- und Souvenirgeschäft in einem. Getränke, Snacks und hervorragende Kuchenauswahl auch zum Mitnehmen. Gute Wahl zum Frühstücken. Hauptplatz, Fiskárdo, Tel. 26 74 04 15 66, www.fiskardoetc.com

Lord Falkon. Eine willkommene Abwechslung zur griechischen Küche bietet das Restaurant mit dem gemütlichen Garten und der hervorragenden thailändischen Küche. Hinter dem Hafenamt, Fiskárdo, Tel. 26 74 04 10 72.

ÜBERNACHTEN

Balhambra Suites. Das Erwachsenen vorbehaltene Hotel mit 11 schick mit dunklen Holzmöbeln eingerichteten Suiten rund um einen Innenhof mit

Kleine Balkone versprechen einen schönen Blick.

Am Abend tauschen sich in Tavernen die Segler aus.

Springbrunnen liegt mitten im Geschehen. Hauptplatz, Fiskárdo, Tel. 26 74 04 12 85, www.fiscardosuites.com

Emelisse Art Hotel. Die elegante Einrichtung, die verwendeten Naturmaterialien, 2 Pools und zuvorkommender Service machen das von Zypressen und Zedern umgebene Hotel mit 64 Zimmern und Meerblick zu einem der besten der Insel. An der Straße zum Émblissi-Strand, Tel. 26 74 04 12 00, www.emelissehotel.com

AUSGEHEN

Le Passage. Neues Bistro mit hervorragenden, kreativ angerichteten Cocktails – ideal, um mit Blick auf die Jachten den Tag ausklingen zu lassen. Promenade, Fiskárdo, Tel. 26 74 04 15 05.

AKTIVITÄTEN

Fiscardo Boat Hire. Wer nicht mit der eigenen Jacht nach Fiskárdo kommt, kann ein kleines Motorboot ohne Führerschein mieten, eine Segel- oder Motorjacht mit Skipper buchen oder sich mit dem Bootstaxi zu verschiedenen Zielen fahren lassen. Östlicher Teil Promenade, Fiskárdo, Tel. 69 78 70 08 00, www.fiscardoboathire.com

40 Ithaka
Winzig und weltweit bekannt

Das kleine Ithaka ist ein Ziel zum Entspannen und reizt mit hübschen Kieselbuchten, idyllischen Dörfern und viel Raum zum Wandern. Doch meist besuchen Urlauber das grüne Eiland, das auch »Smaragd der Ionischen Inseln« genannt wird, nur im Rahmen eines Tagesausflugs oder mit dem Segelboot und begeben sich auf die Spuren des antiken Helden Odysseus, der auf Ithaka zu Hause gewesen sein soll.

Schon bei der Anfahrt mit der Fähre kann man bewundern, wie die grünen Berge des auf griechisch Ithaki genannten Eilands aus dem tiefblau schimmernden Meer emporsteigen und hinter dem Morgendunst zum Vorschein kommen. Die Straßen, die sich an den grünen Hängen mit der mediterranen Macchia ihren Weg bahnen, sind weithin sichtbar. Die vielen windgeschützten Buchten, die das Landschaftsbild der gerade mal von gut 3200 Menschen bewohnten Insel stark prägen, sind bei Seglern sehr beliebt. Auffällig ist nicht nur beim Blick auf die Karte die Form der nur 96 Quadratmeter großen Insel, deren höchster Berg Níritos im Norden 809 Meter misst. Der Süden und der Norden werden von einer 620 Meter breiten Landzunge miteinander verbunden. Die kleinen Orte zeugen von der charakteristischen Architektur der Ionischen Inseln.

Heimat des Odysseus?

Den weltweiten Ruhm verdankt Ithaka der naheliegenden Vermutung, dass Ithaka, die Insel sein soll, auf welcher der antike Held Odysseus zu Hause gewesen ist. Über Odysseus, seine helden-

Oben: Malerisch liegt Vathí mit den farbenfrohen Häusern am inneren Ende der Mólos-Bucht ohne Blick auf das offene Meer.
Unten: In den Tavernen von Vathí wird fangfrischer Fisch serviert.

haften Taten und die zehnjährige Irr-
fahrt auf seiner Heimreise nach dem
Trojanischen Krieg schrieb Homer in den
beiden großen Epen der griechischen Antike,
der *Ilias* und der *Odyssee*. Auch wenn Odysseus'
Palast nie gefunden wurde, gilt Ithaka als Heimat
des Helden der griechischen Mythologie. Sicher
ist, dass Ithaka gut gelegen war, um den Seehan-
del zwischen dem Festland und den Inseln Kefaloniá und Lefkáda zu kontrollieren. Wer sich auf die
Spuren des Helden macht, trifft auf Ithaka immer
wieder auf Schilder, die zu vermeintlichen Schauplätzen der Odyssee führen.

Vathí

Obwohl Vathí im Ortskern keine Strände hat, reizt
ein nahe dem westlichen Hafenufer gelegenes
und fotogenes Inselchen viele Schwimmer zur
Entdeckungstour. Den Namen verdankt das Eiland,
auf dem noch eine Kapelle von 1668 steht, seiner
Funktion im 19. Jahrhundert, als dort eine Qua-
ranténestation stand. Nach Abzug der Briten
diente die Insel als Gefängnis. Nach dem Erdbeben
1953 wurden die Reste des Gebäudes abgetragen.
Der stadtnahste Strand ist der nördlich von Vathí
gelegene, kleine Kieselstrand Loútsa am Eingang
der Mólos-Bucht.

Museen in Vathí

Im Seefahrts- und Folklore-Museum im alten
Kraftwerk berichten Dokumente und Fotos sowie
Möbel, Gebrauchsgegenstände, landwirtschaftliche
Geräte, Trachten und Instrumente aus alten Zeiten.
Folgt man der Uferpromenade gen Osten, erreicht
man hinter der neoklassizistischen Villa Drakoúli,
dem einzigen Gebäude im Ort, das aus der Zeit vor
dem Erdbeben stammt, das Archäologische Museum. Die Exponate stammen aus der Zeit von 1400

Geheimtipp

SCHMUCK UND DEKO DIREKT BEIM KUNST-HANDWERKER

In den Gassen von Vathí beweist ein junger, von der Insel
stammender Künstler, dass Ithaka
ein idealer Ort für diejenigen ist, die
nach Inspiration suchen. Mit teilweise auf der Insel gefundenen Naturmaterialien wie Kieselsteinen und
Holz sowie mit Kupfer und Bronze
werden hier hübsche Deko-Objekte
und kreativer Schmuck hergestellt.
Aufmerksam wird man auf den kleinen Verkaufsraum, der gleichzeitig
als Werkstatt dient, durch die zahlreichen Mini-Boote aus Kupfer bzw.
Bronze, die vor dem Laden ausgestellt werden. Die hübschen handgefertigten Boote, Olivenbäume, Fisch-
gräten und Fische, die auf Kieselsteinen oder kleinen Holzstücken
stehen, aber auch Ketten und Ohrrin-
ge sind originelle Mitbringsel und Andenken, die auch von vielen griechischen Gastronomen landesweit
gern als Deko benutzt werden.

Gallerie Itháki. Vathí, gegenüber der
National Bank.

ITHAKAS' SCHÖNS-TES DORF

Das Bilderbuchdorf Kióni liegt fünf Kilometer südöstlich von Fríkes. Ein erster Halt, um den Blick auf das Örtchen am Meer zu genießen, lohnt schon bei der Anfahrt. Bevor sich die Straße ins Dorf hinabwindet, begeistert der Blick auf die von grünen Hängen und Ziegeldächern gesäumte Bucht. Der tief eingeschnittene Fjord, dessen Eingang von Stümpfen alter Windmühlen geziert wird, ist im Sommer Ziel unzähliger Segelboote und Motorjachten. Auf den Hängen drum herum stehen die in traditioneller Bauweise errichteten, pastellfarbenen Häuser. Sie gehören meist nach Nordamerika oder Südafrika ausgewanderten Insulanern und werden nur im Sommer bewohnt. Ein Spaziergang lohnt an der autofreien Hafenpromenade. Mit Blick auf die vor Anker liegenden Boote und die farbenfrohen Fischerboote locken Cafés und Tavernen mit am Wasser stehenden Tischen und Stühlen zum süßen Nichtstun.

v. Chr. bis in die römische Zeit. Viele Objekte waren Opfergaben für ein Apollo-Heiligtum. Außerdem bezeugen sie, dass Ithaka bis ins 7. Jahrhundert v. Chr. ein wichtiger Ort für die Keramikproduktion war.

Perachóri und Paleóchora

Das weitläufige Perachóri erstreckt sich auf über 300 Meter Höhe am Hang oberhalb der Bucht von Vathí. Lohnenswert ist der Besuch des mitten im Grünen gelegenen Dorfs, um in den urigen Tavernen an der Platía mit Aussicht auf die Bucht einzukehren oder um Ende Juli das Weinfest zu besuchen. Die Schilder »Upper Village« und »Cultural Center« weisen zum Wanderweg, der in rund 15 Minuten zum verlassenen, bereits im 16. Jahrhundert gegründeten Paleóchora führt.

Paleóchora war bis zur venezianischen Zeit Inselhauptstadt. Der Weg nach Paleóchora führt zu den Ruinen von Kirchen und mittelalterlichen Häusern mit den Resten alter Zisternen. Schaut man genauer hin, fallen die winzigen, wehrhaft anmutenden Fensteröffnungen an den Häusern auf. Sie zeugen davon, dass der Ort zum Schutz vor Piratenangriffen nicht am Meer, sondern oberhalb der Bucht gebaut wurde.

Ithaka an einem Tag

Wer Ithaka auf eigene Faust an einem Tag entdecken möchte, nimmt am besten den Mietwagen mit. Am schnellsten erreicht man Ithaka mit der Fähre von Sámi (S. 200) auf Kefaloniá, die den Hafen Píso Aetós an der Westseite der engen Landzunge anläuft. Sehen sollte man zunächst Vathí im Inselsüden. Von dort fährt man über den schmalen Isthmus gen Norden und wählt für die Hinfahrt zunächst die Straße, die mit Blick nach Kefaloniá hoch über der Westküste nach Stavrós führt. Nicht missen, sollte man – bevor es über die Straße, die hoch über der Ostküste verläuft, wieder zurück zur Fähre geht – das Bilderbuchdörfchen Kióni.

Ⓐ Vathí – Auf dem Weg von Píso Aetós zur Inselhauptstadt sollten Archäologie-Fans an den Ausgrabungen an der Landenge halten. In Vathí kann man dann nicht nur die Lage und die Sehenswürdigkeiten bewundern, sondern auch den einheitlichen Baustil, der seit 1978 durch ein Gesetz geregelt wird.

Ⓑ Stavrós – Den größten Ort und Verkehrsknotenpunkt des Inselnordens steuert man am besten über die Westküste an. Auf dem Weg kann man einen Badestopp bei den schönen Stränden Áspros Gialós (auch: Ái Giánnis) oder dem einsameren Mirterá mit den hellen Kieselsteinen und dem kristallklaren Wasser einlegen.

Ⓒ Fríkes – Ein Denkmal erinnert an der Hauptstraße an griechische Partisanen, die hier 1944 ein deutsches Schiff zerstörten.

Ⓓ Kióni – Der hübsche Weiler am Meer ist nicht nur populäres Ausflugsziel für Rundreisende, sondern auch ein sehr beliebter Jachthafen. Besonders fotogen erhebt sich zwischen den Dächern des Orts der moderne Glockenturm der Kirche Agíou Ioánnou tou Pródromou.

Ⓔ Anógi – Im zu Beginn des 20. Jahrhunderts noch von etwa 1000 Menschen bewohnten Dorf leben heute nur noch etwa 60 Menschen. Die Fahrt gen Süden verspricht atemberaubende Ausblicke auf das Meer und den Inselsüden.

Ⓕ Kloster Kathará – Lange war der Konvent das spirituelle Zentrum der Insel. Heute wird er nur noch von einem Mönch bewohnt.

Ikone von El Greco in einem Museum von Vathí

Nymphengrotte und Dexá-Bucht

Wer nach möglichen Schauplätzen von Homers Epen sucht, kann von Paleóchora zur Nymphengrotte wandern. In der zweiräumigen Höhle, von der man nur den einen von zwei Räumen betreten kann, versteckte Odysseus nach seiner Rückkehr die ihm von den Phäaken auf Korfu geschenkten Schätze und brachte dort bereits vor seiner Abreise nach Troja den Nymphen zahlreiche Opfer. Die kleine Tropfsteinhöhle liegt 2,5 Kilometer nördlich von Paleóchora und zwei Kilometer westlich von Vathí. An der schönen, von Olivenbäumen und Zypressen gesäumten Dexá-Bucht unterhalb der Höhle wurde Odysseus bei der Rückkehr übrigens von den Phäaken abgesetzt. Am flach abfallenden Kieselstrand genießt man Bademomente mit Blick auf das den Eingang der Mólos-Bucht markierende, winzige Felsinselchen Skartsoumponísi.

Aetós

Nördlich von Vathí zweigt am Isthmus zwischen Süden und Norden die Straße zum Mini-Hafen Píso Aetós ab. Dort legen die Fähren an, die Ithaka von Póros (S. 198) aus ansteuern. Gleich an der Straße stehen Reste eines Turms aus dem 7. Jahrhundert v. Chr. Er war Teil einer Stadtmauer, die den Gipfel des Bergs Aetós umschloss. Dass die Gegend schon früher bewohnt wurde, bezeugen Funde aus dem 14./13. Jahrhundert v. Chr.

Stavrós, Pólis und Homers' Schule

Oben: Blick über die Dächer von Kíoni aufs Meer
Mitte: Die Büste Homers verweist in Vathí auf die Geschichten über Odysseus.
Unten: Die Straßen von Ithaka sind ideal für Fahrradtouren.

Auf dem Hauptplatz von Stavrós zeugt eine moderne Büste des Odysseus davon, dass sich die Gemeinde als seine Heimat versteht. Eine Siedlung von 2200 bis 1500 v. Chr., die beim Nachbarweiler Pilikáta freigelegt wurde, lässt vermuten, dass hier einst der Palast des Odysseus stand. Funde, die in

Einfach gut!

der Umgebung gemacht wurden, kann man im kleinen Archäologischen Museum in Pilikáta sehen. Bekanntestes Ausstellungsstück ist das Fragment einer Frauenmaske aus dem 2. Jahrhundert v. Chr. mit der Inschrift »ΕΥΧΗΝ ΟΔΥΣΣΕΙ«. Die Inschrift, die so viel bedeutet wie »Dem Odysseus gewidmet« bezeugt, dass man in der eingestürzten Loízos-Höhle nahe der südlich von Stavrós gelegenen Pólis-Bucht, in der die Tonscherbe gefunden wurde, Odysseus verehrt hat. Die spärlichen Reste der Akropolis und eines antiken Stadions im Tal gegenüber der Mole sind kaum noch erkennbar. Der schmale Kiesstrand, der von den mit Stechpalmen und Zypressen bewachsenen Hügeln gesäumt wird, bietet einen schönen Blick auf die farbenfrohen Fischerboote.

Etwa ein Kilometer nördlich von Pilikáta liegt die bedeutendste Ausgrabungsstätte von Ithaka, die »Schule des Homer« genannt wird. Dort kann man gleich neben einer Kirchenruine aus dem 19. Jahrhundert die Reste von Hausmauern aus dem 6./5. Jahrhundert v. Chr. sehen. Auch auf den Felsterrassen darunter sind antike Reste erkennbar, unter anderem ein Grab aus mykenischer Zeit und ein Brunnenhaus, durch dessen Wasser Odysseus, laut Volksmund, sein Augenlicht wiedererlangt hat.

Fríkes

Über den kleinen Fischerort Fríkes, der mit ein paar Tavernen auf Besucher wartet, fährt man zum schönsten Dorf Ithakas: Kióni. Angesteuert wird Fríkes von Fähren aus Vassilikí auf Lefkáda und Fiskárdo auf Kefaloniá. Auf dem Weg nach Kióni kann man an den kleinen Buchten Kourvoília oder Mavronás in kristallklarem und in jeglichen Blautönen schimmerndem Wasser baden.

TRAUMHAFTE AUSSICHTEN

Wer von Stavrós in den Süden möchte, sollte unbedingt zumindest einmal entlang der Ostküstenstraße fahren. Sie begeistert mit atemberaubenden Ausblicken auf das Meer und den Inselsüden und lädt mit einsam stehenden Felsen, die zu Sitzbänken umfunktioniert wurden, und zwei mitten im Nirgendwo stehenden Regiestühlen zum Halten ein. Ein Halt lohnt auf dem Weg auch in Anógi, das in einer bizarren Felswelt auf 500 Meter Höhe liegt. Weithin sichtbar erhebt sich an der Durchgangsstraße eine Marienkirche. Das Gotteshaus von 1670 mit dem frei stehenden Glockenturm ist innen mit Fresken ausgemalt. Dass der Campanile nach dem Erdbeben 1953 restauriert wurde, erkennt man daran, dass der Turm und seine Spitze verschiedene Stile präsentieren. Weiter südlich führt eine Stichstraße zum 1703 gegründeten, leider nur sporadisch geöffneten Kloster Kathará, das mit einer Marienikone lockt, die laut Volksmund vom Evangelisten Lukas gemalt wurde.

Infos und Adressen

Die Museen von Vathí lohnen einen Besuch.

SEHENSWÜRDIGKEITEN

Archäologisches Museum Vathí. Di–So 8.30–15.30 Uhr, Odós Kalliníkou, Vathí, Tel. 26 74 03 22 00.

Archäologisches Museum Stavrós. Di–So 8.30–15 Uhr, Pilikáta (ausgeschildert), Tel. 26 74 03 13 05.

Kloster Kathará. Sporadisch geöffnet, Stichstraße zwischen Anógi und Vathí.

Nymphengrotte. Nur teilweise zugänglich, aber einsehbar, 2,5 km westlich von Vathí.

Seefahrts- und Folklore-Museum. Juni–Aug Mo–Fr 9–14 und 18–22 Uhr, Sa 9.30–11.30 Uhr, Platía Polytechníou/ Odós Kalliníkou, Vathí, Tel. 26 74 03 33 98.

Schule des Homer. Ausgrabungen frei zugänglich, etwa 1 km nördlich von Pilikáta (ausgeschildert).

ESSEN UND TRINKEN

Calypsó. Gleich am Wasser werden in der familiären Taverne typisch griechische, aber auch kreativ verfeinerte Köstlichkeiten serviert. Mit Blick in die Bucht genießt man frischen Fisch, in Pergamentpapier serviertes Lamm *kléftiko*, die inseltypische *bakalópita* (Teigtasche gefüllt mit Backfisch und

Reis) und vieles mehr. Promenade, Kióni, Tel. 26 74 03 10 66, http://calypso.kioni.gr

Libretto. Romantisch abseits des Trubels gelegenes, etwas schickeres Restaurant mit italienisch-griechischer Küche, hausgemachter Pasta, Fisch und Schalentieren und einem herrlichen Ausblick besonders zum Sonnenuntergang. Tgl. ab 18.30 Uhr, Odós Georgíou Drakoúli, Vathí (im Nordosten der Bucht), Tel. 26 74 77 05 22.

Pórto. Gern auch von Einheimischen besuchte, einfache Taverne mit Hafenblick bei griechischer Hausmannskost und guten Fischgerichten. Vathí, nahe dem Anleger, Tel. 26 74 03 25 49.

Spavénto. In der legeren Café-Bar treffen sich Segler und Einheimische, wenn sie mal nicht am Meer sitzen möchten. Es gibt exzellenten Kaffee, gute Drinks und Snacks. Kióni, an der Straße zur Bucht, Tel. 26 74 03 14 27.

Yefuri. Einsam gelegene, originelle Restaurant-Bar, in der mit Pfiff und Einflüssen aus der ganzen Welt köstliche Salate, Pasta, Fleisch- und Fischgerichte sowie ein hervorragender Zitronenkuchen kreiert werden. Sonntags gibt es Brunch. Fr–So ab 18 Uhr (Juli–Mitte Sept. Di–So), So auch 11–15 Uhr, Platrithiás, an der Straße Richtung Stavrós, Tel. 26 74 03 11 31.

ÜBERNACHTEN

Adastra. 4 geschmackvoll eingerichtete Suiten mit herrlichem Blick auf die von grünen Hügeln umsäumte Bucht von Vathí; die Besitzer sind äußerst hilfsbereit und das Frühstück hausgemacht. Vathí, am Osthang der Bucht, Tel. 26 74 03 35 22, www.adastrasuites.com

Odyssey. Ruhig im Grünen gelegene, elegant und modern eingerichtete Apartments. Die fantastische Aussicht genießt man nicht nur von den Unterkünften, sondern auch vom Pool und der angeschlossenen Snackbar. Vathí, im Nordosten der Bucht, Tel. 26 74 03 34 00, www.odysseyapartments.gr

Nóstos. Einfache, geräumige Zimmer mit Balkon in einem familiär geführten Hotel mit Pool nah am Strand. Im angeschlossenen Restaurant gibt es gute Hausmannskost. Fríkes, Tel. 26 74 03 11 00, www.hotelnostos-ithaki.gr

Perantzáda Art Hotel. Das zentral und doch ruhig gelegene Boutique-Hotel in einem neoklassizistischen Gebäude aus dem 19. Jh. mit neuem Anbau überzeugt mit komfortablen, schlicht, aber stylisch eingerichteten Zimmern. Familiäres Ambiente und die Sonnenterrasse mit Pool und Ausblick sorgen für Erholung pur. Vathí, Odós Odisséos Androútsou, Tel. 26 74 03 34 96, www.perantzadahotel.com

Tesoro of Ithaca. Idyllisch gelegene, sehr gepflegte, kleine Anlage mit vier modernen Apartments, die Platz für bis zu fünf Personen bieten. Der sympathische Besitzer Pános kümmert sich freundlich um seine Gäste. An der Straße zwischen Stavrós und Fríkes, Tel. 69 86 83 94 55, www.tesoroithaca.com

EINKAUFEN

Technima. Origineller, hochwertiger Schmuck aus Gold und Silber sowie hübsche Kunstobjekte, die vom Juwelier Dimosthénis Ganazoúlis und anderen griechischen Schmuckdesignern gefertigt werden. Tgl. 9–15 und 18 Uhr bis nach Sonnenuntergang, Kióni, Promenade, Tel. 26 74 03 18 14, www.tehnima.com

In Ithakas Hotels heißt es einfach nur entspannen.

Knoblauchbrot schmeckt zu *mezédes* richtig gut.

AUSGEHEN

Piccolo. Süßes Café zum Seele baumeln lassen, um morgens beim Frühstücken und abends bei einem Cocktail, Drink oder Bier das Treiben an der Promenade sowie die Fischer- und Segelboote zu beobachten. Kióni, Promenade, Tel. 26 74 03 14 00.

AKTIVITÄTEN

Bootstour zum Gidáki-Beach. Einer der schönsten Strände Ithakas ist am besten per Boot zu erreichen. Die kleine Albatros fährt tgl. zum Kieselstrand Gidáki, der mit kristallklarem, türkisfarbenem Wasser begeistert und den man sonst nur in einer Stunde zu Fuß erreicht. Abfahrt tgl. 11 Uhr, Rückfahrt 15 Uhr, Vathí, am Hafen, Tel. 69 76 90 16 43.

INFORMATION

Anreise. Ausflugsboote fahren zwischen Mai und Sept. von Lefkáda (Nidrí, Vassilikí) und von verschiedenen Orten auf Kefaloniá nach Ithaka und zurück. Tgl. steuern auch Fähren die kleine Insel an. Im Inselnorden wird Fríkes tgl. von Fiskárdo (Kefaloniá) und Nidrí (Lefkáda) aus angelaufen. Von Fiskárdo und Sámi (Kefaloniá) fahren Autofähren nach Píso Aetós. Vathí wird tgl. mit Autofähren von Sámi sowie Pátras und Astakós auf dem griechischen Festland aus angesteuert.

ZÁKYNTHOS

41 Zákynthos-Stadt
Hübsche Stadt
in schöner Lage

Fotogen schmiegt sich die aristokratisch anmutende Hauptstadt von Zákynthos im Westen an einen Höhenzug und im Osten ans Meer. Im reizvollen Städtchen, das mit sehenswerten Museen und Kirchen auf Besucher wartet, genießt man vor allem Urlaub zwischen Einheimischen und eine gute Lage, um zu Inselerkundungen in alle Richtungen zu starten. Den Tag lässt man in Tavernen mit inseltypischer Musik ausklingen.

Wer Zákynthos mit der Fähre ansteuert, landet direkt in der kleinen Inselhauptstadt und sieht so am besten, wie die kleinen Häuser sich als Band zwischen dem Meer und den landeinwärts emporsteigenden Hügelhängen ausdehnen. Weithin sichtbar erhebt sich gleich an der Uferstraße der schlanke, nachts romantisch beleuchtete Campanile der Kirche Ágios Dionísios, der an den Glockenturm des Markusdoms in Venedig erinnert.

Vorangehende Doppelseite: Griechenlands berühmtester Strand Navágio
Oben: Der Campanile von Ágios Dionísios ist weithin sichtbar.
Unten: Die Tavernen am Hafen bieten mittags schattige Plätzchen.

GUT ZU WISSEN

STRÄNDE IN DER INSELHAUPTSTADT
Obwohl Zákynthos-Stadt sich am Meer erstreckt, sind fußläufig erreichbare Strände kaum zu finden. Der kleine Strand im Norden ist zwar für einen schnellen Sprung ins kühle Nass, jedoch weniger gut für ausgiebiges Baden geeignet. Wer sich hier einquartiert, kann mit dem Mietwagen, Roller oder mit einem der mehrmals täglich verkehrenden Busse ab der Odós Mothonéou zum Beispiel Strände auf der Skopós-Halbinsel oder bei Tsiliví besuchen. Aktuelle Fahrpläne: www.ktel-zakynthos.gr oder Tel. 26 95 02 22 55.

Zákynthos' Flair

Die rasterartig dahinter angelegten Straßen und Gassen muten mit hübschen
Plätzen, Straßencafés und Arkaden teilweise venezianisch an, stammen allerdings aus der
zweiten Hälfte des 20. Jahrhunderts. Ein verhee-
rendes Erdbeben sorgte in der Stadt im Jahr 1953
für große Schäden, sodass zahlreiche Gebäude im
alten Stil neu aufgebaut wurden. Viel Flair verspricht Zákynthos-Stadt sowohl abseits vom Meer
als auch an der geschäftigen Promenade, wo auch
zahlreiche Segel- und Motorjachten festmachen.
Dort treffen sich Einheimische abends zum Spaziergang, der obligatorischen *vólta*, bevor sie in
einer der stimmungsvollen Tavernen oder Cafés
einkehren. Gesäumt wird die Promenade, die sich
auf einen Kilometer zwischen dem Hafen und
dem Hauptplatz der Stadt, der Platía Solomoú, erstreckt, außerdem von Hotels und vielen Reisebüros, in denen man diverse Touren mit Ausflugsbooten buchen kann.

Kirche Ágios Dionísios

Die im Jahr 1948 erbaute Kirche ersetzte einen
1893 durch ein Erdbeben zerstörten Vorgängerbau
und ist Teil eines Komplexes, der aus Kirche, Klos-
tereinrichtungen, Sakralmuseum und dem 40 Meter hohen Glockenturm besteht. Die größte Kirche
der Stadt ist dem Inselheiligen Dionísios geweiht,
der in der zweiten Hälfte des 16. und Anfang des
17. Jahrhunderts als Mönch und Bischof auf Zákynthos tätig war. Seine Gebeine werden in einem
silbernen Sarkophag in einer pompös ausge-
schmückten Seitenkapelle rechts hinter der Altarwand aufbewahrt. Da die Kirche Ziel vieler Gläubi-
ger ist, wird der Sarkophag für Pilgergruppen
manchmal geöffnet, damit sie den eingesetzten
Glassarkophag küssen können. Der prachtvolle Kir-
chenraum begeistert vor allem mit den in den

Nicht verpassen

GRANDIOSE AUSSICHT

Bocháli, ein kleines Dorf
oberhalb der Stadt, ist ein
fantastisches Ausflugsziel –
besonders am späten Nachmittag,
wenn nach Sonnenuntergang die
Lichter in der kleinen Inselhauptstadt
zu funkeln beginnen. In dem kleinen
Dörfchen kann man nämlich nicht
nur eine weitläufige venezianische
Festung, Kástro Zakínthou, besichtigen, die schützend über der Stadt
thront. Nach der Besichtigung der
Festung aus dem 17. Jahrhundert,
die in ihrem Inneren von einem Pi-
nienwald bedeckt ist, sieht man außer den Außenmauern, an denen
noch Reliefs der Markuslöwen erhalten sind, und den prächtigen Toren
die Überreste von Pulvermagazinen,
Gefängnissen, Zisternen und Kapellen. Sowohl von den Festungsmauern als auch von den viel besuchten
Cafés am Dorfplatz eröffnet sich eine
herrliche Aussicht über die Stadt bis
zum Hügel Skopós und zur gegenüberliegenden Peloponnes.

Kástro Zakínthou . Di–So 8–15 Uhr.
Bocháli, südlich der Platía (ausgeschildert).

DINNER IM VILLEN-VIERTEL

Wer es zum Essen gerne romantisch und stilvoll hat, findet die passende Location nördlich der Inselhauptstadt. Am Kap Akrotíri liegt rund um den Leuchtturm Krionéri das alte Villenviertel von Zákynthos-Stadt. Dort hat Familie Stamíris die alte Familienvilla restauriert und ein Schmuckstück mit Flair aus alten Zeiten geschaffen. In romantischem Ambiente sitzt man auf der von Blumen umgebenen Terrasse und genießt von einigen Tischen sogar den Blick aufs Meer. Spezialitäten des Hauses sind Hahn-Ragout, Kaninchen in Zitronensauce, *stifádo* (Kaninchen mit Zwiebeln in Tomatensauce), Wildschwein in Weinsauce oder Wildente mit Orangensauce. Abgerundet wird der Gaumenschmaus mit ausgewählten griechischen Weinen. Reservierung empfehlenswert.

Aresti Piano Bar-Restaurant. Akrotíri (Krionéri), an der Hauptstraße, die vom Kap landeinwärts führt, Tel. 26 95 02 73 79, www.aresti.com.gr

1980er-Jahren gemalten Fresken, die zum Teil vom Leben und den Wundertaten des Heiligen berichten. Auf anderen Fresken sind Szenen von der Erschaffung der Welt und aus dem Neuen Testament abgebildet. Im Sakralmuseum nebenan können Interessierte uralte Ikonen, Schriften aus dem 16. bis 18. Jahrhundert, liturgische Geräte und Gewänder sehen.

Platía Solomoú

Der Hauptplatz der Stadt wird von der Anfang des 20. Jahrhunderts erbauten Statue des aus Zákynthos stammenden Nationaldichters Dionísios Solomós (1798–1857) geprägt, der u.a. den Text für die griechische Nationalhymne geschrieben hat. Gleich neben dem markanten Bau der Bibliothek mit ihren auffälligen Arkaden steht das älteste Gebäude des Platzes. Die kleine venezianische Kirche Ágios Nikólaos tou Mólou, die dem Schutzheiligen der Seeleute geweiht ist, stammt aus dem Jahr 1561. Eindrucksvoll präsentiert sich die kleine Kirche im Stil der Renaissance. Der Glockenturm präsentiert hingegen die byzantinische Architektur. Im Inneren wird eines der Gewänder des heiligen Dionísios aufbewahrt, der auch hier ab und zu die Messe las.

Byzantinisches Museum (Zákynthos-Museum)

Außer den Ikonensammlungen und ganzen Fresken- und Altarwänden kann man im bedeutendsten Museum der Insel Fotos und ein Modell sehen, das die Stadt vor dem Erdbeben 1953 zeigt. Der Schwerpunkt des Museums liegt aber auf den uralten Ikonen und Fresken, die gut die Änderungen in der Sakralmalerei präsentieren und einen Einblick in die byzantinische, kretische und ionische Malerei geben. Besonders gut sind die Ein-

Auf das Solomós-Museum an der Platía Agíou Márkou ist man stolz.

Traditionelle *kantádes* im Aléktor

flüsse des Westens und der Renaissance
in der Ikonenmalerei der Ionischen Inseln
zu erkennen. Beeindruckend sind bereits
die Altarwände aus dem 17. Jahrhundert mit
den prächtigen Ikonen im Erdgeschoss. Auf der
ersten Etage begeistern die komplett abgetragenen
Freskenwände aus der Kirche Ágios Andréas nahe
Volímes vom Ende des 16. Jahrhunderts. In den
folgenden Sälen wird auf den Sakralbildern aus
dem 15. bis zum 19. Jahrhundert der Einfluss Venedigs und des Barocks im Laufe der Jahrhunderte
deutlich. So sind die Ikonen beispielsweise nicht
mehr beschriftet, wie es in der byzantinischen Malerei geregelt ist. Auch ändern sich die Farben und
der Gesichtsausdruck der Abgebildeten.

Platía Ágiou Márkou und Solomós-Museum

Nur wenige Schritte trennen die Platía Solomoú
von der dahinterliegenden, von Cafés und Restaurants gesäumten Platía Agíou Márkou mit dem
Solomós-Museum. Dem berühmtesten Sohn der
Insel, Dionísios Solomós, verdankt Griechenland
schließlich den Text für die Nationalhymne. Bekannt sind Solomós und der ebenfalls aus Zákynthos stammende Schriftsteller Andréas Kálvos

Nicht verpassen

TRADITIONELLE KLÄNGE, INSELTYPISCHE SPEISEN

Spätestens beim abendli-
chen Bummel durch die Stadt
hört man die traditionellen Inselklänge
aus Tavernen erklingen und spürt die
Liebe der Einheimischen zur Musik
und auch den Einfluss der venezia-
ni-schen Besatzer. Die zakynthischen
kantádes, die mitteleuropäische Ohren an italienische Serenaden erinnern, sorgen in vielen Lokalen für
stimmungsvolle Sommerabende. Die
Musiker sitzen mit der Gitarre und der
Mandoline zwischen den Gästen und
Einheimische stimmen mit ein. Während man den Liebesliedern lauscht,
genießt man inseltypische Gerichte
wie Kaninchen oder Hahn in Tomatensauce und Inselwein, egal, ob im bekannten »Aléktor« oder im von vielen
Einheimischen besuchten »Varkaróla«.

Aléktor. Platia Dimokratias 2, Zákynthos-Stadt, Tel. 26 95 02 46 44,
www.alektorzante.gr
Varkaróla. Leofóros Lomvárdou 30/
Ecke Xénou, Tel. 26 95 02 69 99,
www.varkarola.gr

233

(1792–1869), die beide in marmornen Sarkophagen im Mausoleum im Erdgeschoss begraben wurden, auch für das starke Engagement während der griechischen Freiheitsbewegung gegen die Osmanen. Auf der ersten Etage wird von den Lebzeiten der Dichter und der bürgerlich-adligen Stadtkultur der vergangenen Jahrhunderte berichtet.

Kirchen in der Nähe

Ein Bummel gen Norden führt zur nahen Mitrópolis, dem Bischofssitz von Zákynthos, dessen Kathedrale dem heiligen Nikólaos geweiht ist. Die Kirche mit dem hohen Glockenturm birgt eine vergoldete Ikonostase und Fresken im byzantinischen Stil, die aus den 1980er-Jahren stammen. In der Nähe steht zwischen den Wohnhäusern die kleine barocke Kirche Kiría ton Angélon. Das kleine Schmuckstück von 1687 wurde nach dem Erdbeben von 1953 originalgetreu rekonstruiert und zeigt sich mit kunstvollen Reliefs an der Fassade, die über dem Hauptportal die Sonne, den Mond und Sterne rund um ein kleines Kreuz und darüber die von Engeln umgebene Gottesmutter mit dem Jesuskind zeigen. Links daneben wurden über der kleinen Tür der byzantinische Doppeladler und Erzengel Michael in den Stein gemeißelt.

Archontikó Róma

Oben: In der 21i Maíou (Alex. Róma) trifft man sich zum Shopping.
Mitte: In der Kirche Ágios Dionísios imponieren die Fresken.
Unten: Auf den Stufen vor dem Gotteshaus ruht man gern.

Das ursprünglich 1660 erbaute Herrenhaus eines englischen Kaufmanns, das 1880 von der einflussreichen zakynthischen Politikerfamilie Rómas gekauft wurde, wurde 1953 zerstört, von den Besitzern aber rekonstruiert. Heute bietet das Haus Interessierten einen Einblick in die Lebensweise der Adelsfamilie. Sehen kann man alte Gemälde, Möbel, Familienporträts, Fotos, Waffen und Kunsthandwerk und die 10 000 Werke umfassende Bibliothek – deren Bestände zum Teil aus dem 16. Jahrhundert stammen.

Ein Bummel durch die Inselhauptstadt

Obwohl Zákynthos-Stadt mit einer Handvoll Sehenswürdigkeiten auf Besucher wartet und schnell an einem Vormittag besucht werden kann, sollte man für den Bummel durch die Stadt unbedingt den Abend mit einplanen oder nach einem Strandbesuch in der Umgebung wiederkommen. Nur so spürt man das gemütliche Flair des Hafenstädtchens und sieht den romantisch beleuchteten Glockenturm der Kirche Ágios Dionísios.

Ⓐ Kirche Ágios Dionísios – Das markante Gotteshaus ist das Wahrzeichen der Stadt. Tgl. tagsüber bis in den Abend geöffnet, Sakralmuseum 9–13 Uhr. Leofóros Lomvárdou (auf Höhe des Hafens), Zákynthos-Stadt.

Ⓑ Platía Solomós – Im Norden mündet die Uferstraße am von Prachtbauten gesäumten und seit 2015 aufwendig restaurierten Hauptplatz. Hier befindet sich auch die meist verschlossene Kirche Ágios Nikólaos tou Mólou.

Ⓒ Platía Agíou Márkou – Der stimmungsvolle und autofreie Platz, von dem auch die Haupteinkaufsstraße 21i Maíou (im weiteren Verlauf Alex. Róma) abgeht, ist zu jeder Tageszeit beliebter Treffpunkt der Einheimischen.

Ⓓ Byzantinisches Museum – Im bedeutendsten Museum der Insel werden wertvolle Schätze aus Kirchen und Klöstern ausgestellt. Di–So 8–15 Uhr. Platía Solomoú, Zákynthos-Stadt, Tel. 26 95 04 27 14.

Ⓔ Solomós-Museum – Gezeigt werden Originalmanuskripte, Porträts diverser Intellektueller, Uniformen und alte Möbel. Tgl. 9–14 Uhr und 19–22 Uhr. Platía Agíou Márkou, Zákynthos-Stadt, Tel. 26 95 02 89 82.

Ⓕ Mitrópolis – In der im byzantinischen Stil ausgemalten Kirche wird im Zentrum des Gewölbes, wie in griechisch-orthodoxen Kirchen üblich, Christus als Pantokrator, also als Allesbeherrscher, dargestellt. Meist vormittags geöffnet. Odós Kapodistríou, Zákynthos-Stadt.

Ⓖ Kirche Kiría ton Angélon – Wer die Kirche auch von innen besichtigen kann, sieht eine Ikonostase mit einer silberbeschlagenen Marienikone. Meist verschlossen. Odós Louká Karés, Zákynthos-Stadt.

Ⓗ Archontikó Róma – Das kleine Museum bietet Interessierten einen Einblick ins Leben einer aristokratischen Familie. April–Sept. tgl. 10–14 und 19–21 Uhr. Odós Louká Karér, Zákynthos-Stadt, Tel. 26 95 02 83 81.

Infos und Adressen

Passen auch ins Handgepäck: bunte Magneten

ESSEN UND TRINKEN

Alesta. Liebhaber der italienischen Küche kommen im modernen Restaurant voll auf ihre Kosten. Neben Klassikern wie Pasta Napoli oder Carbonara und hervorragender Pizza auch ausgefallene Vorspeisen und Salate. Platía Agíou Márkou, Zákynthos-Stadt, Tel. 26 95 04 28 30.

Ámmos. Gemütliche Taverne mit äußerst gastfreundlichem, gemütlichem Ambiente unter schattenspendenden Eukalyptusbäumen. Typisch griechische Gerichte. Lecker auch der Hauswein. Platía Agíou Dionisíou 46, Zákynthos-Stadt. Tel. 69 75 70 70 17 (mobil).

Kómis. Eine schilfbedeckte Terrasse gleich am Wasser und die maritime Einrichtung sorgen für ein Postkartenidyll als Kulisse für Fisch, Meeresfrüchte und originelle Vorspeisen wie Babycalamares mit Ruccola und Lorbeer, mit Sesam panierte Sardinen und leckere Salate. Am Ansatz der Hafenmole, Zákynthos-Stadt, Tel. 26 95 02 69 15, www.komis-tavern.gr

Rakomeládiko. In einer Seitengasse gelegenes, charmantes *mezedopólio*, in dem man verschiedene kleine Leckereien probieren kann, z.B. *dolmá-*

des (gefüllte Weinblätter), hausgemachte Pommes frites. Odós L. Zói 1, Zákynthos-Stadt, Tel. 26 95 02 58 49, www.rakomeladiko-zakynthos.com

Stathmós. Im alten Busbahnhof untergebrachte, urige Taverne mit inseltypischem Flair und regionalen Spezialitäten wie *kokkinistó* (Rindfleisch in Tomaten-Zimt-Sauce mit kleinen Nudeln) oder die mit viel Knoblauch und Essig gekochten Auberginen *skordostoúmpi*, abgerundet mit Klängen von zakynthischen *kantádes*. Odós I. Kladianoú 42, Zákynthos-Stadt, Tel. 26 95 02 40 40.

ÜBERNACHTEN

Avalon. Das Hotel nur für Erwachsene liegt herrlich auf dem Hügel Bóchali hoch über der Stadt, bietet von den Meerblick-Zimmern ein herrliches Panorama auf die Inselhauptstadt und ist ideal für alle, die auch einen Mietwagen für Inselerkundungen gebucht haben. Die Platía Solómos ist knapp 2 km entfernt. Buchbar nur als Halbpension oder All-inclusive. Bóchali, nördlich der Straße, die aus der Stadt hinausführt, Tel. 26 95 02 85 31, www.avalon-palace.com

Dali. 10 individuell eingerichtete, geräumige Zimmer, nach vorne raus mit herrlichem Blick auf die vor Anker liegenden Boote und Jachten gleich an der Uferstraße. Leofóros Lomvárdou 20, Zákynthos-Stadt, Tel. 26 95 02 60 16, www.dalihotel.gr

Diana. Alteingesessenes Stadthotel in bester Lage gleich am Markusplatz. Leider sieht man den Zimmern das Alter des Hotels an. Minimalistisch und modern ist hingegen die Dachterrasse mit Pool, Bar und fantastischem Blick über die Stadt. Odós Mitropóleos 2/ Ecke Kapodistríou, Zákynthos-Stadt, Tel. 26 95 02 85 47.

Plaza. Kleines, ruhig gelegenes Wohlfühlhotel mit nett eingerichteten, teils etwas kleinen Zimmern mit Meerblick, das nur durch eine Straße vom kleinen Stadtstrand getrennt wird und dennoch nicht weit vom Geschehen entfernt liegt. Odós Kolokotróni 2, Zákynthos-Stadt, Tel. 26 95 04 50 59, www.plazazante.gr

EINKAUFEN

Kinnávari. Kleines Geschäft und Gallerie mit modernen Malereien, handbemalten Kleinmöbeln und Deko-Objekten aus Stein oder Holz sowie Ikonen. Odós A. Róma 17, Tel. 26 95 04 15 87.

I Zákynthos. Kleines Paradies für kulinarische Mitbringsel und Andenken seit 1910. Es gibt die inseltypischen weißen Nougat-Riegel (*mandoláto*) und die Sesam-Mandel-Honig-Riegel (*pastéli*) aus eigener Herstellung und viele andere Leckereien, z.B. Weine. Psarrón 5, Zákynthos-Stadt, Tel. 26 95 02 87 17.

Rodokálli. Im farbenfrohen Laden schlagen Mädchen- und Frauenherzen höher. Von der Besitzerin Evgenía handgemachter Schmuck und Accessoires sowie süße Deko-Objekte für zu Hause. Odós 21i Maíou/ Ecke Venizélou, Zákynthos-Stadt, Tel. 26 95 02 79 89.

AUSGEHEN

Akrotíri North. Große Strandbar außerhalb der Stadt mit Lounge-Atmosphäre am schmalen Strand. Abends beliebt für einen Drink unter dem Sternenhimmel direkt am Meer. Akrotíri (1 km nördlich der Stadt), von der Uferstraße ausgeschildert, Tel. 26 95 02 92 11.

Avant Garde. Tagsüber beliebtes Café, abends eine der angesagtesten Adressen der jungen Einheimischen-Szene, wo zu später Stunde innen natürlich auch getanzt wird. Platía Agíou Márkou, Zákynthos-Stadt, Tel. 26 95 04 49 54.

Latas. Café für jedes Alter, auf dessen Aussichtsterrasse sich Einheimische ebenso treffen wie Urlauber. Traumhaftes Panorama auf die Stadt. Bóchali, Platía, Tel. 26 95 04 82 30.

Statue von Solomós auf dem nach ihm benannten Platz

Movida. Bar und Club, stilvoll und minimalistisch eingerichtet, in dem sich Einheimische nicht nur zum Sehen und Gesehenwerden treffen, sondern auch zu guten Partys und zum Cocktail oder Drink bei grandioser Aussicht auf die Stadt. Bóchali, südlich der Aussichtscafés, Tel. 26 95 04 31 95.

AKTIVITÄTEN

Podilatádiko. Ganzjährig Verleih von Mountainbikes, Tandemrädern und anderen Fahrrädern für Erwachsene und Kinder sowie interessantes Angebot an geführten Radtouren (außer im August) und Wanderungen. Odós Katoúzi 88, Zákynthos-Stadt, Tel. 69 47 18 09 28 (mobil), www.podilatadiko.com

INFORMATION

Info-Kiosk. Tgl. 10–13 und 18–21 Uhr (Juli/Aug. oft auch mittags). Leofóros Lomvárdou/ Odós Venizélou, Zákynthos-Stadt, www.visitzakynthos.net

Männer, die auf den gleichen Namen hören, Ikonen im Taxi oder hinter der Hotelrezeption, Priester in schwarzen Gewändern, Einheimische, die sich im Bus oder beim Spazierengehen bekreuzigen und wundertätige Ikonen: Viele Dinge, die den meisten Mittel- und Nordeuropäern eigenartig erscheinen, sind im griechischen Alltag gang und gäbe. Ihren Ursprung haben sie im griechisch-orthodoxen Glauben.

Schnell fällt auf den Ionischen Inseln auf, dass der griechisch-orthodoxe Glaube eng mit der griechischen Lebensart verknüpft ist. Fast alle Griechen sind griechisch-orthodox getauft, lebenslang Mitglied der christlichen Gemeinschaft und auf die eine oder andere Weise auch gläubig. Kirchen stehen im Mittelpunkt des öffentlichen Lebens, prägen häufig Plätze in Dörfern und Städten und spielen in der bewegten Geschichte des Landes eine bedeutende Rolle. Besonders in der Zeit der osmanischen Fremdherrschaft hatten Kirchen und Klöster wichtige Funktionen. Sie dienten als Versteck, um Pläne gegen die Besatzer zu schmieden, und als »geheime Schulen«, in denen die Priester ihre Schützlinge die griechische Kultur, die Sprache und den Glauben lehrten.

Kirchen und Priester

Wer auf den Ionischen Inseln unterwegs ist, kann sich oft an der Hauptkirche eines Ortes orientieren. Sie steht meist am einzigen oder größten Platz (*platía*). Auffällig sind jedoch nicht nur die Kirchen innerhalb der Orte. Oft trifft man auch auf Kapellen in einsamen Landschaften, in Wäldern oder am Straßenrand. Die meisten dieser friedvoll gelegenen Kirchlein wurden früher oft von Einheimischen als Dank für ein Wunder, aus Ehrfurcht vor Gott oder zum Andenken an Verstorbene errichtet. Geweiht wurden sie dem Heiligen, dem sie ein in der Familie geschehenes Wunder zuschreiben. Sehen kann man viele dieser leider meist verschlossenen, privaten Kirchen häufig in den Wäldern von Páxos oder auch in der Haupteinkaufsstraße von Lefkáda-Stadt.

Besonders aufgrund hoher Kosten wird diese Tradition in den letzten Jahrzehnten immer seltener umgesetzt. So werden mittlerweile anstatt »richtiger« Kapellen die sogenannten *ikonostássia*, kleine Kirchenmodelle, am Straßenrand aufgestellt. Außer den ursprünglichen Funktionen bezeugen diese Mini-Kirchen auch weniger erfreuliche Ereignisse. Sie

Die Altarwände stehen in der griechisch-orthodoxen Kirche nicht für Trennung, sondern für die Verbindung der irdischen und göttlichen Welt.

kennzeichnen meist Stellen, an denen sich ein Unfall ereignet hat und erinnern entweder an einen Verstorbenen oder zeugen vom Dank eines glimpflich Davongekommenen.

Ebenso präsent wie die Kirchen sind die griechisch-orthodoxen Priester (*papás*), die mit dem langen schwarzen Gewand (*ráso*), ihrer auffälligen Kopfbedeckung (*kalimáfki*) und dem Rauschebart überall aus der Menge hervorstechen. Man trifft die Priester in ihrer auffälligen Kleidung nicht nur in Gotteshäusern, sondern auch in der Taverne und im *kafenío* und manchmal sogar mit der ganzen Familie an. Der griechisch-orthodoxe *papás* darf vor der Priesterweihe nämlich heiraten. Dem Zölibat unterliegen nur Mönche und Bischöfe.

Ikonen sind Fenster zur himmlischen Wirklichkeit.

Traditionelle Gewohnheiten

Da Religion und damit verbundene Traditionen und Sitten schon immer fest mit der griechischen Kultur verbunden waren, sind sie im Alltag der Griechen weiterhin allgegenwärtig. Die meisten Griechen gehen zu religiösen Festen wie Ostern, am 15. August zum Fest der Mariä Entschlafung oder zum Kirchweihfest im Heimatdorf in die Kirche, egal, ob Jung oder Alt, und unabhängig davon, wie stark ihr Glaube ist. Auch das Anzünden einer Kerze während eines Bummels in der Stadt, um Gott, Maria oder einen Heiligen in Notfällen um Hilfe zu bitten, sind feste Bestandteile des griechischen Alltags. Die Orthodoxen glauben ohnehin mehr als andere christliche Konfessionen an Wunder und daran, dass Heilige auf spirituelle Art in ihr Leben eingreifen und sie beschützen. Dass man den Heiligen Respekt entgegenbringt und sich beim Vorbeigehen an einer Kirche bekreuzigt oder Ikonen und Sarkophage mit Reliquien eines Heiligen wie in den Kirchen Ágios Spirídonas in Korfu-Stadt (S. 38) oder Ágios Dionísios in Zákynthos-Stadt (S. 230) küsst, gehört einfach dazu. Auch gibt man aus Verehrung und Dank den Kindern oft den Namen der Inselheiligen, sodass auf Korfu viele Männer Spirídonas, auf Kefaloniá Gerássimos und auf Zákynthos Dionísios heißen.

Ikonen überall

Da Heiligenbilder den orthodoxen Griechen nicht nur als Schmuck dienen, sind auch sie bei genauerem Hinschau-

Pilger vor dem geöffneten Sarkophag des heiligen Dionísios

en oft zu sehen. Ikonen sollen auf Erden eine spirituelle Verbindung mit der geistlichen und göttlichen Welt schaffen und die Heiligen und dadurch Gott unabhängig von Raum und Zeit überall anwesend machen. So können Ikonen auch Wunder bewirken. Der Heilige schützt das Heim, das Geschäft oder das Fortbewegungsmittel. Ikonen, die früher auf wundersame Art gefunden wurden, waren daher der Grund für den Bau einer Kirche, wie die Marienikone im Kloster Mirtiótissa auf Korfu. Menschen, die Ikonen fanden, waren meist in Notsituation und bekamen wundersame, spirituelle Hilfe von den abgebildeten Heiligen. Da Gläubige auf spirituelle Hilfe oder Wunder von Heiligen hoffen, hängen sie oftmals Votivtäfelchen an die Ikonen wie im Kloster Faneroménis auf Lefkáda. Die Bilder von Heiligen, die für unterschiedliche Bereiche zuständig sind, sieht man aber

nicht nur in Kirchen. So hängen auf Schiffen Ikonen des heiligen Nikólaos, des Schutzpatrons der Seeleute, und im Taxi oder Bus Ikonen des heiligen Christóforos, des Beschützers der Reisenden.

Eine Gläubige ehrt den Heiligen im Sarkophag.

42 Halbinsel Skopós
Strandvielfalt südlich der Stadt

Die hügelige und bewaldete Halbinsel mit den Urlaubsorten Argássi und Vassilikós südöstlich von Zákynthos-Stadt mutet mit der üppigen Vegetation und den vielen Stränden landschaftlich besonders reizvoll an. Die Straße, die sich abwechselnd nah am Wasser und hoch über der Küste am Berg Skopós mit dem Gipfelkloster Panagía Skopiótissa entlangwindet, ist ideal für Motorrad- oder Mountainbike-Touren.

Die Halbinsel Skopós, die ihren Namen dem gleichnamigen, 492 Meter hohen Berg verdankt, schließt sich südlich der Inselhauptstadt an. Gerade mal zwei Kilometer trennen Zákynthos-Stadt vom ersten Ort der Halbinsel Argássi. Der Ferienort mit dem recht schmalen Strand wird vorwiegend von britischen Urlaubern besucht und ist eins der geschäftigsten Urlaubsziele der Insel. Wie in gut besuchten Ferienorten üblich wird Argássi von Hotels, Bars, Diskotheken, Reisebüros, Mietwagenvermietungen und Restaurants geprägt. Wer auf der Durchreise ist, kann auf Höhe des Hotels »Xénos Kamára Beach« am Strand die Überreste einer dreibogigen Brücke von 1806 sehen. Der bizarr im Wasser stehende Bau bildet – wenn der Strand nicht gerade überfüllt ist – eine originelle Kulisse für Urlaubsfotos.

Gipfel Skopós

Folgt man der Durchgangsstraße gen Süden, ändert sich die Kulisse schon nach wenigen Hundert Metern. Schnell ist man an den grünen Hängen des Skopós, wo man nach der ersten scharfen Linkskurve rechts schräg gegenüber der Abzwei-

Oben: Zahlreiche Hotels auf der Skopós-Halbinsel liegen direkt oder nah am Strand und bieten Blick auf das Meer.
Unten: Einsam und still thront das Kloster Panagía Skopiótissa auf dem Gipfel Skopós.

Infos und Adressen

gung zur Taverne »Theodorítsis« auf das handgeschriebene Schild »Skopós« achten sollte. Die
rechts abzweigende Straße windet sich, im späteren Verlauf als Schotterpiste, vier Kilometer lang
den Berg hinauf und endet an den wildromantischen, einsam gelegenen Ruinen des Gipfelklosters
Panagía Skopiótissa aus dem 15. Jahrhundert. Bei
den jahrhundertealten Ruinen rund um die kreuz-
förmige Marienkirche mit einigen Fresken aus
dem 17. Jahrhundert wird gut deutlich, wie der
festungsartige Bau einst über die Küste wachte.
Das Panorama auf die Ostküste und die Laganás-
Bucht ist zauberhaft. Eine Snackbar mit Liegestühlen kurz vor dem Zugang zum Kloster lädt mit
schönem Blick gen Osten zum Verweilen ein.

Rund um Vassilikós

In Serpentinen führt die Küstenstraße unterhalb
des von Pinien, Zypressen und mediterraner
Macchia bedeckten Skopós gen Süden, wo der letzte Ort der Halbinsel erreicht ist. Die Streusiedlung
Vassilikós nimmt den Süden der Landzunge ein und
begeistert mit vielen, über Stichstraßen erreichbaren Stränden, die im Westen teilweise zum Meeresnationalpark (S. 244) gehören und im Osten mit
großem Wassersportangebot locken. Zu den beliebtesten Stränden gehören noch vor Erreichen von
Vassilikós an der Ostküste der Sandstrand Pórto
Zórro, an dem im Wasser stehende Felsen und das
grüne Hinterland bezaubern, und der sich südöstlich anschließende, weitläufige Strand Banana mit
hellem Sand, Beach-Bars und kristallklarem Wasser
unterhalb eines Kieferwalds. Hübsch ist die Szene-
rie auch am quirligen Strand Ágios Nikólaos mit
der gleichnamigen Kapelle auf dem nördlichen Kap.
Ganz im Süden endet die Straße in Vassilikós am
äußerst beliebten weitläufigen Sandstrand Gérakas,
auch einem der bevorzugten Brutgebiete der in der
Bucht von Laganás lebenden Meeresschildkröten.

SEHENSWÜRDIGKEITEN

Kapelle Ágios Nikólaos. Unregelmäßig geöffnet, Ágios Nikólaos
Strand, Vassilikós.

Kloster Panagía Skopiótissa.
Tagsüber zugänglich, Skopós, 4 km
landeinwärts der Küstenstraße.

ESSEN UND TRINKEN

Kosta's Brother. Griechische und
regionale Gerichte wie Hahn in Tomatensauce mit dem in Olivenöl ge-
reiften Schafsmilch-Hartkäse *ladotí-
ri* im idyllischen Garten eines
Steinhauses. Vassilikós, Hauptstraße, Tel. 26 95 02 69 99,
www.aderfostoukosta.com

Pórto Róma. Stimmungsvolle Familientaverne mit frischen Fisch- und
Meeresfrüchtegerichten, Aussichtsterrasse und angeschlossenen Studios. Vassilikós, Pórto Róma Beach,
nördlich des Gérakas-Beach,
Tel. 26 95 03 53 42,
www.portoroma.gr

ÜBERNACHTEN

Lithiés House Villas. Inmitten von
Olivenhainen, Weinbergen, Obst-
und Gemüseplantagen gelegene
Farm mit 7 Häusern und Taverne –
ideal für Agrotourismus-Fans. Vassilikós, Hauptstraße zwischen Áno
Vassilikós und Vassilikós,
Tel. 26 95 03 52 90,
www.lithieshouses.gr

43 Meeresnationalpark
Auf den Spuren der Meeresschildkröten

In kaum einem Souvenirgeschäft der Insel fehlen sie: die Meeresschildkröten *Caretta caretta* in Form von Stofftieren und anderen Andenken. Was es mit den urtümlichen Meeresreptilien auf sich hat, erfahren Interessierte jeder Altersklasse am besten im Hinterland des Dáfni-Strands, wo das Ausstellungszentrum des Meeresnationalparks liegt, ein geschütztes Reservat, das die gesamte Laganás-Bucht einnimmt.

Die feinen Sandstrände im Westen der Halbinsel Skopós und in der sich südwestlich bis zur Halbinsel Kerí ausdehnenden Laganás-Bucht (S. 246) sind nicht nur bei Urlaubern, sondern auch bei den vom Aussterben bedrohten *Caretta caretta* beliebt. Touristen und Schildkrötenweibchen, die zwischen Ende Mai und Anfang September im Sand ihre Eier ablegen, teilen sich somit die Strände, allerdings zu verschiedenen Tageszeiten. Die Laganás-Bucht wurde 1999 zum Meeresnationalpark erklärt. Wie ge-

GUT ZU WISSEN

ACHTUNG SCHILDKRÖTEN!
Da die Strände im Westen der Vassilikós-Halbinsel sowie das vorgelagerte Eiland Marathoníssi zu den wichtigsten Brutgebieten der *Caretta caretta* gehören, sind sie nur eingeschränkt zugänglich: Gérakas und Dáfni dürfen nachts nicht besucht werden. Das Betreten von Sekánia ist wie der Bootsverkehr vor diesem Küstenabschnitt ganz verboten. Und wer zum Beispiel in Límni Kerioú ein Boot mietet und nach Marathoníssi fährt, darf das Boot nur an den teils zugänglichen Strand ziehen und keinen Anker werfen.

Oben: Die drei Strände Gérakas, Dáfni und Sekánia gehören zur wichtigsten Schildkrötenbrutzone A.
Unten: Beim glücklichen Antreffen einer *Caretta caretta* leuchten nicht nur Kinderaugen.

Meeresnationalpark

nau das Miteinander zwischen Touristen und Reptilien funktioniert, wird nicht nur im Ausstellungszentrum, sondern auch durch Infokioske an den Stränden erklärt, die zu den Brutgebieten der Unechten Karettschildkröten zählen.

Sowohl für Erwachsene als auch für Kinder bietet das kleine Ausstellungszentrum viele interessante Informationen rund um die Schildkröten. Wer sich von der Hauptstraße zwischen Argássi und Vassilikós auf den Weg macht, muss gut auf die Wegweiser achten. Südwestlich von Argássi weist ein rotes Schild mit dem von Weitem eher schlecht erkennbaren Text »National Marine Park of Zákynthos – Sea Turtle Exhibition Centre« den Weg in Richtung Dáfni-Strand nach rechts. Rund ein Kilometer westlich steht etwas versteckt hinter einer Taverne das Gebäude, wo in informativ gestalteten Räumen mit griechisch- und englischsprachigen Erklärungen, Fotos und zwei interessanten Filmen über die endemische Flora und Fauna und den Lebens- und Brutraum der *Caretta caretta* berichtet wird. Für die kleinen Fans der Meeresschildkröten liegen Stifte und Papier zum Malen bereit.

Die rund einen Meter langen und bis zu 140 Kilogramm schweren Schildkrötenweibchen nähern sich nachts den Stränden, um mit ihren Flossen etwa 50 Zentimeter tiefe und 30 Zentimeter breite Nester zu buddeln und dort zwei- bis fünfmal jährlich rund 100 weiße Eier abzulegen. Nach der Inkubationszeit von 50 bis 60 Tagen schlüpfen die Babyschildkröten und suchen sich in der Nacht den Weg zum Meer. Um ihnen das Leben nicht schwerzumachen, sollte man an den Stränden des Meeresnationalparks keine Löcher buddeln oder Sandburgen bauen. Jeden Morgen kontrollieren Freiwillige von Naturschutzorganisationen außerdem die Strände und suchen neue Nester, um Eisenkäfige schützend darüberzustülpen. So wird zumindest ein wenig Schutz vor den unzähligen Touristen gewährt.

Infos und Adressen

SEHENSWÜRDIGKEITEN

Ausstellungszentrum des Meeresnationalparks. Juni–Aug. tgl. 9–20 Uhr, Mai, Sept. tgl. 9–15 Uhr. Oberhalb des Dáfni-Strands, von der Hauptstraße zwischen Argássi und Vassilikós ausgeschildert, Tel. 69 73 33 07 86, www.nmp-zak.org

ESSEN UND TRINKEN

Portokáli. Auch bei Einheimischen beliebte, farbenfroh eingerichtete Restaurant-Bar mit schönem Garten, in der auch Kunst- und Fotoausstellungen, Tanz- und Musikaufführungen stattfinden. Argássi, nördlicher Ortsrand, Tel. 26 95 04 57 30, www.portokalion.gr

EINKAUFEN

Hanne Mi's Ceramic Art Studio. Bei der Norwegerin Hanne Mi kann man nicht nur qualitativ hochwertige Keramik-Objekte kaufen, sondern jeden Di und Sa bzw. nach Vereinbarung selbst töpfern. Mai-Okt. tgl. 9–20 Uhr. Vassilikós, Hauptstraße, Tel. 26 95 03 50 12, www.ceramichannemi.com

Im Ausstellungszentrum bekommt man aktuelle Infos.

44 Rund um die Laganás-Bucht
Zákynthos' meistbesuchte Gegend

Während in Kalamáki, Laganás und Ágios Sóstis besonders britische Urlauber voll auf ihre Kosten kommen, geht es auf der Halbinsel Kerí im Südosten der Bucht ruhiger zu. Ein kilometerlanger Sandstrand machte aus der Laganás-Bucht schon vor Jahren das bedeutendste Urlaubszentrum der Insel. Wer dort wohnt und dem Trubel entfliehen möchte, unternimmt Ausflüge ins Binnenland, nach Kerí oder Macherádo.

Westlich der Skopós-Halbinsel beginnt in Kalamáki, das gleich neben dem Flughafen liegt, Zákynthos' wichtigstes Urlaubszentrum, auch wenn die Gegend bis heute als zweitwichtigste Brutzone der Meeresschildkröten gilt. Doch obwohl der Sandstrand von Kalamáki recht idyllisch von Felsen umrahmt wird, ist die rasante Entwicklung mit dem Wildwuchs an Hotels, Bars und Geschäften deutlich zu spüren. In Laganás prägen gesichtslose Fast-Food-Lokale, Bars, Diskotheken und Geschäfte schon seit Jahren das Bild der zum Strand führenden Stichstraßen, und der sanft abfallende Sandstrand ist unter Liegestühlen und Sonnenschirmen vor den sich aneinanderreihenden Beach-Bars kaum noch zu sehen.

Besucht wird Laganás von vielen jungen, britischen Pauschaltouristen, die nicht nur nachts, sondern auch tagsüber in Partystimmung sind. Wer es nicht ganz so wuselig mag und dennoch in der schönen Bucht mit dem kristallklaren Wasser und den schönen Stränden den Urlaub verbringen

Oben: Dicht an dicht nebeneinander stehen die Sonnenliegen am Strand von Laganás.
Unten: Ein merkwürdig geformter Felsen im Hafen von Laganás lockt viele Urlauber zum Fotoshooting.

Laganás-Bucht

Einfach gut!

möchte, kann sich im beschaulicheren Strandweiler Ágios Sóstis des Binnendörfchens Lithákia einquartieren. Vom Strand hat man einen schönen Blick auf das über eine Holzbrücke erreichbare und mit Pinien bewachsene Felsinselchen Ágios Sóstis.

Macherádo

Lohnenswert ist sowohl für diejenigen, die in der Laganás-Bucht wohnen, als auch für Rundreisende ein Abstecher ins Hinterland. Im Ortskern des sieben Kilometer landeinwärts von Laganás gelegenen Dorfes Macherádo dominiert der Glockenturm der 400 Jahre alten Kirche Agía Mávra das Bild. Das Wallfahrtsziel, das 2005 einem schweren Brand zum Opfer fiel, wurde an der Stelle erbaut, wo eine als wundertätig geltende Ikone der heiligen Mávra gefunden wurde. Eine Ikone der Heiligen von 1620 und andere wertvolle Kunstschätze haben den Brand überstanden und werden in der Kirche und im angeschlossenen Museumsraum ausgestellt. Die vergoldete Ikonostase und die Kanzel, die wie die Deckenmalereien durch das Feuer zerstört wurden, werden neu aufgebaut.

Der Besuch von Macherádo lohnt besonders während des Kirchweihfests am 3. Mai, wenn eine feierliche Prozession im Dorf stattfindet und mit Folklore und inseltypischen Leckereien gefeiert wird.

Kirchenfans sollten außerdem das erst im Jahr 1962 gegründete Nonnenkloster Panagía Eleftherótrias im Nachbardorf Lagopódo besuchen. Der weiß-rot gestrichene und dadurch recht skurril anmutende Bau mit den markanten Türmen erscheint wie eine Festung. Die Klosterkirche, deren etwa 300 Jahre alte Ikonostase aus einem Gotteshaus stammt, das früher an der Stelle des Klosters stand, ist im traditionellen Stil ausgemalt.

RELAXTE MINI-INSEL

Entstanden ist das malerische Inselchen vor Ágios Sóstis erst im 17. Jahrhundert durch ein Erdbeben, als es sich von der Küste abspaltete. Heute zählt das über eine Holzbrücke erreichbare, eigentümlich geformte Felseiland mit dem auffälligen Pinienbewuchs zu den fotogensten Attraktionen der Laganás-Bucht. Platz bietet das Inselchen, auf dem vor dem Erdbeben eine Kirche stand, heute auf der zur Bucht und dem offenen Meer hin gewandten Seite dem Cameo Island Club. Von der Strandbar genießt man tagsüber einen schönen Blick in die Bucht und kann am winzigen Strand auch ins kristallklare Wasser gehen. Abends wandelt sich das Cameo Island zum angesagten Club oder dient frisch Vermählten als Location für die Hochzeitsparty.

Cameo Island Club. Insel Ágios Sóstis, erreichbar über eine Holzbrücke am Hafen, www.cameoisland.gr

Halbinsel Kerí

Im Südwesten wird die Laganás-Bucht von der Halbinsel Kerí mit dem Küstenörtchen Límni Kerioú begrenzt. Der Weiler an der verlandenden Lagune wurde schon in der Antike von Fremden besucht; damals wegen des Pechs, das früher zum Abdichten von Holzschiffen genutzt wurde und somit äußerst begehrt war. Quellen hinter dem schmalen Kieselsteinstrand brachten einst reichlich von der klebrigen, schwarzen Masse hervor. Heute hat der Teerfluss nachgelassen, ist an der Herodot-Quelle (Pigí Irodótou) zwischen dem Hafen und dem Ortsausgang jedoch noch zu sehen. Um ein wenig Pech aus dem Quellbecken zu holen, muss man nur mit einem Stock etwas im Schlamm herumstochern. Límni Kerioú ist jedoch vor allem ein beliebtes Ziel, um mit einem Mietboot oder einem Ausflugsboot einen Teil der Laganás-Bucht, das vorgelagerte Schildkröteninselchen Marathonísi mit dem weißen Sandstrand oder die Klippen und die Marathiá-Grotten am Südende der Halbinsel zu erkunden.

Oberhalb von Límni Kerioú ist das Bergdörfchen Kerí besuchenswert. Etwa zwei Kilometer hinter dem Ortsausgang weist oberhalb der Steilküste ein kleiner, nicht zugänglicher Leuchtturm den Schiffen den Weg. Dort treffen sich Romantiker gern zum Sonnenuntergang, sitzen auf Heuballen vor Tischen aus Baumstämmen und beobachten wie die Sonne am Horizont im Meer versinkt. Auf dem Weg dorthin kann man in der Taverne »Kerí Lighthouse« einkehren und die größte griechische Fahne der Welt bestaunen. An einem 50 Meter hohen Aluminiummast hat Wirt Stamátis Livéris eine 18 Meter hohe, knapp 37 Meter lange und 80 Kilogramm schwere Fahne angebracht, die 2007 vom Komitee des Guinnessbuchs der Rekorde vermessen wurde. Von der Terrasse über der Steilküste genießt man einen fantastischen Ausblick auf die aus dem Wasser ragenden Mizíthres-Felsen.

Oben: Beim Leuchtturm von Kerí suchen Urlauber Ruhe.
Mitte: Mit einem Glas Wein lässt sich der Blick in die Laganás-Bucht gut genießen.
Unten: Bunte Boote liegen bei Límni Kerioú im Wasser.

Infos und Adressen

SEHENSWÜRDIGKEITEN

Kirche Agía Mávra. Tagsüber geöffnet, Macherádo, Platía.

Kloster Panagía Eleftherótrias. Tgl. 8.30–12 und 16–19 Uhr. Lagopódo, am Ortsrand (ausgeschildert).

Herodot-Quelle. Frei zugänglich. Límni Kerioú, von der Zufahrtsstraße ausgeschildert.

ESSEN UND TRINKEN

Kéri Lighthouse. Taverne mit grandioser Aussicht auf die Bucht mit den Mizíthres-Felsen, in der griechische Gerichte serviert werden. Zwischen Kéri und dem Leuchtturm, Tel. 26 95 04 33 84, www.liveris.gr

La Bruscchetta. Eine Abwechslung zur griechischen Küche bietet das hoch über dem Küstenort gelegene italienische Restaurant. Límni Kerioú, an der Straße Richtung Kerí, Tel. 26 95 02 81 28.

Taverna tou Sklouboú. Familiär geführte Taverne mit schattigem Garten, guten Grillgerichten und traditioneller Hausmannskost. Ágios Sóstis, rechts der Zufahrtsstraße am Ortsrand (ausgeschildert), Tel. 26 95 05 33 36.

ÜBERNACHTEN

Panorama Inn. 5 hübsch eingerichtete, freundlich geführte Apartments mit tollem Blick zum Sonnenaufgang. Angeschlossen ist das trendige Restaurant »Aperitto« mit kreativen mediterranen Gerichten nebst Jazz-Musik und Meeresrauschen. Gutes Preis-Leistungs-Verhältnis. Ágios Sóstis, südlicher Ortsteil am Meer, Tel. 26 95 05 18 03, www.panoramainn.gr

AKTIVITÄTEN

Nero-Sport Diving Centre. Bei der deutschen Familie Mohr und ihrem Team kommen Taucher auch im Winter auf ihre Kosten. Tauchunterricht und diverse Tauchgänge für Anfänger, Profis und Kinder. Límni Kerioú, an der nördlichen Zufahrtsstraße, nahe dem Parkplatz, Tel. 26 95 02 84 81, www.nero-sport.de

Schildkrötenbeobachtung. Fast stündlich starten diverse Boote zu Beobachtungstouren der *Caretta caretta* in der Bucht, oft kombiniert mit den Marathiá-Grotten und Badestopp auf Marathonísi, z.B. Cruisemar. Ágios Sóstis, am Hafen, Tel. 69 45 55 42 78, www.cruisemar.com

Im südwestlichen Teil der Laganás-Bucht findet man auch ruhige Buchten.

45 Kámbi, Loúcha und Gíri
Kleine Dörfer und herrliche Landschaften

Bei einer Tour zu den Dörfern am Südhang des 756 Meter hohen Vrachiónas begibt man sich auf eine Zeitreise durch das ursprüngliche und stille Zákynthos. Ihre traditionelle Architektur inmitten reizvoller Landschaften bezaubert nicht nur Hobby-Fotografen. Freuen kann man sich außerdem über atemberaubende Panoramen an der meist steil abfallenden Westküste, wo Kambí als Highlight täglich viele Besucher erwartet.

Auf der Fahrt durch die Bergdörfer im Westen erkennt man schnell, wie die abseits der üblichen Touristenpfade gelegenen Dörfer ihre Ursprünglichkeit bewahren. Der Nachteil ist, dass es in den abgelegenen Regionen für die junge Bevölkerung keine Arbeitsplätze gibt, sodass sie in die Städte abwandern. Die wenigen Einwohner beschäftigen sich mit der Landwirtschaft, bauen hauptsächlich Getreide und Wein an.

Auf der Suche nach urigen, stillen Dörfern wird man im Bergland in den bereits im 15. Jahrhundert gegründeten Dörfer Loúcha und Gíri, dem höchstgelegenen Ort der Insel, fündig. Ein Bummel durch die idyllischen Dörfer führt vorbei an uralter Bausubstanz. Da die meisten Häuser das Erdbeben 1953 unbeschadet überstanden haben, können sich Besucher in den gepflasterten Gassen ein gutes Bild von der traditionellen Inselarchitektur mit den markanten Steinhäusern und ihren hübschen Gärten machen.

Oben: Das Dörfchen Loúcha weilt urig und still in der zakynthischen Bergwelt.
Unten: In den Olivenhainen von Zákynthos fühlen sich Schafe besonders wohl.

Naturhistorisches Museum

Interessierte können von Gíri ins fünf Kilometer südöstlich gelegene Dorf Agía Marína fahren, wo das Naturhistorische Museum Helmis auch für Kinder spannend ist. In dem privaten Museum, das die Flora und Fauna von Zákynthos thematisiert, werden Steine, Mineralien, Fossilien, Muscheln, aber auch präparierte Schmetterlinge sowie ausgestopfte Vögel und Fische ausgestellt.

Gut kann man in der Region auch einen Badestopp integrieren. Der Weg führt von Loúcha gen Süden über Ágios Léon nach Pórto Limniónas. Die fjordartige Bucht begeistert mit kaltem, kristallklarem Wasser, das in allen Blaunuancen schimmert und von rauen Felswänden eingerahmt wird. Ideal ist Pórto Limniónas für Schnorchelfans, die mit den grün, lila und gelb schimmernden Felswänden und den kleinen Grotten ein hervorragendes Revier vorfinden. Vom winzigen Hafen am Ende der Bucht starten Ausflugsboote zu Touren entlang der Küste.

Kambí

In Kambí, nördlich von Pórto Limniónas, kann man der Tag angenehm ausklingen lassen. Das Dorf selbst, das in einem fruchtbaren Tal oberhalb der 200 Meter hohen Steilküste liegt und von Gemüsefeldern, Weinbergen und Olivenbäumen eingerahmt wird, durchqueren die meisten nur. Ziel ist nämlich das weithin sichtbare weiße Kreuz, das auf einem Gipfel hinter dem Dorf thront. Auf dem Weg dorthin weist links der Straße ein Schild zu einer mykenischen Grabstätte. Weiter geht es hinauf zum großen Betonkreuz, das an den griechischen Bürgerkrieg erinnern soll, als zahlreiche Partisanen von dem Gipfel ins Meer stürzten. Sowohl vom Kreuz als auch von den Tavernen zwischen Denkmal und Dorf hat man den besten Blick auf die Steilküste zum Sonnenuntergang.

Infos und Adressen

SEHENSWÜRDIGKEITEN

Museum Helmis. Mai–Okt. tgl. 9–18 Uhr, Nov.–April tgl. 9–14 Uhr. Agía Marína, Hauptstraße, Tel. 26 95 06 50 40, www.museumhelmis.gr

Mykenische Gräber. Frei zugänglich, Kambí, Straße zwischen Dorf und Kreuz.

ESSEN UND TRINKEN

Michális. Spezialitäten wie *pastitsáda* und Fleisch aus eigener Zucht sind auf der Aussichtsterrasse der Taverne ein Genuss, vor allem zum Sonnenuntergang. Kambí, Straße zwischen Dorf und Kreuz, Tel. 26 95 04 87 40.

Pórto Limniónas. Ideales Plätzchen für ein Mittagessen aus frischem Fisch, Grillgerichten oder Hausmannskost in idyllischer Lage über der Bucht. Pórto Limniónas, Tel. 26 95 77 20 72.

ÜBERNACHTEN

Mabely Grand Hotel. Großes Hotel mit Spa-Bereich und Tennisplätzen in abgeschiedener Lage. Zimmer und Bungalows haben teilweise eine traumhafte Aussicht und einen eigenen Pool. Kambí, oberer Dorfrand, Tel. 26 95 04 13 02, www.mabely.com

An der Westküste: Porto Limníonas

46 Anafonítria, Volímes und Navágio
Zákynthos' berühmtester Strand

Obwohl sich der Nordwesten rau und dünn besiedelt zeigt, ist es eine der meistbesuchten Regionen der Insel. Ziel ist ein Aussichtspunkt, auf den sich Urlauber meist schon vor den Ferien freuen: Vom Rand der Steilküste zwischen Anafonítria, wo uralte Klöster einen Umweg wert sind, und dem Souvenir-Paradies Volímes blickt man auf den Shipwreck-Strand, einen der meistfotografierten Strände des Landes.

Das Bild von der Traumbucht Navágio mit dem gestrandeten Schiff ist weltweit auf unzähligen griechischen Werbematerialien zu sehen. Kein Wunder, dass täglich zahlreiche Touristenbusse die Gegend rund um die Dörfer Anafonítria und Volímes ansteuern, um Besucher zu Zákynthos' populärstem Aussichtspunkt zu bringen. Man möchte ihn schließlich einmal gesehen haben – Griechenlands

Absoluter Touristenmagnet ist auf Zákynthos der Navágio-Strand. Wer ihn besuchen möchte, kann von den Küstenorten der Insel aus eine Bootstour dorthin unternehmen.

GUT ZU WISSEN

WEB- UND HÄKELWAREN

Leider sind die früher von den Dorffrauen in feinster Handarbeit gefertigten Web- und Häkelwaren oft recht kitschigen Massenwaren gewichen, die nicht selten auch aus Asien stammen. Besonders bei Textilien mit sehr günstigen Preisen kann man meist davon ausgehen, dass die Waren nicht per Hand gefertigt wurden – auch wenn sie traditionelle Motive zeigen. Erkennen kann man das auf den ersten Blick meist nicht. Schnäppchen-Fans werden aber in jedem Fall fündig.

wohl berühmtesten Strand Navágio, der
meist bei seinem englischen Namen
Shipwreck Beach genannt wird. Über
Land ist er nicht erreichbar.

Shipwreck Beach

Wer von dieser Seite der Insel aus zum Baden an
den Traumstrand fahren möchte, kann ein Boot
vom kleinen, zweigeteilten Hafen Pórto Vrómi
nehmen. Um aber ein Bild mit der eigenen Kame-
ra zu machen, betrachtet man die unverbaute
Bucht am besten von der hohen Steilküste aus.
Der blendend weiße Sandstrand mit dem versan-
deten Schiffswrack zwischen den hohen Steilufern
ziert nicht grundlos unzählige Kataloge, Poster
und Postkarten. Die Kulisse ist einzigartig: Das
Meer präsentiert sich in spektakulären Farbtönen
von Smaragdgrün bis Dunkelblau. Die Ausflugsboote, die in der Bucht vor Anker liegen, scheinen
auf dem kristallklaren Wasser zu schweben.

Eine kleine Plattform, die über den Abgrund ragt,
sorgt für eine gute Position, um das Schiffswrack
zu sehen – zumindest, wenn man keine Höhen-
angst hat. Da dort aber viele Besucher stehen und
es sich häufig staut, lohnt der kurze Weg an der
Plattform vorbei, über Pfade zum sich nördlich erstreckenden, ungesicherten Felskap, das mit einem
ebenso grandiosen Panorama lockt. Dort hat man
auch genügend Zeit, über das Wrack zu philosophieren. Woher der mittlerweile am Strand ros-
tende Frachter stammt, wissen nämlich auch die
Einheimischen nicht genau. Glaubt man dem
Volksmund, handelt es sich um ein Schmuggler-
schiff, das in den 1980er-Jahren der Seepolizei
entfliehen wollte. Auf der Flucht soll es in dieser
herrlichen Bucht gestrandet sein, glücklicherweise
so fotogen, dass sich die Bucht zur wichtigen Tou-
ristenattraktion entwickeln konnte.

Nicht verpassen

HERRLICHE BOOTS-TOUR

Als wichtigste Attraktion
der Insel wird der Navágio-
Strand natürlich von allen Urlaubsorten aus angesteuert. Wer die
lange Bootsfahrt vom Süden aus lieber
nicht auf sich nehmen möchte und ein
kleines, familiäres Boot vorzieht, ist in
Pórto Vrómi richtig. Dort starten bei
gutem Wetter täglich gegen 11 Uhr
Renata und ihr Mann, Kapitän Dionísis,
mit ihrem Boot »Renata« zur Tour entlang der Westküste. In herzlicher Atmosphäre und mit Spaß für die ganze
Familie geht es mit wenigen Gästen
zum berühmten Strand, aber auch zu
wunderschönen, einsamen Buchten
und in tolle Meeresgrotten. Da das
Boot auch für private Touren gebucht
werden kann, ruft man am besten einen Tag vorher an und fragt, ob und zu
welcher Zeit genau der Ausflug am
nächsten Tag stattfindet.

Bootstour mit »Renata«, Pórto Vrómi, an der südlichen Hafenbucht,
Tel. 26 95 02 55 28 oder
69 73 64 67 74 (mobil),
www.renata-boat-zakynthos-trips.com

Klöster rund um Anafonítria

Knapp einen Kilometer östlich des Aussichtspunkts besticht das einfache, nicht mehr bewohnte Kloster Agíou Georgíou Krimnón von 1535 in einem friedvollen Pinienwäldchen. Vor den weiß gekalkten Mauern des Komplexes hängen vier große Glocken in einem alten Olivenbaum. Im Klosterhof erhebt sich das Wahrzeichen des Klosters, ein im Jahr 1561 erbauter Turm mit eigenartiger Architektur. Ein weiteres sehenswertes Kloster westlich von Anafonítria. In der kleinen, unbewohnten Moní Panagía Anafonítria aus dem 15. Jahrhundert hat der Schutzheilige der Insel, Dionísios, als Abt seine letzten Jahre verbracht. Er soll dort eine seiner bedeutenden christlichen Taten vollbracht haben. Als der Heilige eines Nachts aus dem Bett geholt wurde, stand ein wegen Mordes gesuchter Mann vor der Tür. Der Mann, der den Bruder des Heiligen getötet hatte, versicherte ihm seine Reue. Dionísios glaubte ihm und verhalf dem Mörder seines Bruders zur Flucht auf die Nachbarinsel Kefaloniá. Die blumengeschmückte Klosteranlage mit den alten Mauern ist heute nicht nur Ziel zahlreicher Einheimischer. In der Kirche sind Fresken aus dem 17. Jahrhundert erhalten. Auf dem hübschen Klosterhof sind ein alter Ofen und eine Olivenpresse zu sehen.

Volímes

Die aus mehreren Dörfern bestehende Gemeinde ist die größte des Inselnordens. Da die Landschaft recht rau ist und der Anbau sich dadurch schwierig gestaltet, sind die umliegenden Anbauterrassen weitgehend verfallen. Die Einheimischen beschäftigen sich hauptsächlich mit dem Tourismus, sodass an den Straßen hauptsächlich Souvenirgeschäfte zu sehen sind. Kaufen kann man Tischdecken in jeglichen Größen, Teppiche und andere Textilien, aber auch handgeschnitzte Objekte aus Olivenholz sowie regionale Leckereien.

Oben: Der Glockenturm der Panagía Anafonítria ist markant.
Unten: Katzen trifft man in den Klosterhöfen oft.
Unten: Der Turm im Kloster Agíou Georgíou Krimnón wurde zum Schutz vor Piraten errichtet.

Infos und Adressen

SEHENSWÜRDIGKEITEN

Kloster Agíou Georgíou Krimnón. Meist vormittags und am späten Nachmittag geöffnet. An der Gabelung zum Aussichtspunkt, 2 km nördlich von Anafonítria.

Kloster Panagía Anafonítrias. Tgl. 9–13.30 Uhr, 600 m westlich von Anafonítria (gut ausgeschildert).

ESSEN UND TRINKEN

Gálaxy. Einfache, alteingesessene Taverne, die auch von vielen Busausflüglern besucht wird. Während die Speisen vom Grill Männersache sind, sorgt in der Küche Dímitra für griechische Hausmannskost wie *moussaká* oder *stifádo*. Anafonítria, Hauptstraße, Tel. 26 95 03 10 32.

Kamináki. Hervorragende Leckereien vom Grill gibt es in der Taverne mit offener Grillhütte von Wirt Dionísios. Zum Nachtisch schmeckt der typisch griechische *baklavá* besonders gut. Áno Volímes, Hauptstraße, Tel. 26 95 03 13 04.

ÜBERNACHTEN

Galíni. Ideal für Ruhesuchende, die ihren Urlaub abseits des Trubels verbringen möchten, ist die friedvoll gelegene, kleine Anlage mit geschmackvollen Suiten und Pool. Mietwagen notwendig. 2 km nordöstlich von Áno Volímes, Tel. 26 95 30 10 18, www.boutiquehotelgalini.gr

Villas Katsarós. 3 traditionell eingerichtete Steinhäuser mit Platz für 6 bzw. 12 Personen, eigenem Pool, Blick auf das Meer und die Nachbarinsel Kefaloniá sowie angeschlossener Farm, Weinbergen und Olivenhainen. Mietwagen notwendig. 2,5 km nördlich von Volímes, Tel. 69 40 75 12 06, www.villas-zante-katsaros.com

Rund um Volímes bieten Straßenverkäufer auch regionale Leckereien feil.

Am Strand von Ágios Nikólaos geht es meist recht gemächlich und familiär zu.

47 Kap Skinári
Die reizvolle Nordspitze

Der äußerste Inselnorden zeigt sich nicht nur abgelegen, sondern rund um das Kap Skinári auch mit landschaftlichen Höhepunkten, einem herrlichen Küstenpanorama und ansprechenden Sehenswürdigkeiten. Lohnenswert sind bei einer Tour in der Region ein Bootsausflug zu den Blauen Grotten, ein Halt beim originellen Freilichtmuseum Eliés-Park und ein Besuch des von zahlreichen Tieren bewohnten Steinparks Askós.

Von Westen her erreicht man Zákynthos abgeschiedene Nordspitze über die Ortschaft Eliés, wo gleich am Straßenrand hinter dem westlichen Ortsrand ein Esel zum Halt beim Eliés-Park viele Besucher anlockt. Auf dem großen Grundstück unterhalb der Familientaverne hat der leidenschaftliche Sammler Jiánnis Gidítsis im Jahr 2000 einen Park mit bis zu 200 Jahre alten Funden eröffnet und seitdem immer weiter ausgebaut. Die Teile des urtümlichen Sammelsuriums, das er im Laufe der Jahre zusammengestellt hat, sind entlang felsiger Pfade rund um einen alten Steinbruch aufgestellt. Beim Rundgang sieht man alte Olivenpressen, Mühlsteine, Pflüge, Motorräder, einen Dreschplatz und einen Brennofen. In einem einfachen Steinhaus werden alte landwirtschaftliche Geräte, Werkzeug, Möbel und Schuhe ausgestellt. Besonders stolz ist der Besitzer auf ein altes Boot, das vor einem Steilhang den Navágio-Strand präsentieren soll.

Von Eliés geht es weiter über das nördlichste Dorf der Insel Koríthi zum weitgehend unverbauten, landschaftlich reizvollen und kargen Kap Skinári, wo sich vom hübschen, 9,5 Meter hohen Leuchtturm von 1897, hinter dem sich die Pinien im Wind beugen und eine tolle Kulisse schaffen, ein atemberaubendes Panorama eröffnet. Der Blick reicht sogar bei schlechtem Wetter über das Meer zur 16 Seemeilen entfernt liegenden Nachbarinsel Kefaloniá mit dem 1620 Meter hohen Inselberg Énos. Unterhalb des Leuchtturms kann man mit Booten recht schnell den Navágio-Strand erreichen. Highlight des Kap Skináris selbst sind jedoch die Galázies Spiliés, die Blauen Grotten, zu denen ebenfalls den ganzen Tag über Boote von hier aus fahren.

Galázies Spiliés – die Blauen Grotten

Die nur über den Wasserweg erreichbaren und für ihre einzigartigen Lichteffekte bekannten Meeresgrotten, die erst im 19. Jahrhundert entdeckt wurden, besucht man am besten an Schönwettertagen und am Vormittag, wenn die Sonne auf dieser Seite der Insel für ideale Lichtverhältnisse sorgt. Dann zeigen sich die Höhlen, in die man hineinfahren kann, und das Wasser unter den bogenförmigen Felsdurchbrüchen, die durch die Brandung an diesem Küstenabschnitt entstanden sind, in voller Pracht. Eindrucksvoll sind die erzeugten Farbenspiele von Dunkelgrün bis Azurblau: Das Wasser leuchtet in diversen Blaunuancen und der Meeresboden zeigt sich sogar in Violett. Auf Anweisung des Bootsführers kann man an bestimmten Stellen die Hand oder einen wasserfesten Gegenstand ins Wasser halten, die dann ebenfalls blau erscheinen.

Ágios Nikólaos

Vorbei an pittoresk in der Landschaft stehenden Windmühlen, in denen man sogar übernachten

EIN KLEINES SCHMUCKSTÜCK

Obwohl der Fischerhafen Ágios Nikólaos auf den ersten Blick recht trostlos erscheint, verstecken sich in der schönen Landschaft rund um den Ort viele ruhig gelegene Villen und andere charmante Unterkünfte. Südlich des Orts hat die Familie Nóbelos direkt am Meer eine alte Villa restauriert und zum schicken Boutique-Hotel mit angeschlossenem Restaurant umgewandelt. Die vier Meerblick-Suiten entzücken mit antiken Möbeln und einheimischem Kunsthandwerk. Im beliebten Restaurant, dessen Stühle und Tische am kleinen Hausstrand unter schattenspendenden Bäumen stehen, können auch Nicht-Hotelgäste köstliche Gerichte wie Spaghetti mit Meeresfrüchten oder Fischsuppe genießen. Reservierung empfehlenswert.

Nóbelos Bio-Restaurant. Ágios Nikólaos, südlich des Hafens, von der Hauptstraße ausgeschildert, Tel. 26 95 03 14 00, www.nobelos.gr

Die Blauen Grotten sind ein beliebtes Ziel für einen Bootsausflug.

kann, geht es vom Kap entlang der Ostküste wieder gen Süden, wo man etwa einen Kilometer hinter Koríthi den nördlichsten Fischerhafen der Insel erreicht. Vom recht unscheinbaren Ágios Nikólaos, dem das gleichnamige Inselchen mit den Überresten eines venezianischen Wachturms und der Klosterruine vom 15. Jahrhundert vorgelagert ist, pendeln die Fähren zwischen Zákynthos und dem Ort Pessáda auf der Nachbarinsel Kefaloniá. Auch kann man von dort die Bootstour zu Blauen Grotte starten.

Steinpark Askós

Der private Steinpark Askós ist eigentlich ein kleiner Wildpark, in dem sich nicht nur Naturfreunde, sondern auch Familien mit Kindern auf den Spaziergang zwischen teilweise freilaufenden Tieren freuen können. Ausgerüstet mit einer Wasserflasche, die man am Eingang bekommt, geht es am besten mit festem Schuhwerk in etwa einer Stunde über einen Pfad rund um das weitläufige Gelände, in dem man natürlich auch fotografieren darf. Zwischen Zypressen, Oliven, Mandel-, Zitronen- und Orangebäumen, Weinreben und Teichen laufen einige der Tiere wie Hirsche und Hirschkühe oder die prachtvollen Pfauen frei herum, dürfen teilweise sogar unter Anweisung der Wärter zum Beispiel mit Olivenbaumästen gefüttert werden. Pausen kann man auf wenigen steinernen und hölzernen Bänken einlegen, die auf den ehemaligen, durch Steine gesicherten Anbauterrassen erbaut wurden. Nicht nur Kinder freuen sich im Park über die aus Nordamerika stammenden Waschbären, die man wie die Hirsche füttern darf, und andere Tiere, die auf Zákynthos eigentlich nicht heimisch sind. Auch leben im Park ein paar Land- und Wasserschildkröten, Ponys, Ziegen, Schafe, Esel, Kühe, Schweine, Enten und Gänse.

Oben: Viele Tiere laufen im Steinpark Askós frei herum.
Mitte: Vor Ágios Nikólaos schaukeln oft bunte Boote.
Unten: Bei Kindern ist der Besuch des Wildparks meist ein großer Erfolg.

Infos und Adressen

SEHENSWÜRDIGKEITEN

Eliés-Park. Tgl. 9–21 Uhr, Eliés, 200 m hinter dem westlichen Ortsrand, Tel. 69 78 15 59 01 (mobil).

Steinpark Askós. Wildpark. Nahrungsmittel dürfen, auch nicht in Taschen, mit in den Park gebracht werden. Mai–Sept. tgl. 9–19 Uhr, Okt.–April tgl. 10–17 Uhr, Askós, nördlicher Ortsrand, Tel. 26 95 03 16 50, www.askos.gr

ESSEN UND TRINKEN

La Storia. Fisch und Meeresfrüchte in einer einfachen Fischtaverne, an dessen Stühlen und Tischen sich fast die Wellen brechen. Ágios Nikólaos, nördliches Strandende, Tel. 26 95 03 16 35.

Paliós Anemómylos. Familiäre Taverne neben einer Windmühlenruine und gleich oberhalb der Küste mit herrlicher Aussichtsterrasse. Viele Zutaten für Gerichte wie *moussaká* oder Lamm mit Rosmarin aus dem Ofen stammen aus eigenem Anbau oder eigener Zucht. Zum Nachtisch begeistert das *galaktoboúreko* (mit Grießpudding gefüllter Blätterteig). Askós, neben dem Steinpark, Tel. 26 95 03 15 55.

ÜBERNACHTEN

Anemómylos. 2 alte, liebevoll zu Unterkünften umgewandelte Windmühlen mit kleinen Balkonen und herrlichem Meerblick, die auf 2 Etagen Platz für 2 bzw. 4 Personen bieten. Über Stufen kann man zum Meer hinunterlaufen. Koríthi, Tel. 26 95 03 11 32, www.potamitisbros.gr

Lithiés. Fernab des Touristentrubels gelegenes Apartmenthotel in Panoramalage mit gepflegtem Garten und schönem Poolbereich. Zwischen Koríthi und dem Leuchtturm, Tel. 26 95 03 11 54, www.lithies.gr

AKTIVITÄTEN

Bootsausflüge. Vom Kap Skinári fahren Boote tgl. zwischen 9 und 19 Uhr im 10-Minuten-Takt zu den Blauen Grotten. Ausflüge zum Strand Navágio mit Badeaufenthalt werden auch angeboten.

Ein Bootsausflug zu den Grotten am Kap Skinári sollte auf dem Urlaubsprogramm stehen.

48 Mikró Nisí, Makrís Gialós und Xígia
Idyllisches Fleckchen am Meer

Die winzige, felsige Landzunge Mikró Nisí, die sich mit etwa 15 Häuschen im Nordosten der Insel pittoresk ins Meer schiebt, lohnt einen kurzen Halt zum Fischessen oder zum Fotoshooting in schöner Kulisse. Südöstlich windet sich die Küstenstraße immer am Meer und an Stränden wie Makrís Gialós und Xígia entlang. Auf dem Weg gen Süden lohnt der Abstecher zum kleinen Weingut eines Ikonenmalers.

Mikró Nisí, also die »Kleine Insel«, die ihren Namen dem winzigen vorgelagerten Felseiland verdankt, liegt nur wenige Meter unterhalb der Küstenstraße. Der kurze Bummel über das kleine Kap verläuft entlang weniger ziegelbedeckter Häuser und der Ruine eines steinernen, venezianischen Wächterhäuschens. Besonders schön ist die Aussicht auf das Felsinselchen gen Norden und im Süden der Blick in die idyllische Bucht. In der Bucht mit dem kristallklaren, in jeglichen Grün- und Blautönen schimmernden Wasser liegen Boote vor Anker. Genießen kann man die hübsche Kulisse am besten unter Tamarisken beim Fischessen in der Taverne »Mikró Nisí«. Wer will, kann über die Felsen ins Wasser steigen oder ein Motorboot mieten, um die Nordküste mit den Blauen Grotten (S. 257), dem Navágio-Strand (S. 252) und vielen einsamen Buchten auf eigene Faust zu erkunden. Kehrt man im Restaurant »El Sueno« nördlich der Siedlung ein, gelangt man über eine Holztreppe ins Meer. Von dort kann man zum Inselchen schwimmen. Schnorchler kommen auf beiden Seiten des Kaps auf ihre Kosten.

Oben: Auf der Suche nach idyllischen Küstenabschnitten wird man rund um Mikró Nisí bestimmt fündig.
Unten: Wer sich nicht am Geruch stört, freut sich am Xígia-Strand über die Heilwirkungen.

Strände Makrís Gialós und Xígia

Die Badeplätze der Region werden fast jedem Geschmack gerecht, sind durch das tiefe Wasser allerdings nicht besonders kinderfreundlich. Den Sprung ins kühle Nass genießt man auch am 700 Meter weiter südlich liegenden Makrís Gialós. Der beliebte, aber nicht überlaufene, etwa 120 Meter lange, steil abfallende Strand mit kleinen hellen Kieselsteinen und türkisfarbenem Wasser erstreckt sich unterhalb einer markanten Felswand. Auf dem Weg gen Süden passiert man nach anderthalb Kilometern die am Straßenrand stehende, fotogene Natursteinkapelle Ágios Nikólaos aus dem 10. Jahrhundert und erreicht nach weiteren 600 Metern die Abzweigung zum kleinen Strand Xígia – ein außergewöhnlicher Strand, der wegen des merkwürdigen Geruchs nicht jedermanns Geschmack ist. Bekannt ist der über eine Treppe erreichbare, von steilen Felswänden eingerahmte feine Kieselstrand wegen des aus Unterwasserquellen in einer Höhle austretenden Schwefels, der das kalte hellblaue Wasser milchig macht. Das schwefelhaltige Wasser soll bei Arthritis, Knochenleiden und Cellulite helfen.

Abstecher für Weinfans

Das noch recht unbekannte Weingut Téchni & Ínos (»Kunst & Wein«) erinnert mit Steinhäusern, Weinhängen und den umliegenden Olivenhainen ein wenig an die Toskana. Giánnis Giatrás, der sich seit Kindertagen mit dem Wein beschäftigt, hat die alte Weinkelterei seiner Familie liebevoll restauriert und für Besucher zugänglich gemacht. Der Weg führt am hübschen Haus der Familie vorbei auf das Anwesen. Nach einer kurzen Führung kann man die Weine aus den heimischen Rebsorten Avgoustiátis (rot) und Róbola (weiß) verkosten, hausgemachte Leckereien probieren, die handgemalten Ikonen des Besitzers bestaunen und natürlich einkaufen.

Infos und Adressen

ESSEN UND TRINKEN

El Sueno. Café-Restaurant mit mediterraner Küche in modernem Rundbau mit Sonnenterrasse. Auch nur zum Kaffee einen Halt wert. Mikró Nisí, Hauptstraße, Tel. 69 44 94 12 47.

Mikró Nisí. Bei frischem Fisch und *mezédes* wie Fischroggenpüree *taramás*, Oktopus-Kroketten oder frittierten Zucchinistreifen Urlaubsfeeling pur genießen. Kleine Motorboote werden vermietet. Mikró Nisí, am Ansatz des Kaps, Tel. 69 73 05 06 80, www.mikronisi.com

ÜBERNACHTEN

Makrís Gialós. Mit Liebe zum Detail eingerichtete, stilvolle Apartments mit Meerblick und herzlichen Vermietern. Im Restaurant »To Pétrino« lassen sich auch Nicht-Hotelgäste das griechische Essen schmecken. Makrís Gialós, Küstenstraße, Tel. 26 95 03 15 58, www.makrisgialos.gr

AKTIVITÄTEN

Weingut Téchni & Ínos (Art & Wine). Tagsüber geöffnet, links der Straße, die südlich vom Xígia Beach nach Mariés führt, Tel. 26 95 10 04 31, www.artandwine.gr

Der winzige Weiler Mikró Nisí

49 Alikés und das Hinterland
Ferienort mit Ausflugsoptionen

Der betriebsame Urlaubsort Alikés wird gern von europäischen Individualreisenden besucht und ist besonders bei Familien mit Kindern beliebt. Der schmale, grobe Sandstrand und ein großes Angebot an Aktivitäten füllen vor Ort die Freizeit. Die nahen Bergdörfer Katastári und Pigadáki dienen als Ausflugsziele. Außerdem ist die Lage sowohl für Touren im Norden als auch für Besuche der Stadt gut geeignet.

Wer Alikés von Norden her anfährt, wird kurz hinter der Gabelung nach Mariés an der sich hoch über der Küste windenden Straße mit einem herrlichen Panorama belohnt. Halten kann man kurz am blau gestrichenen Wohnwagen der jungen Niki, die gleich an der Straße jeden Sommer frischen Orangen- und Zitronensaft verkauft. Auf Bänken vor ihrer »Kantína« sitzen im Schatten getrockneter Palmenblätter auch gerne Hobby-Maler, denen das grüne Tal des Skoúrti, das sich zwischen Bergen und Meer erstreckt, als Motiv dient. Dort liegt auch der Ferienort Alikés. Den Salinen im Hinterland, in denen vom Mittelalter bis in die 1990er-Jahre Salz gewonnen wurde, verdankt Alikés (griech. »Salinen«) den Namen. Die noch vorhandenen Teiche und ein Fluss, der den Urlaubsort von der zugehörigen Nachbarsiedlung Alikanás trennt, sorgen trotz vieler Urlauber und großem touristischem Angebot für ein etwas anderes Flair als in den übrigen Urlaubsorten der Insel. Aus venezianischer Zeit ist noch eine Brücke erhalten, die über den im Meer mündenden Fluss führt. Am Strand haben sich Wassersportstationen angesiedelt. Die Uferstraße wird von Tavernen, Bars, Hotels und Apartmentanlagen ge-

Oben: Ausflüge ins Hinterland sollten Urlauber von Alikés in jedem Fall unternehmen.
Unten: Den vielen Brunnen (griech. *pigádi*) verdankt das Dörfchen Pigadákia vermutlich seinen Namen.

Alikés und das Hinterland

säumt. Unterkünfte findet man auch im Hinterland, sodass Urlauber zwischen dem quirligen Strand und dem stillen, grünen Umland wählen können.

Katastári

Lohnenswert ist eine Wanderung von Alikés oder eine Fahrt ins Hinterland. Die Landschaft besticht durch Olivenhaine und Weinberge. Gerade mal anderthalb Kilometer landeinwärts liegt am Osthang des Vrachiónas Katastári. Das größte Dorf der Insel bietet einen herrlichen Ausblick über die Küstenebene. Interessierte können drei Kilometer weiter der Straße Richtung Volímes folgen und einen Blick in das Kloster Ioánnis tou Pródromou werfen. Das 1617 gegründete Kloster, das bis in die 1960er-Jahre von bis zu 40 Mönchen bewohnt wurde, ist heute verlassen, bietet aber eine herrliche Aussicht auf das Meer.

Pigadákia

Südlich von Katastári reizt das Bergdorf Pigadákia mit dem Folkloremuseum Vertzágio zu einem Kurzausflug. Im großen, rot gestrichenen Bauernhof werden in detailgetreu nachempfundenen Räumen und auf dem Hof bis zu 200 Jahre alte landwirtschaftliche Geräte, Mobiliar und Gebrauchsgegenstände präsentiert. Neben alten Zeitungen, Textilien, Schulbänken und vielem mehr begeistern die Getreidemühle sowie die Oliven- und Weinpresse. Sehen kann man auch ein altes Baumhaus, in dem früher Arbeiter lebten, um keine Anbaufläche zu verschwenden. Gleich um die Ecke lohnt ein Blick in die Kapelle Ágios Panteleímonas, wo unter dem Altar eine Quelle entspringt. Das Wasser, das man aus einem Hahn vor der Kirche abzapfen kann, soll heilig sein und Wunder bewirken. Fotogen ist der vor der Kirche stehende Torbau von 1838 mit den drei Glocken.

Infos und Adressen

SEHENSWÜRDIGKEITEN

Museum Vertzágio. Folkloremuseum. Tgl. 9–14 und 17–20 Uhr, Pigadákia, 300 m nördlich der Kirche.

Kirche Ágios Panteleímonas. Tagsüber geöffnet. Pigadákia, Hauptstraße.

Kloster Ioánnis tou Pródromou. Meist verschlossen, links der Hauptstraße zwischen Katastári und Volímes, 3 km nördlich von Katastári.

ESSEN UND TRINKEN

Paradosiakó. Große Auswahl an leckeren *mezédes* und traditionellen Gerichten. Reservierung empfehlenswert. Tgl. ab 13 Uhr. Alikés, am Fluss, Tel. 26 95 08 34 12, www.paradosiako.com.gr

ÜBERNACHTEN

Panórama. Freundlich geführte Studios und Apartments mit Pool, Spielplatz und hervorragendem Frühstück. Alikés, hinter den Salinen, Tel. 26 95 08 36 85, www.panoramazante.com

AUSGEHEN

Sea Breeze. Stylische Dachterrassen-Bar mit guten Cocktails und Lounge-Musik. Tgl. ab 19 Uhr. Alikés, Hauptstraße (über dem Restaurant Fidelio), Tel. 69 74 75 81 16.

AKTIVITÄTEN

Lucky Luke Horse Riding. Ausritte mit Ponys oder Pferden am Strand und im Hinterland für Kinder, Anfänger und Erfahrene. Alikanás, Straße zum Strand, Tel. 69 86 75 59 46.

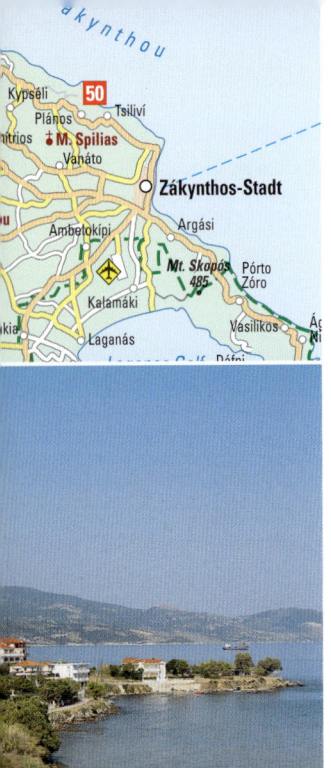

50 Plános und Tsiliví
Urlaubsorte an der Ostküste

Tsiliví und Plános sind aufgrund der Sandstrände und der Lage nahe der Stadt von Fischerdörfern zu beliebten und geschäftigen Urlaubsorten gewachsen, die sich gut als Ausgangspunkt für Inselerkundungen eignen. An ihren Stränden und in den ruhigeren Buchten der Umgebung findet jeder ein passendes Plätzchen. Schifffans lockt das Milánio Maritim-Museum zur Zeitreise durch die griechische Seefahrtgeschichte.

Nur fünf Kilometer nördlich von Zákynthos-Stadt (S. 230) bilden die quirligen, ineinander übergehenden Küstenorte Tsiliví und Plános das familienfreundlichere Pendant zu den mehr auf junges Publikum ausgerichteten Orten Kalamáki und Laganás. Die beiden Küstenorte bilden Zákynthos' Urlaubszentrum an der Ostküste. Die stadtnahe Lage der Badeorte wissen Urlauber und Einheimische gleichermaßen zu schätzen. So werden Strände und Bars von Tsiliví und Plános gern auch von Einheimischen besucht. Zákynthos-Stadt bietet sich hingegen für Urlauber gut für einen spontanen und kurzen Besuch an. Ansonsten werden die modernen Orte von ausgelassener Urlaubsatmosphäre geprägt. Hotels, Bars, Tavernen, Mietwagenvermietungen und Geschäfte säumen die Hauptstraße, die durch die beiden Dörfer führt. Die belebten, sanft abfallenden Sandstrände, die man über Stichstraßen erreicht, sind gut für Familien geeignet und selbst in der Nebensaison gut besucht. Ein großes Wassersportangebot und andere Freizeitmöglichkeiten wie ein Wasserpark runden den Urlaub für Aktive ab.

Die kleineren Strände nördlich von Plános und Tsiliví, z.B. Psaroú, hat man häufig ganz für sich allein.

An den Stränden der Ferienorte ist immer etwas los.

Milánio Maritim-Museum

Für Schifffahrtfans, aber auch für Kunstbegeisterte lohnt ein Besuch des Maritim-Museums in Tsiliví, in dem zahlreiche Aquarelle des aus Zákynthos stammenden Malers Antónis Milános (geb. 1953) ausgestellt werden. Die große Sammlung umfasst Werke, auf denen Schiffe aus der Antike, der Byzantinischen Zeit sowie aus dem 19. bis zum 20. Jahrhundert abgebildet sind. Besonders interessant sind auch weitere Exponate wie Schiffsmodelle, Uniformen, Kompasse, Dolche und alte Fotos.

Kleine Siedlungen im Umland

Wer nicht pauschal gebucht hat, sondern auf eigene Faust reist und nicht in den viel besuchten Hotels im Ortskern wohnen möchte, wird in der nahen Umgebung fündig. Kleine, gemütliche und familiär geführte Hotels und Apartmenthäuser findet man hauptsächlich zwischen Olivenhainen im Hinterland von Plános und hinter den sich nördlich anschließenden, kleineren Sand- und Kiesbuchten wie Amboúla – einem idyllischen Kiessandstrand mit familiärem Flair. Die etwas weiter nördlich liegende, kiesige Drosiá-Bucht hat man wie die schmalen Kiessandstrände bei der folgenden, kleinen Siedlung Psaroú sogar häufig für sich allein. Nordwestlich freuen sich Schnorchelfans über die im grün-türkis schimmernden und kristallklaren Wasser liegenden Felsen vor dem kleinen, sanft abfallenden Sandstrand von Ammoúdi.

Infos und Adressen

SEHENSWÜRDIGKEITEN

Milánio Maritim-Museum. Mai–Okt. tgl. 9.30–14 und 18.30–21 Uhr. Tsiliví, westlicher Ortsteil (ausgeschildert), Tel. 26 95 04 24 36, www.milaniomaritimemuseum.gr

ESSEN UND TRINKEN

Boomerang. Im Strand-Restaurant werden inseltypische Gerichte mit modernen Akzenten serviert. Empfehlenswert sind das Risotto mit Gemüse und das *saganáki* (gebackener Käse aus der Region). Tsiliví, 70 m westlich des Supermarkts Gaitános in die Straße zum Strand abbiegen, Tel. 26 95 04 84 76, www.boomerang-zante.gr

ÜBERNACHTEN

Kávos Psaroú. Ruhig und nah am Strand gelegene Anlage mit schönem Garten und einfachen Studios und Apartments unter herzlicher Leitung. Wer es geräumiger mag, kann auch eine der zugehörigen, geschmackvollen Steinvillen buchen. Psaroú, westlich des Fischerhafens, Tel. 26 95 06 28 89, www.kavospsarou.gr und www.kavospsarou-villas.gr

REISEINFOS

In Korfus Binnendörfern nimmt der Alltag abseits des Urlaubertrubels seinen Lauf.

Anreise – Mit dem Flugzeug

Die Flughäfen von Korfu, Préveza (18 Kilometer nordöstlich von Lefkáda), Kefaloniá und Zákynthos kann man von Deutschland, Österreich und der Schweiz ganzjährig mit Linienflügen über Athen oder Thessaloníki erreichen. Von dort geht es mit Aegean Airlines (www.aegeanair.com), Olympic Air (www.olympicair.com) oder Ryan Air (nur Korfu, www.ryanair.com) weiter.

Zwischen Mai und Oktober wird Korfu außerdem durch Charter- und Low-Cost-Flüge mit zahlreichen Flughäfen im deutschsprachigen Raum verbunden. Etwas seltener sind die Charterflüge von einigen Flughäfen nach Zákynthos und Préveza. Kefaloniá wird derzeit direkt nur aus Wien (z.B. www.austrian.com) oder über Umsteigeverbindungen, z.B. von Air Berlin (www.airberlin.com), angeflogen.

Eine gute Verbindung zwischen allen vier Flughäfen gibt es mehrmals wöchentlich (saisonabhängig) von Sky Express (www.skyexpress.gr). In Planung befindet sich derzeit auch die Verbindung der Inseln durch Wasserflugzeuge. Wann es so weit sein wird, ist derzeit nicht bekannt.

Anreise – Mit Auto und Fähre

Mit dem Auto oder Wohnmobil erreicht man die Ionischen Inseln über Italien.

Nicht nur für Flugzeugfans spannend: der Blick von der Halbinsel Kanóni in Korfu-Stadt

Dazu fährt man bis nach Triest, Venedig, Ancona, Bari oder Brindisi. Dort setzt man mit der Autofähre entweder nach Igoumenítsa oder Pátras auf der Peloponnes oder direkt nach Korfu über. Von Igoumenítsa aus verkehren Fähren nach Korfu (z.B. www.ionionlines.eu) und Páxos; Lefkáda erreicht man mit dem Auto nach 110 Kilometern. Um nach Kefaloniá und Zákynthos zu fahren, nimmt man die Fähre nach Pátras, das 76 Kilometer nördlich von Killíni liegt, wo die Fähren weiter nach Kefaloniá und Zákynthos (www.ioniangroup.com) fahren. Aktuelle Fährpläne auch für einige Verbindungen zwischen den Inseln im Internet unter: www.gtp.gr und www.greekferries.gr

Ungewöhnliche Fahrzeuge in den Bergdörfern

Autofahren und Mietwagen

Mietwagen, Motorräder und Mopeds kann man auf allen Inseln am Flughafen oder Hafen und in den meisten Urlaubsorten mieten. Bei Anmietung wird der Führerschein und meist eine Kreditkarte zur Sicherheit benötigt. Das Mindestalter ist 21 Jahre.

Viele Straßen sind auf den Ionischen Inseln jedoch recht schmal und kurvenreich. Aufmerksamkeit ist auch wegen Schlaglöchern und plötzlich auftauchender Schafe oder Ziegen in den Bergregionen, des Fahrverhaltens der Griechen und manchmal auch mittig fahrender Briten geboten.

Tankstellen gibt es genügend. Sie sind nachts aber meist geschlossen. Der

ADAC (Tel. +49 89/22 22 22, Athen Tel. 21 09 60 12 66) kooperiert in Griechenland mit dem Pannendienst des Automobilclubs ELPA (Tel. 104 00). Die Kosten zur Pannenhilfe im Ausland werden im Rahmen einer ADAC-Plus-Mitgliedschaft erstattet.

Die Höchstgeschwindigkeit beträgt in Ortschaften 50 km/h, auf Landstraßen 90 km/h und auf Schnellstraßen 110 km/h. Die Promillegrenze liegt bei 0,5. Die Missachtung der Straßenverkehrsordnung kann in Griechenland sehr teuer werden. Die Polizei kassiert drastische Bußgelder: z.B. Fahren ohne Sicherheitsgurt oder Motorradhelm (350 €), Missachtung roter Ampeln oder Stopp-Schilds (700 €).

Diplomatische Vertretungen

Deutsches Honorarkonsulat
Odós Kapodistríou 23, Korfu-Stadt,
Tel. 26 61 03 68 16,
korfu@hk-diplo.de

Österreichisches Honorarkonsulat
Odós Moustoxídou 8–10, Korfu-Stadt,
Tel. 26 61 04 24 40,
oekonsulatkorfu@yahoo.gr

Schweizer Regionales Konsularcenter
Odós Iassíou 2, Athen
Tel. 21 07 23 03 64,
ath.vertretung@eda.admin.ch

Einreise

Deutsche, Österreicher und Schweizer
benötigen für die Einreise nach Griechenland einen gültigen Personalausweis
oder Reisepass, Kinder unter 12 Jahren
einen Kinderreisepass.

Elektrizität

220-Volt-Wechselstrom

FKK

Nacktbaden ist in Griechenland offi-
ziell verboten. Oben-ohne-Baden wird
an vielen Stränden allerdings toleriert
– zumindest dort, wo keine griechischen Familien oder älteren Griechen baden. Nackt badet man entweder an offiziellen FKK-Stränden und in
abgelegenen oder einsamen Buchten.
Beliebt sind Mirtiótissa (Korfu), Paliolinós und das westliche Ende von Xi
(Kefaloniá).

Schilder sind oft auch auf Englisch beschriftet.

JANUAR

6. Januar: Theofánia, Offenbarung der Dreifaltigkeit und Taufe Jesu. Prozessionen in größeren Küstenorten. Nach der Messe wirft der Priester ein Kreuz ins Wasser, dem junge Männer hinterher springen. Wer es aus dem Wasser fischt, kann sich auf ein glückliches Jahr freuen.

FEBRUAR

27. Februar 2017, 19. Februar 2018: Rosenmontag (40 Tage vor Ostern) Rosenmontag lassen die Griechen Drachen steigen und picknicken. Am Sonntag – in Korfu-Stadt an allen drei Sonntagen – vor Rosenmontag finden Karnevalsumzüge statt.

MÄRZ

25. März: Nationalfeiertag und Mariä Verkündung. An Paraden in Gedenken an die griechische Revolution gegen die Osmanen (1821) nehmen Militär, Orchester und Schulklassen teil.

APRIL

14.-17. April 2017, 6.-9. April 2018: Ostern. Einzigartig ist die Karwoche auf Korfu (S. 46). Ostern wird im griechisch-orthodoxen Kirchenjahr nach dem julianischen Kalender gefeiert, sodass es fast immer auf einen anderen Termin fällt als bei uns.

MAI

21. Mai: Vereinigung der Ionischen Inseln mit Griechenland. Festumzüge in Gedenken an den Anschluss des Archipels an Griechenland (1864) in den Inselhauptstädten.

JUNI

Mitte Juni – Mitte August: Korfu-Festival. Ballett, Oper, Theater und Konzerte der unterschiedlichsten Musikrichtungen in der Alten Festung und anderen Locations in Korfu-Stadt.

JULI

Ende Juli: Sardinenfest (Meganíssi). Foklore, Sardinen und viel Wein in Vathí.

AUGUST

7. August: Linsenfest (Lefkáda, Englouví). Foklore und diverse Linsengerichte in Englouví.

Wochenende vor dem 15. August: Traditionelle Hochzeit (Lefkáda, Kariá). Mehrtägige Dorfhochzeit mit traditionellen Trachten.

24. August: Namenstag des hl. Dionísios (Zákynthos-Stadt). Bei einer Prozession werden die Gebeine des Schutzpatrons der Insel durch die Straßen der Inselhauptstadt getragen.

Letzte Augustwoche: Lefkas International Folklore Festival (Lefkáda-Stadt). Folklore aus der ganzen Welt in Lefkáda-Stadt. Infos: www.liff.gr

Ende August: Odysseus-Fest (Ithaka, Vathí). Fest in Vathí zu Ehren von Odysseus.

Ende August – Anfang September: Paxos Music Festival (Páxos). Konzerte klassischer Musik von internationalen Künstlern, hauptsächlich in der alten Schule von Longós.

Infos: www.paxosfestival.org.uk

OKTOBER

Mitte Oktober: Corfubeer-Festival (Korfu, Arillás). Fünftägiges Festival in Arillás, im Zeichen des korfiotischen Biers und der jährlich wechselnden Partnerregion wie Bayern beim ersten Fest 2013. Infos: www.corfubeer-festival.com

DEZEMBER

12. Dezember: Namenstag des hl. Spirídonas (Korfu-Stadt). Prozession zu Ehren des Inselpatrons in Korfu-Stadt, bei der die Reliquien des Heiligen durch die Altstadt getragen werden.

FEIERTAGE

1. Januar: Neujahr

6. Januar: Taufe Christi

Rosenmontag

25. März: Unabhängigkeitstag (Nationalfeiertag) & Mariä Verkündung

Karfreitag bis Ostermontag

1. Mai: Tag der Arbeit (beweglicher Feiertag)

15. August: Mariä Entschlafung

28. Oktober: Óchi-Tag (Nationalfeiertag)

24./25. Dezember: Heiligabend/Weihnachten

31. Dezember: Silvester

Die Ionischen Inseln sind ein Paradies für Strandurlauber.

Geld

Griechenland ist Mitglied der Europäischen Währungsunion. Landeswährung ist der Euro (gesprochen: Evró). Die Centmünzen werden *leptá* genannt. Mit der EC/Maestro- oder Kreditkarte und PIN kann man an Bankautomaten Geld abheben.

Bei Autovermietungen, Tankstellen und in vielen Hotels kann man mit Kreditkarten zahlen. Akzeptiert werden sie auch in vielen Restaurants und Geschäften. In kleinen Geschäften und in Tavernen auf dem Land sind Kreditkarten jedoch eher unüblich. Außerdem ist den Griechen Bargeld generell lieber. Allgemeine Sperrnummer für deutsche Karten bei Kartenverlust: Tel. +49 11 61 16.

Gesundheit

Gut ausgestattete Apotheken (*farmakío*) findet man manchmal sogar in kleineren Dörfern. Erkennbar sind sie an einem grünen Kreuz. Standardmedikamente wie Aspirin und andere Schmerzmittel, Salben und Antibiotika sind oft günstiger als bei uns. Es gibt aber nicht alle deutschen Medikamente. Welche Apotheke Notdienst hat, erfährt man über Aushänge im Schaufenster oder von Taxifahrern.

Die medizinische Grundversorgung mit gut ausgebildeten Ärzten ist in Griechenland gesichert. Gegen Vorlage der Europäischen Krankenversicherungskarte (European Health Card) der gesetzlichen Krankenversicherung kann man sich bei Kassenärzten in staatlichen Krankenhäusern, Gesundheitszentren (ESY, National Health Center) und Erste-Hilfe-Stationen zumindest theoretisch kostenlos behandeln lassen. In Notfällen klappt das meist problemlos. Für andere Behandlungen erwarten Ärzte sowohl von griechischen als auch von ausländischen Patienten Barzahlung. In einem privaten

Krankenhaus oder bei privaten Ärzten zahlt man immer selbst. In jedem Fall ist eine Auslandskrankenversicherung empfehlenswert. Dann kann man zu privaten Ärzten gehen und nach der Rückreise gegen Vorlage der Arzt-Quittung das Geld zurückerstattet bekommen. Die Auslandskrankenversicherung kommt auch für einen Krankenrücktransport auf, wenn dieser notwendig ist.

Information

Griechische Zentrale für Fremdenverkehr EOT (Ellinikos Organismos Tourismou, www.visitgreece.com.de)
D-60313 Frankfurt/Main, Holzgraben 31, Tel. 069/257 82 70,
info@visitgreece.com.de
A-1010 Wien, Opernring 8,
Tel. 01/512 53 17, info@visitgreece.at

Schweiz: Die Büros in Deutschland und Österreich sind auch für die Schweiz zuständig.

Klima und Reisezeit

Die Ionischen Inseln sind vor allem ein Sommerreiseziel. Die touristische Saison

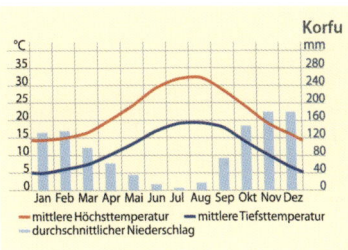

dauert von Ende April/Anfang Mai bis Anfang Oktober. Hauptsaison ist im wei-

Kulinarische Mitbringsel stehen auf dem Archipel hoch im Kurs.

teren Sinne von Mitte Juni bis Anfang September. Dann gibt es auch die häufigsten Fährverbindungen und alle Strandbars und Wassersportstationen haben geöffnet.

Das Klima ist zwischen Mai und Mitte Oktober meist recht angenehm. Im Juli und August klettert das Thermometer oft über 30 °C. Für eine angenehme Brise sorgt bei hohen Temperaturen oft der Nordwestwind, der auf dem Archipel »Maístro« genannt wird. Die Wassertemperatur ist bis Oktober angenehm. Ab Mitte April bis Juni stehen die Inseln in voller Blüte. Diese Monate sind neben dem September und Oktober gut für Naturfreunde und Wanderer geeignet. Mit kurzen Regenschauern muss man auf den Ionischen Inseln leider auch im Sommer rechnen. Ein paar Tage länger hält der Regen aber nur zwischen September und Mai an. Wer im Winter auf das Archipel

möchte, sollte nach Korfu-Stadt fahren, der einzige Inselhauptort, der sich auch für einen City-Trip anbietet.

Notruf

Euro-Notruf: 112 (in engl. Sprache)
Notruf/Krankenwagen: 166
Polizei: 100
Feuerwehr: 199

Öffnungszeiten

Öffnungszeiten von Museen und Ausgrabungsstätten sind selten einheitlich. Einige kleinere staatliche Sehenswürdigkeiten sind aber montags geschlossen. Auch machte die Finanzkrise leider keinen Bogen um den Tourismussektor, sodass durch Personalkürzungen einige staatliche Sehenswürdigkeiten in den letzten Jahren zwischenzeitlich geschlossen sind oder verkürzte Öffnungszeiten haben.

Im Trípas in Kinopiástes (Korfu) berichtet die Deko aus alten Zeiten.

An das Abendessen als Hauptmahlzeit gewöhnt man sich auf dem Archipel auch als Tourist schnell.

Kernzeiten sind meist Di–So 8–14.30 Uhr. Im Sommer haben sie auch oft tgl. bis 19 oder 20 Uhr geöffnet.

Mönche und Nonnen in Klöstern legen Wert auf ihre Mittagsruhe (etwa 13–17 Uhr), sodass man sie lieber vorher oder hinterher besucht.
Die Geschäfte für den Bedarf der Einheimischen, z.B. in den Inselhauptstädten, schließen Mo, Mi und Sa meist um 14 Uhr. Di, Do und Fr haben sie von 10–14 und 17–21 Uhr geöffnet. Souvenirgeschäfte und Supermärkte in den Urlaubsorten sind in der Regel von etwa 9–23 Uhr geöffnet.

Restaurants und Tavernen haben ab etwa 10 Uhr durchgehend bis nach Mitternacht geöffnet. Ruhetage gibt es in Griechenland kaum.

Banken haben Mo–Do 8–14 Uhr, Fr bis 13.30 Uhr geöffnet.

Post

Postämter (*tachidromío*) der griechischen Post (ELTA) sind Mo–Fr 7.30–14.30 Uhr, die Hauptpost in Korfu-Stadt (Leofóros Alexándras 26) Mo–Fr 7.30–20.30 Uhr geöffnet. Normalerweise dauert der Versand von Postkarten oder Briefen, die beide mit 85 Cent frankiert werden, innerhalb Europas 3–7 Tage, von den kleineren Inseln meist etwas länger. Briefmarken gibt es häufig in den Geschäften, in denen man die Karten kauft, und bei der Post.

Postleitzahlen

Korfu, Páxos und Diapontische Inseln
49100 Korfu-Stadt und Umgebung, Pélekas, Diapontische Inseln
49080 Lefkími und der Süden bis Ágios Geórgios Argirádon bzw. Moraítika
49081 Kassiópi und die Nordküste bis Peruládes

49082 Páxos, Antípaxos
49083 Halbinsel Komméno bis Nissáki, Ágios Stéfanos Avliotón bis Paleokastrítsa
49084 Achíllion, Ágios Górdis, Ágios Matthéos

Lefkáda
31100 Lefkáda-Stadt, Westküste und Kariá
31082 Vassilikí und Umgebung bis Sívros
31084 Nidrí und Umgebung, Meganíssi

Kefaloniá
28100 Argostóli, Lássi, Livathó, Kástro und Umgebung
28080 Sámi
28081 Agía Effimía

28084 Fiskárdo, Ássos und Umgebung
28086 Póros, Skála
28200 Lixoúri und die Halbinsel
28300 Ithaka

Zákynthos
29100 Zákynthos-Stadt, Plános, Tsiliví und Halbinsel Skopós bis Kalamáki
29092 Laganás, Halbinsel Kerí bis Loúcha und Gíri
29090 Alikés, Mikró Nisí, Volímes und der Norden bis Kámbi

Rauchen

Obwohl zahlreiche »Rauchen verboten«-Schilder auf das EU-weite Rauchverbot in öffentlichen Gebäuden, Flughäfen, Cafés

Ideal zum Mittagessen: der landestypische Bauernsalat (*choriátiki saláta*)

Perfekt an heißen Sonnentagen: ein Sprung ins kühle Nass

und Restaurants hinweisen und der Staat mit drastischen Strafen droht, halten sich nur wenige Gastronomen und Gäste an das Gesetz. So wird in den meisten Cafés, Bars und Restaurants weiterhin geraucht. Anstelle eines Aschenbechers werden dann einfach mit Wasser gefüllte oder mit einem feuchten Tuch ausgelegte Schalen auf den Tisch gestellt.

Sprache

Eine verbindliche Transkription ist nicht vorhanden, sodass die in griechischer und lateinischer Schrift abgefassten Hinweisschilder sich unterscheiden. Auffällig ist dies vor allem, wenn man ein Navigationssystem benutzt und beim Eintippen der Orte manchmal verschiedene Schreibweisen ausprobieren muss. So wird z.B. das griechische »X« sowohl

mit »ch« als auch mit »h« transkribiert oder das » , « als »y« oder »i«. Obwohl fast überall Englisch – manchmal sogar etwas Deutsch – gesprochen wird, freuen sich die Einheimischen natürlich über Gäste, die es mit ein paar Wörtern auf Griechisch versuchen. Wichtig ist besonders die Betonung, weswegen in diesem Reiseführer Akzente auf die zu betonende Silbe der griechischen Ortsnamen und Wörter gesetzt werden.

Telefonieren

Vorwahlen: Griechenland 0030, Deutschland 0049, Österreich 0043, Schweiz 0041
Alle griechischen Telefonnummern sind zehnstellig, sowohl im Festnetz als auch im Mobilfunk. Die uns bekannten Vorwahlen gibt es in Griechenland nicht.

Am Kai von Gáios (Páxos) stehen im Sommer die Boote dicht an dicht.

Welche Kosten beim Roaming mit dem Handy im jeweiligen Mobilfunktarif anfallen, kann man vor der Abreise beim jeweiligen Anbieter zu Hause erfragen. Ab Juni 2017 sollen die Roaming-Gebühren in der EU übrigens wegfallen – zumindest bis zu einer bestimmten Grenze. Die Netzabdeckung auf den Ionischen Inseln ist bis auf einige Bergregionen ausgezeichnet.

Wer länger bleibt und sich eine griechische Prepaid-Karte kaufen möchte, kann das unter Registrierung des Personalausweises in den Inselhauptstädten der Hauptinseln z.B. bei den Anbietern Cosmote, Vodafone oder Wind machen. Vergessen Sie dabei nicht, Ihre neue griechische Nummer auf die deutsche Mailbox-Ansage zu sprechen! Telefonzellen gibt es kaum noch.

Trinkgeld

Über ein angemessenes Trinkgeld freut sich Servicepersonal – wie auf der ganzen Welt – natürlich auch in Griechenland, egal, ob im Restaurant, Café, Hotel oder Taxi. Durch die stark gesunkenen Stundenlöhne freut man sich in Griechenland erst recht. In Griechenland ist es üblich, sich das Wechselgeld zunächst auszahlen zu lassen und dem Kellner danach das Trinkgeld zu geben oder es einfach auf dem Tisch liegen zu lassen, außer, man rundet so auf, dass man kein Wechselgeld erwartet.

Übernachtung

Die Unterkunftsmöglichkeiten auf den Ionischen Inseln sind vielfältiger als im übrigen Land. Sie sind außer in den Hauptstädten der großen Inseln allerdings meist nur von April/Mai bis Mitte Oktober geöffnet. Von Mitte Juli bis Mitte August machen nicht nur Griechen, sondern auch Italiener und Franzosen Urlaub auf dem Archipel. Wer zu dieser Zeit auf die Inseln kommt, sollte sich früh genug um eine Unterkunft kümmern.

Auf Korfu, Lefkáda, Kefaloniá und Zákynthos gibt es das breiteste Spektrum an Unterkünften: von Pensionen über Boutique-Hotels in den Bergen und große Resorts bis zu Ferienwohnungen und luxuriösen Villen. Hotels haben die international übliche Einteilung von 1 bis 5 Sternen. Auf den Diapontischen Inseln, Páxos, Meganíssi oder Ithaka gibt es keine riesigen Hotelanlagen. Dort werden vor allem Zimmer in kleinen Hotels, Ferienwohnungen oder Häuser, Apartments oder Studios vermietet. Die zu Beginn jeder Saison genehmigten, maximalen Preise der Unterkünfte werden in den Zimmern ausgehängt.

Pauschal kann man am besten Urlaub auf Korfu und Zákynthos buchen. Lefkáda und Kefaloniá findet man eher selten in den Katalogen deutscher Reiseveranstalter, die kleineren Inseln kaum. Bei Hotelportalen im Internet kann man auf allen Inseln eine Unterkunft finden. Vor Ort können Rundreisende auch Hinweisschildern mit der Aufschrift »Rooms for Rent« folgen. Meist (außer im August) ist es kein Problem, auch kurzfristig ein Quartier zu finden. Die Qualität der privaten Zimmer (*domátia*), Studios (*garsoniéres*) und Apartments (*diamerísmata*) ist ganz unterschiedlich. Der Vorteil ist, dass man sich ein Zimmer ansehen kann, bevor man zusagt. Ferienhäuser und Villen bucht man am besten schon von zu Hause aus im Internet. Vor Ort wendet man sich sonst an lokale Reisebüros. Auskünfte über Campingplätze auf Korfu, Lefkáda, Kefaloniá und Zákynthos findet man im Internet z.B. unter www.greececamping.gr. Freies Zelten ist in Griechenland verboten.

Zoll

Für den privaten Gebrauch dürfen Reisende aus Deutschland und Österreich aus Griechenland diverse Waren (z.B. max. 800 Zigaretten, 10 Liter Spirituosen, 90 Liter Wein) mitnehmen. Bei Schweizern sind die Waren für den privaten Gebrauch auf einen Wert von max. 300 Sfr begrenzt. Tabakwaren und Alkohol sind ebenfalls bis zu bestimmten Mengen abgabefrei (z.B. 200 Zigaretten, 1 Liter Spirituosen, 2 Liter Wein). **Weitere Infos:**
Deutschland: www.zoll.de
Österreich: www.bmf.gv.at
Schweiz: www.zoll.ch

Der Archipel ist für Familien mit Kindern während des ganzen Sommerhalbjahrs ein tolles Urlaubsziel. Sonne – mit ausreichend Sonnenschutz –, Strand und Meer, ein vielfältiges Freizeitangebot und Sehenswürdigkeiten sorgen für Spaß bei Kids jeden Alters. Hinzu kommt, dass die Griechen ein äußerst kinderfreundliches Volk sind und die Sprösslinge überallhin mitnehmen – im Sommer sogar noch am späten Abend.

O Kinder bis 6 Jahre

Besonders auf dem Land sind unebene Straßen für Kinderwagen eher ungeeignet. Wer mit Baby reist, sollte deshalb einen Tragegurt mitnehmen. Für ausgiebiges Sandburgenbauen und Plantschen sind eine Kopfbedeckung und ausreichend Sonnenschutz unerlässlich. Nur so kann man die seichten und weitläufigen Strände, die in den Buchten von Dassiá (Korfu) oder Laganás (Zákynthos) grenzenlosen Platz zum Toben bieten, und die vielen Wasserparks in vollen Zügen genießen. Zu den tollen Erlebnissen für die Kleinen gehört auch, hautnah bei Tieren zu sein, egal, ob beim Füttern der Esel in Doukádes (Korfu), im Steinpark Askós (Zákynthos) oder beim Ausritt in Grizáta bei Sámi (Kefaloniá).

O Kinder bis 10 Jahre

In Tavernen und Cafés fällt schnell auf, dass sich kaum jemand an herumtollen-

Nicht nur nach langem Sightseeing freuen sich die Kleinen an heißen Sommertagen über ein leckeres Eis.

den Kindern stört. Kids sind auch abends noch mit den Eltern unterwegs und spielen nach Einbruch der Dunkelheit auf dem Dorfplatz. Viel Platz zum Spielen bietet auch die unberührte Natur. Interessant sind außerdem Sehenswürdigkeiten wie das Corfu Aquarium in Paleokastrítsa (Korfu) oder das Naturkundemuseum in Agía Marína (Zákynthos). Mädchen sehen im Achíllion (Korfu), wie eine echte Prinzessin lebte; Jungs staunen bei der Erkundung von Festungen z.B. in Korfu-Stadt oder auf dem Bóchali in Zákynthos-Stadt. Mit Glasbodenbooten oder auf Tauchgängen, die in Tauchschulen auch für Kids auf dem Programm stehen, wird die Unterwasserwelt erkundet.

O Kinder bis 14 Jahre

Familien sollten unbedingt eine Fahrt mit einem gemieteten Motorboot unternehmen. Dort können die Kleinsten auf Mamas oder Papas Schoß und Teenager unter Anweisung der Eltern einen Tag Kapitän sein. Teenies freuen sich zudem über das große Wassersportangebot, das von Fun-Sportarten über Kanu- und Tretbootfahren bis hin zu Schnuppertauchen reicht. Weitere Aktivitäten in Urlaubsorten wie Kalamáki oder Laganás (Zákynthos) sind Gokart-Fahren, Minigolf-Spielen und Reitstunden.

Tipps für Kinder und Familie

OO Kutschfahrten

Ein schönes Erlebnis für die ganze Familie ist – zumindest außerhalb der heißen Mittagszeit – eine Rundfahrt mit einer der Kutschen, die mit ihren farbenfroh geschmückten Pferden an der Esplanade in Korfu-Stadt auf Gäste warten. In etwa einer halben Stunde wird mit dem Fiaker die Altstadt umrundet.

OO Corfu Aquarium & Sea Discovery

Welche Meeresbewohner im kristallklaren Wasser leben, erfährt man am besten im kleinen Aquarium. Tipp: Mit einem Kombi-Ticket (Erwachsene 12,50 €, Kinder 6,50 €) für das Glasbodenboot Sea Discovery lernt man anschließend den natürlichen Lebensraum der Meerestiere kennen und staunt außerdem über die Grotten an der korfiotischen Küste. Paleokastrítsa (Korfu), am Parkplatz, Tel. 26 63 04 13 39, www.corfuaquarium.com

OO Corfu Donkey Rescue

In der Auffangstation für abgeschobene und kranke Esel kann man nicht nur sehen, wie man sich vorbildlich um die Tiere kümmert, sondern auch mit einer Spende oder mitgebrachten Äpfeln und Möhren das Team unterstützen. Wer will, kann Flugpate einer Katze oder einnes Hundes werden. Möglich sind auch Patenschaften eines Esels. Nördlich von Doukádes (Korfu) von der Villa Alexandra (Hauptstraße Korfu-Stadt-Paleokastrítsa) ausgeschildert, Tel. 69 47 37 59 92, www.corfu-donkeys.com

OOO Wasserparks

Wellenbäder, Wasserrutschen, Baby- und Süßwasserpools und viele weitere Attraktionen sowie Spielplätze versprechen auf Korfu und Zákynthos auch abseits der Strände viel Badespaß für Groß und Klein.

Aqualand. Bei Ágios Ioánnis (Korfu), Tel. 26 61 05 83 51, www.aqualand-corfu.com
Aquapark Hydropolis. Acharávi (Korfu), Tel. 26 63 06 40 00, www.gelinavillage.gr
WaterVillage. Bei Sarakináko (westlich von Zákynthos-Stadt, Zákynthos), Tel. 26 95 06 51 50, www.zantewatervillage.gr
Tsiliví Waterpark. Plános (Zákynthos), Tel. 26 95 04 52 56, www.tsiliviwaterpark.gr

OO Tretboot fahren

Die Koutávos-Lagune in der Bucht von Argostóli ist ein ideales Plätzchen für alle, die mit der ganzen Familie gemächlich über das Wasser schippern möchten. Zur Verfügung stehen Tret- und Elektroboote sowie Hydrobikes. Argostóli (Kefaloniá), www.kefalonia-activities.com

OOO Donkey Trekking Kefaloniá

Nicht nur Eselfans bereitet die in Nordrhein-Westfalen aufgewachsene Katha-

Zicklein und Schafe kann man auch bei einem Spaziergang in freier Natur entdecken.

rina mit ihren Eseln viel Freude. Wanderfans samt jungem Anhang kommen bei ein- bis sechsstündigen Wanderungen – auf Wunsch mit Picknick – voll auf ihre Kosten. Das Tempo der neuen Wanderpartner ist gemächlich und die Esel helfen müden Kinderbeinen gern! Grizáta (nahe Sámi), Tel. 69 80 05 96 30.

○○ Naturhistorisches Museum Hélmis

Viel über die heimische Natur und Tiere lernen Kinder und Erwachsene im privaten Museum Hélmis. Eindrucksvoll sind die uralten Fossilien und Steine sowie einige der ausgestopften Tiere, z. B. der große Schwertfisch. Agía Marína (Zákynthos), Tel. 26 95 06 50 40, www.museumhelmis.gr

Familienfreundliche Unterkünfte

Campingplätze

Zelten ist zwar nicht für alle Eltern die erste Wahl, sorgt mit viel Platz zum Spielen bei Kids aber für ausgiebigen Spaß. Auf Korfu, Lefkáda, Kefaloniá und Zákynthos liegen die Campingplätze, auf denen man das Zelt aufschlägt oder das Wohnmobil abstellt, oft im schattigen Olivenhain nah am Strand.

Pensionen

Legt man Wert auf familiäre Atmosphäre, möchte sich selbst verpflegen und sucht nach einer günstigen Bleibe, ist man in Pensionen mit Studios und Apartments gut aufgehoben. Bei Bedarf sollte man sich vor der Anreise nach einem Babybett erkundigen.

Ferienwohnungen/-häuser

Wer mit der Familie unterwegs ist und es geräumig mag, hat auf dem Archipel die Qual der Wahl: Auf den Inseln werden Ferienwohnungen und ruhig gelegene Häuser und Villen (auch mit eigenem Pool) vermietet, in denen man sich wie zu Hause fühlen kann.

Resorts

Die Bedürfnisse von Kindern werden in den meisten großen Strandhotels und natürlich in auf Familien spezialisierten Resorts berücksichtigt. Wünscht man sich ein paar ruhige Momente zu zweit, stellen einige Hotels sogar Babysitter zur Verfügung.

Kleiner Sprachführer

Groß	Klein	Umschrift
A	α	a
B	β	v, w
Γ	γ	g, i
Δ	δ	d
E	ε	e
Z	ζ	s, z
H	η	i
Θ	θ	th
I	ι	i, j
K	κ	k
Λ	λ	l
M	μ	m
N	ν	n
Ξ	ξ	ks, x
O	ο	o
Π	π	p
P	ρ	r
Σ	σ	s, ss
T	τ	t
Y	υ	i, y
Φ	φ	f
X	χ	ch
Ψ	ψ	ps
Ω	ω	o

DAS WICHTIGSTE AUF EINEN BLICK

Guten Morgen/Tag (bis etwa 13 Uhr) kaliméra

Guten Tag/Abend (ab etwa 13 Uhr) kalispéra

Gute Nacht kaliníchta

Hallo, Tschüss (Du-/Sie-Formel) Jiássou / Jiássas

Ich heiße ... Me léne ...

Wie geht es dir/Ihnen? Ti kánis/ Ti kánete?

Auf unser Wohl! (Prost!) Jiámmas

Ich verstehe Sie (nicht) (den) sas katalawéno

Wo ist ...? pu íne ...?

Die Rechnung bitte! Ton logariasmó parakaló!

Ja/Nein Ne (sprich: nä)/óchi

vielleicht íssos

in Ordnung, okay endáxi

bitte parakaló

Bitte sehr! oríste

Danke (sehr)! efcharistó (polí)

Entschuldigung signómi

Hilfe! voíthia!

gut – schlecht kaló – kakó

viel – wenig polí – lígo

groß – klein megálo – mikró

oben – unten (e)páno – káto

warm – kalt zestó – krío

ich egó

du esí

er – sie – es aftós – aftí – aftó

Dorf chorió

Kirche eklissía

Platz platía

Straße odós

Stadt póli

Strand paralía

Hafen limáni

Haltestelle stássi

Bus leoforío

Fähre / Schiff férri-bot / karávi

ZAHLEN

1	éna
2	dío
3	tría
4	téssera
5	pénte
6	éxi
7	eftá
8	ochtó
9	ennéa

10	déka
11	éndeka
12	dódeka
20	íkosi
30	triánda
40	saránda
50	peninda
100	ekató

KULINARISCHES LEXIKON

Salate und Pürees

choriatikí saláta griechischer Salat

chórta Wildgemüse (Löwenzahn, Mangold oder Portulak)

melindzanó saláta Auberginenpaste

pandsária Rote Beete

taramósaláta Fischrogenpüree

tzatzíki (gesprochen: dzadzíki) Joghurt mit Gurken und Knoblauch

Fleischgerichte

arní Lammfleisch

bekrí mezé eine Art Gulasch mit Kartoffeln, scharf

brizóla Kotelett

chirinó Schweinefleisch

giouvétsi (juvétsi) Kalbfleisch mit Nudeln in Tomatensauce

katsíki Zicklein

keftédes Hackfleischbällchen

kokkinistó Rindfleisch in Rotweinsauce

kotópoulo Hühnchen

kounélli Kaninchen

kreatópita Blätterteigtasche mit Fleischfüllung

mos-chári Rindfleisch

moussaká Auberginen-Kartoffel-Auflauf

paídákia Lammkoteletts

sikóti Leber

stifádo Fleisch mit Zwiebeln in Tomaten-Zimtsauce

soutzoukákia Hackfleischröllchen

souvláki Fleischspießchen (Rind oder Schwein)

pansétta Schweinerippchen

Fisch und Meeresfrüchte

astakós Languste

fangrí Zahnbrasse

garídes Scampi

glóssa Scholle oder Seezunge

kalamarákia Calamares

mídja Muscheln

chtapódi Krake

solomós Lachs

soupjés Sepia (Tintenfisch)

tónos Thunfisch

tsipoúra Dorade (Goldbrasse)

Gemüsegerichte

briám Schmorgemüse in Tomatensauce

bámjes Okraschoten

dolmádes Weinblätter mit Reis-(Hackfleisch)-Füllung

eliés Oliven

fassolákia grüne Bohnen

gemistá gefüllte Tomaten oder Paprikaschoten

kolokíthia Zucchini

patátes (tiganités) Kartoffeln (Pommes)

Obst

karpoúsi Wassermelone

mílo Apfel

peppóni Honigmelone

portokáli Orange

stafília Weintrauben

Süßes

karidópitta Walnusskuchen

loukoumádes frittierte Hefeteigbällchen, klassisch in Honig mit Zimt

pagotó Eis

ravaní Grießkuchen

Register

Impressum

Verantwortlich: Claudia Hohdorf
Lektorat/Bildauswahl:
Stephanie Barette
Korrektorat: Britta Mümmler
Layout: Geraldine Barette
Umschlaggestaltung: ZERO Werbeagentur
Repro: Repro Ludwig
Kartografie: Kartographie Huber,
Heike Block
Herstellung: Bettina Schippel
Printed in Slovenia by Florjancic

Sind Sie mit diesem Titel zufrieden?
Dann würden wir uns über Ihre
Weiterempfehlung freuen.

Erzählen Sie es im Freundeskreis,
berichten Sie Ihrem Buchhändler,
oder bewerten Sie bei Onlinekauf.

Und wenn Sie Kritik, Korrekturen
Aktualisierungen haben, freuen wir
uns über Ihre Nachricht an
Bruckmann Verlag,
Postfach 40 02 09,
D-80702 München
oder per E-Mail an
lektorat@verlagshaus.de.

Unser komplettes Programm finden
Sie unter

  www.bruckmann.de

Bildnachweis:
Alle Bilder des Innenteils und des Umschlags stammen von Franz Marc Frei,
München außer:
Klio Verigou, S. 2,49, 62, 74 u., 81, 86,
87, 100, 104 M., 108 M., 204 o., 207,
242 u.; Mauritius Images/Clive
Sawyer/Alamy, S. 124 u.;
Shutterstock/Yuriy Y. Ivanov, S. 48
Umschlag:
Vorderseite:
Oben: Das Meer bei Lefkas
Mitte rechts: Porträt einer jungen griechischen Frau /Shutterstock/Twin Sails)
Unten: Am Kloster Agios Nikolaos
(huber-images/Pavan Aldo)
Rückseite:
Links: Frauen in Makrades
Rechts: Bucht bei Lakka, Paxos
Klappe vorne: Achillion

Die Deutsche Nationalbibliothek verzeichnet diese Publikation in der Deutschen Nationalbibliografie; detaillierte
bibliografische Daten sind im Internet
über http://dnb.d-nb.de abrufbar.

© 2016 Bruckmann Verlag GmbH,
München
ISBN 978-3-7654-8208-3